简便易用

专业实用

中国法院2023年度案例

国家法官学院　最高人民法院司法案例研究院　/编

公司纠纷

中国法制出版社
CHINA LEGAL PUBLISHING HOUSE

《中国法院2023年度案例》通讯编辑名单

刘晓虹　北京市高级人民法院
王　凯　北京市高级人民法院
董　扬　天津市高级人民法院
童若涵　河北省高级人民法院
崔铮亮　山西省高级人民法院
杨智勇　内蒙古自治区高级人民法院
周文政　辽宁省高级人民法院
苏　浩　吉林省高级人民法院
王　妍　黑龙江省高级人民法院
牛晨光　上海市高级人民法院
缪　芳　江苏省高级人民法院
左一凡　江苏省高级人民法院
谷昔伟　江苏省南通市中级人民法院
宋婉龄　江苏省无锡市中级人民法院
杨　治　浙江省高级人民法院
李　波　浙江省高级人民法院
刘伟玲　安徽省高级人民法院
杨　宇　福建省高级人民法院
章光园　江西省高级人民法院
李　宁　山东省高级人民法院
张　琦　河南省高级人民法院
宋淼军　湖北省高级人民法院
黄　娅　湖北省宜昌市中级人民法院
唐　竞　湖南省高级人民法院
李　雪　广东省高级人民法院
邹尚忠　广西壮族自治区高级人民法院
韦丹萍　广西壮族自治区高级人民法院
李周伟　海南省高级人民法院
闫帅锋　重庆市高级人民法院
任　梦　四川省高级人民法院
杨俊杰　云南省高级人民法院
石　瑾　云南省昆明市中级人民法院
伍席芳　贵州省高级人民法院
余长智　贵州省贵阳市中级人民法院
王丽萍　西藏自治区高级人民法院
郑亚非　陕西省高级人民法院
张旦旦　甘肃省高级人民法院
王　晶　青海省高级人民法院
康　莹　宁夏回族自治区高级人民法院
石孝能　新疆维吾尔自治区高级人民法院
吉　雄　新疆维吾尔自治区高级人民法院生产建设兵团分院

序

法治是治国理政的基本方式，司法是法治体系的重要基石。党的二十大报告指出，要坚持走中国特色社会主义法治道路，建设中国特色社会主义法治体系、建设社会主义法治国家。加快建设公正高效权威的社会主义司法制度，努力让人民群众在每一个司法案件中感受到公平正义。人民法院始终坚持以习近平新时代中国特色社会主义思想为指导，深入学习贯彻习近平法治思想，围绕“公正与效率”这一主题，践行新时代能动司法理念，把加强司法案例研究作为加快建设公正高效权威社会主义司法制度，坚持为大局服务、为人民司法的重要途径，通过发布具有普遍指导意义的典型案例，统一法律适用，提高审判质效，提升司法公信力，努力让人民群众在每一个司法案件中感受到公平正义。

“中国法院年度案例系列”丛书，是国家法官学院和最高人民法院司法案例研究院精选全国各高级人民法院每年选送的优秀案例，深入挖掘典型案例内在价值编辑的实用精品丛书，旨在总结提炼典型案例的裁判规则和裁判方法，发挥司法规范、指导、评价、引领的重要作用，大力弘扬社会主义核心价值观，增强全民法治意识和法治素养，展现新时代我国司法领域新发展、新成就。

本丛书自 2012 年编辑出版以来，已连续出版 12 年，每年年初出版，受到读者广泛好评。本丛书出版之初有 15 个分册。近年来，为顺应审判执行实践需要，更加全面反映我国司法审判执行工作的发展进程，响应读者需求，2014 年度新增金融纠纷、行政纠纷、刑事案例 3 个分册，2015 年度将刑事案例调整为刑法总则案例、刑法分则案例 2 个分册，2016 年度新增知识产权纠纷分册，2017 年度新增执行案例分册，2018 年度将刑事案例扩充为 4 个分册，2022 年度将土地纠纷（含林地纠纷）分册改为土地纠纷（含环境资源案例）分册。在全国各级人民法院的大力支持下，丛书编委会现编辑出版《中国法院 2023 年度案例系列》丛书，共 23 个分册。

“中国法院年度案例系列”丛书以开放务实的态度、简洁明快的风格，追求“好读有用”，主要体现出以下特色：一是选编案例来源广泛、时效性强。

国家法官学院和最高人民法院司法案例研究院每年通过各高级人民法院汇集全国范围内上一年度审结生效的典型案例近万件，使该丛书有广泛的精选基础，可及时、定期提供全国范围内新近发生的多种类型的新型、疑难案例。二是由法官释理说法，全方位深度挖掘案例价值。大多数案例由主审法官撰写“法官后语”，深入阐释案例的裁判思路和相关考量，充分发挥典型案例在司法裁判、类案参考、法学研究、行为指引、宣示教育等方面的价值，力求引发读者的共鸣与思考，为读者提供借鉴和启迪。三是编排依次以案由和法律适用问题为序，方便读者检索。丛书充分体现“以读者为中心”的理念，每册内容主要根据案由分类编排，每个案例主要围绕法律适用问题，用一句话精要概括裁判规则、裁判思路或争议焦点，以其作为主标题，让读者能一目了然，迅速找到所检索的目标案例。四是注重裁判文书再加工，高度提炼案例内容。案例编写突出争议焦点以控制篇幅，剔除无关信息，尽可能在有限的篇幅内为读者提供更多与争议焦点、所查类案相关的有效、有益信息。

中国法制出版社始终全力支持“中国法院年度案例系列”丛书的出版，给了作者和编辑们极大的鼓励。2023年，这套丛书将继续提供数据库增值服务。购买本书，扫描前勒口二维码，即可在本年度免费查阅往年同类案例数据库。我们在此谨表谢忱，并希望通过共同努力，逐步完善，做得更好，真正探索出一条编辑案例书籍、挖掘案例价值的新路径，更好地服务司法审判高质量发展、服务法治社会建设、服务学习研究法律的读者。

“中国法院年度案例系列”丛书既是法官、检察官、律师等法律工作者的办案参考和司法人员培训的实用教材，也是社会大众学法用法的经典案例读本，同时是教学科研机构与人员从事案例研究的良好系列素材。当然，案例作者和编辑在编写、编审过程中也难以一步到位实现最初的愿望，客观上会存在各种不足甚至错误，欢迎读者批评指正。我们愿听取各方建议，不断拓宽深化司法案例研究领域，立足新发展阶段，推动实现中国特色司法案例事业的高质量发展。

国家法官学院

最高人民法院司法案例研究院

2023年5月

目　录

Contents

一、股东资格确认纠纷

二、请求变更公司登记纠纷

三、股东出资纠纷

四、股权转让纠纷

五、公司决议纠纷

六、公司设立纠纷

七、损害公司利益责任纠纷

八、损害公司债权人利益责任纠纷

九、公司增资纠纷

十、公司解散、清算责任和破产纠纷

一、股东资格确认纠纷

1

隐名投资者的权益保护

——韦某诉百货公司股东资格确认案

【案件基本信息】

1. 裁判书字号

广西壮族自治区柳州市中级人民法院（2021）桂02民终4164号民事判决书

2. 案由：股东资格确认纠纷

3. 当事人

原告（上诉人）：韦某

被告（被上诉人）：百货公司

【基本案情】

被告百货公司原名为甲公司，性质为国有企业。2001年4月25日，甲公司向鹿寨县人民政府关于公司改制为有限责任公司的请示得到同意。2001年6月，甲公司两次召开职工代表大会通过企业改制为有限责任公司的决议。2001年9月27日召开第八届职工代表大会第三次会议，表决通过《甲公司改制方案》，改制方案涉及离退休人员安置、土地处置、机构设置等。

2003年7月，原告与第三人签订《协议书》，约定双方自愿组成一股，推选第三人为股东代表；2003年7月21日，原告与第三人签订《委托书》，说明原告自愿将5000元委托第三人代管并将上述资金全部用于公司进行投资入股，双方共担公司经营风险，共享公司的投资收益分红。2003年7月26日，通过公司章程。2004年10月21日，企业改制登记为现被告，注册资本为455000元，公司章程记载的股东为46人，其中45人（包括第三人）股金为10000元，占股2.198%，另一人股金为5000元，占股1.099%。2005年被告向原告发放出资证，记载出资额为5000元。现原告认为自己的股权可能存在被侵害的风险，于是与其他未在工商登记的投资人共37人诉至法院。

【案件焦点】

原告要求确认股东身份以及股权份额是否必经法律程序。

【法院裁判要旨】①

广西壮族自治区柳州市鹿寨县人民法院经审理认为：对于原告的诉请一，原告要求确认其为被告公司股东。根据《最高人民法院关于适用〈中华人民共和国公司法〉若干问题的规定（三）》第二十一条的规定："当事人向人民法院起诉请求确认其股东资格的，应当以公司为被告，与案件争议股权有利害关系的人作为第三人参加诉讼。"原告是可以向人民法院起诉确认其股东资格的。但根据《中华人民共和国公司法》第二十四条的规定，有限责任公司具有典型的人合性特征，我国公司法对有限责任公司股东人数已作出了限制。另，《最高人民法院关于适用〈中华人民共和国公司法〉若干问题的规定（三）》第二十四条第三款规定："实际出资人未经公司其他股东半数以上同意，请求公司变更股东、签发出资证明书、记载于股东名册、记载于公司章程并办理公司登记机关登记的，人民法院不予支持。"本案中，虽然被告及第三人对原告参与投资的事实均未提出异议，但不认可原告的诉讼请求，且百货公司现有股东共计46人，本院共受理39名未在工商登记的投资人提出的诉讼，原告的该请求

① 本书【法院裁判要旨】适用的法律法规等条文均为案件裁判当时有效，下文不再对此进行提示。

违反了《中华人民共和国公司法》第二十四条规定股东人数的上限，且原告请求确认其为公司股东，其实质亦属实际出资人请求公司变更股东的情形，其请求也未经公司其他股东半数以上同意，故原告的确认其股东资格的诉讼请求违反法律的禁止性规定，本院不予支持。

对于原告的诉请二，请求确认原告占有被告百货公司1.0989%股权，因原告要求确认股东资格的请求未得到支持，故该项请求亦未有能得以支持的前提。根据《最高人民法院关于适用〈中华人民共和国公司法〉若干问题的规定（三）》第二十二条、第二十四条第一款的规定，当事人对股权归属发生争议的，应当证明相关事实，其中包括不违反法律的强制性规定；另外，实际出资人主张确认其为股权投资权益归属主体的，实质上是与名义股东之间对股权利益的争议，原告可就股权利益另行主张权利。

广西壮族自治区柳州市鹿寨县人民法院依照《中华人民共和国公司法》第二十四条，《最高人民法院关于适用〈中华人民共和国公司法〉若干问题的规定（三）》第二十一条、第二十二条、第二十四条第三款之规定，作出如下判决：

驳回原告韦某的全部诉讼请求。

韦某不服一审判决，提出上诉。广西壮族自治区柳州市中级人民法院经审理认为：股东资格确认纠纷是指股东与股东之间或者股东与公司之间就股东资格是否存在，或者具体的股权持有数额、比例等发生争议而引起的纠纷。本案被上诉人对于上诉人实际出资、参与公司经营、领取经营利益、投资份额占比等事实均予以认可，双方对上诉人的股东资格及股权份额的事实并无争议，因此上诉人提起本案诉讼缺乏事实依据。另外，依据上诉人的主张，上诉人的诉请实质为实际出资人请求公司变更股东，而根据《最高人民法院关于适用〈中华人民共和国公司法〉若干问题的规定（三）》第二十四条第三款“实际出资人未经公司其他股东半数以上同意，请求公司变更股东、签发出资证明书、记载于股东名册、记载于公司章程并办理公司登记机关登记的，人民法院不予支持”及《中华人民共和国公司法》第二十四条“有限责任公司由五十个以下股东出资设立”的规定，上诉人的请求违反上述法律规定，一审法院判决驳回上诉人的诉讼请求并无不当。

广西壮族自治区柳州市中级人民法院依照《中华人民共和国民事诉讼法》第一百七十条第一款第一项之规定，作出如下判决：

驳回上诉，维持原判。

【法官后语】①

本案主要涉及股权代持行为的司法认定问题。本案中对于原告实际出资、参与公司经营、领取经营利益、投资份额占比为1.0989%等事实，被告及第三人未提出异议且有证据证实。原、被告双方的争议焦点在于原告要求确认股东身份以及股权份额是否必经法律程序？《最高人民法院关于适用〈中华人民共和国公司法〉若干问题的规定（三）》第二十四条第三款将公司其他股东过半数以上同意作为隐名投资者显名化的条件，这是基于有限公司人合性的特点。有限公司的人合性要求各股东之间建立一种相互了解、友好信任的关系，否则会对有限公司的日常经营造成很大的障碍。对于隐名投资者为保护自身权益而要进行的身份认定和显名条件，分析如下：

1. 隐名投资者身份认定的重要因素为股权代持协议。

在股权代持协议方面，形式上，股权代持协议包括了书面形式、口头形式和事实（行为）合意形式，隐名投资者在投资时应以这三种形式订立合同并保存证据，如无证据证明股权代持协议，则法院不会将其认定为隐名投资行为，可能根据个案案情，将之认定为不当得利或民间借贷等。内容上，应当严格按照《中华人民共和国民法典》关于合同的规定及其司法解释的相关规定，审查是否有合同无效的情形，在涉及金融管控等方面，其隐名投资行为应当严格遵守各地规章、金融监管、市场秩序甚至是公序良俗的规定，否则在裁判中很可能被认定为无效，隐名投资者的权益将得不到有效保障。本案中被告与第三人

---

① 本书【法官后语】对此类法律问题涉及的法律法规等内容进行了时效性更新，下文不再对此进行提示。

对原告与第三人之间的协议的真实性、合法性及原告实际出资金额均无异议，对于实际出资人的隐名股东身份认定及出资份额占比不存在争议。

2. 隐名投资者的显名条件。

《中华人民共和国公司法》第二十四条规定，有限责任公司由五十个以下股东出资设立。《最高人民法院关于适用〈中华人民共和国公司法〉若干问题的规定（三）》第二十四条第三款规定：实际出资人未经公司其他股东半数以上同意，请求公司变更股东、签发出资证明书、记载于股东名册、记载于公司章程并办理公司登记机关登记的，人民法院不予支持。2019 年 12 月，最高人民法院发布《全国法院民商事审判工作会议纪要》（以下简称《九民纪要》）第二十八条确定：实际出资人能够提供证据证明有限责任公司过半数的其他股东知道其实际出资的事实，且对其实际行使股东权利未曾提出异议的，对实际出资人提出的登记为公司股东的请求，人民法院依法予以支持。在《中华人民共和国公司法》第二十四条中规定人数限制的硬性条件下，隐名投资者想要被确认为显名股东，需得到公司的认可及确认，包括签发新的出资证明书、记载于股东名册、记载于公司章程或者在公司的协助下办理公司股东变更登记。为了防止有限责任公司的人合性被破坏，这种确认需要得到公司其他股东半数以上同意。有限公司的人合性要求各股东之间建立一种相互了解、友好信任的团结型关系，但在隐名持股的情形下，公司的其他股东并不知道隐名股东的存在，其所认同的合作伙伴为显名股东。因此，在一定程度上，隐名投资者想要显名与股东向公司股东以外的人转让公司股权具有一定的类似性，都涉及“新的陌生股东”，因此应当参照适用股东对外转让股权的限制性规定，即需要经得其他股东过半数同意。如果无明示同意，则可按照《九民纪要》第二十八条之规定，如果隐名投资者能够提供证明公司半数以上其他股东知道其实际出资的事实，且对其实际行使股东权利未曾提出异议的，对隐名投资者请求确认其为公司股东的请求应当予以支持。本案中原告的情况不符合《最高人民法院关于适用〈中华人民共和国公司法〉若干问题的规定（三）》第二十四条第三款规定，虽因原告是被告职工，被告的股东均知情原告的实际出资且对原告行使股东权利未曾提出异议，符合《九民纪要》第二十八条之规定，但法院一次性共受理39名和原告类似情况未在工商登记的被告公司隐名投资人提出的诉讼，如支持原告的诉讼请求，则违背了公司法有限责任公司股东人数要在五十人以下的规定。因此，本案中对原告确认其为公司股东的请求无法予以支持。

编写人：广西壮族自治区柳州市鹿寨县人民法院　韦永妮

2

内部股东资产确认纠纷应优先适用实质要件进行判断

——蔡某楼诉标准件公司股东资格确认案

【案件基本信息】

1. 裁判书字号

江苏省宿迁市中级人民法院（2020）苏13民终136号民事判决书

2. 案由：股东资格确认纠纷

3. 当事人

原告（上诉人）：蔡某楼

被告（被上诉人）：标准件公司

第三人：陈某瑞、林某森、林某新、姜某珍

【基本案情】

标准件公司设立于2013年12月18日，初始登记股东为陈某瑞、池某春，持股比例分别为70%、30%，注册资本为500万元。2015年4月13日，标准件公司股东变更为陈某瑞、林某新，注册资本增加至1000万元。2016年3月21日，标准件公司股东变更为陈某瑞、姜某珍，持股比例分别为60%、40%。2016年7月5日，标准件公司注册地由浙江瑞安市迁入沭阳县。蔡某楼认为标准件公司的实际股东为池某春、林某森、林某新、蔡某楼、陈某瑞五人，2016年4月4日该五人召开股东会议形成决议确认五名股东持股比例调整为20%，出资额均为600万元；2016年6月，因池某春退股，股东变更为四人，股权变更为25%均股；2018年2月23日召开股东会议决议确认“林某森、蔡某楼、陈某瑞三人实行均股，每人600万元”。蔡某楼主张其向标准件公司出资600万元，其中100万元是货币出资，另500万元以客户资源出资；其系标准件公司的隐名股东，名义股东为魏某丽。蔡某楼遂向沭阳县人民法院提起股东资格确认诉讼，要求判令确认蔡某楼系标准件公司股东并享有25%股权。标准件公司及陈某瑞、姜某珍均不认可蔡某楼向标准件公司出资以及蔡某楼系标准件公司股东，均不同意蔡某楼的诉讼请求。

另查明：在池某春向浙江省瑞安市人民法院起诉林某森、标准件公司等民间借贷纠纷一案中，标准件公司曾于2018年1月将一份《关于公司为林某森与池某春借款提供担保的声明》作为证据提交给法院，该声明中明确陈述姜某珍、陈某瑞是标准件公司名义股东，实际股东为陈某瑞、蔡某楼、林某森、林某新，公司由实际股东共同经营管理，并由全体登记股东和实际股东共同签字确认。林某森、林某新曾向温州中院出具一份《意见书》，林某森、林某新陈述其二人作为标准件公司股东，不同意公司的担保行为，该意见书被温州中院采信。2018年12月至2019年7月，林某森、陈某瑞、林某新在沭阳县公安局的询问笔录中均认可蔡某楼的股东身份。

【案件焦点】

1. 蔡某楼是否是标准件公司股东；2. 如果是，其持股份额如何确定。

【法院裁判要旨】

江苏省沭阳县人民法院经审理认为：首先，标准件公司章程记载股东及在公司登记机关登记股东均为陈某瑞、姜某珍。蔡某楼未提供证据证明魏某丽系标准件公司的显名股东。其次，蔡某楼提供的证据不能证明其已履行货币出资100万元、非货币财产出资500万元的义务，蔡某楼主张其是实际出资人证据不足。最后，陈某瑞、姜某珍均明确表示即便蔡某楼是实际出资人，也不同意其变成显名股东，故即便第一、二项事实成立，蔡某楼要求确认其股东资格的请求仍然不能得到支持。

江苏省沭阳县人民法院依照《中华人民共和国公司法》第三十一条、第三十二条，《最高人民法院关于适用〈中华人民共和国公司法〉若干问题的规定（三）》第二十一条、第二十四条之规定，作出如下判决：

驳回蔡某楼的诉讼请求。

蔡某楼不服一审判决，提出上诉。江苏省宿迁市中级人民法院经审理认为：一个规范登记及运作的有限责任公司的股东，一般应具备股东的全部特征，即在公司章程中被记载为公司股东、签署公司章程、在工商行政管理机关的登记文件中登记为公司股东、在公司股东名册中被记载为股东、实际向公司出资、取得公司颁发的出资证明、实际享有股东权利。上述特征中，公司章程、登记文件及股东名册的记载是公司股东所具备的形式特征，而签署公司章程、实际出资、取得出资证明以及实际享有股东权利则是公司股东所具备的实质特征。上述特征均是对是否具备股东资格的判断依据，而其中形式特征具有公示性，在公司与其交易相对人的外部争议中对于股东资格的判断具有优先于实质特征适用的意义；而在公司与其股东之间、股东与股东之间的内部争议中，对股东资格作出判断时，实质特征应当优先于形式特征而被适用。本案是发生于蔡某楼与标准件公司及其他股东之间的关于蔡某楼是否具备标准件公司股东资格的争议，属于公司内部争议，故在判断蔡某楼是否具备公司股东资格时，如相应的形式特征与实质特征不一致或者发生冲突时，应当优先适用实质特征进行判断。综合本案蔡某楼二审出示的《关于公司为林某森与池某春借款提供担保的声明》《意见书》，林某森、陈某瑞、林某新在沭阳县公安局的询问笔录等与蔡某楼一审中出示的股东会决议及涉标准件公司的相关诉讼庭审笔录等证据，能够证明蔡某楼系通过从林某森处受让“干股”的形式持有标准件公司股份，成为标准件公司隐名股东，持续性参与公司经营管理，在该公司正常行使股东权利。尽管标准件公司现登记股东为陈某瑞、姜某珍，但正常参加股东会并进行表决的股东系陈某瑞、林某新、池某春、林某森、蔡某楼，姜某珍从未参加过股东会，结合陈某瑞、林某新等人在公安机关的陈述，能够证明姜某珍只是标准件公司的名义股东，该公司实际股东为陈某瑞、林某新、池某春、林某森、蔡某楼五人。至于蔡某楼持有的20%股权是否实际出资到位，如标准件公司有证据证明该股权存在出资不实问题，可由标准件公司另案解决。

江苏省宿迁市中级人民法院依照《中华人民共和国民事诉讼法》第一百七十条第一款第二项之规定，作出如下判决：

一、撤销沭阳县人民法院民事判决；

二、确认蔡某楼享有标准件公司20%股权；

三、标准件公司于本判决发生法律效力后一个月内办理股东变更手续（包括向蔡某楼签发出资证明书、记载于股东名册、记载于公司章程并办理公司登记机关登记）；

四、陈某瑞协助办理上述第三项相关手续（将其名下标准件公司20%股权变更登记为蔡某楼持有）；

五、驳回蔡某楼的其他诉讼请求。

【法官后语】

本案核心争议焦点在于蔡某楼是否是标准件公司股东。

1. 应按照“内外有别”妥善把握实际出资人与名义股东之间的股东资格确认规则。

实际出资人与名义股东之间股东资格的确认，应当区分公司外部和公司内部两种情形进行处理：在涉及债权人与股东、债权人与公司等外部法律关系时，应体现商法公示主义、外观主义的要求，保护善意第三人因合理信赖公司登记机关的登记事项而作出的行为的效力。坚持形式要件、形式特征优于实质要件、实质特征，即以工商登记材料作为确认股东资格的主要依据。在涉及股东与股东之间、股东与公司等内部法律关系时，应贯彻意思自治原则，以是否签署公司章程、是否实际出资、尤其是否实际享有并行使股东权利等实质要件、实质特征作为确认股东资格的主要依据。本案中，自2016年以来，正常参加标准件公司股东会并进行表决的股东均只有陈某瑞、林某新、池某春、林某森、蔡某楼五人，登记股东姜某珍从未参加过股东会，在池某春退股后，便一直是陈某瑞、林某新、林某森、蔡某楼四人，且自标准件公司注册地由瑞安市迁入沭阳县后，蔡某楼（沭阳县人）便持续性参与公司经营管理，在该公司正常行使股东权利。对此，标准件公司其他股东在公安机关询问笔录中作出了稳定的、一致的陈述，均认可蔡某楼的股东身份，在其他诉讼案件中也明确陈述蔡某楼系标准件公司股东，这一系列长期稳定的陈述，应当认定系标准件公司及其他股东的真实意思表示。民事主体从事民事活动，应当遵循诚信原则，秉持诚实，恪守承诺。在没有其他证据推翻上述陈述系标准件公司及其他股东真实意思的情况下，标准件公司及陈某瑞等人在本案中的解释并不具有可信度，且无证据予以证明，依法不予采信。

2. “干股”股东自身未出资并不等于实际没有出资。

在市场经济的实际经营活动中，投资者出于自身的一些考量，常常采取隐名或寻找挂名股东的方式进行投资。为了公司经营顺利或获取相关利益，投资者有时也会将部分股份赠送给对公司有重要影响的人员，形成所谓的“干股”股东，即具备股东的特征并实际享有股东权利，但自身并未实际出资的股东。本案中，林某森是以客户资源入股，虽然该出资形式不符合公司法规定，但从法律层面上来看，林某森系以特定资源而为标准件公司和其他股东所青睐，愿意在林某森未实际出资的情况下，向其赠送股权，即林某森、陈某瑞、林某新在公安机关的询问笔录高度一致的陈述：陈某瑞、林某新占标准件公司 60% 股份，林某森、蔡某楼占标准件公司 40% 股份，蔡某楼的股份来源于林某森的赠送，而林某森的股权来源于陈某瑞、林某新、池某春的赠送，此种附条件赠予股权的行为并不为法律所禁止。“干股”股东不同于挂名股东。“干股”股东自身未出资并不等于实际没有出资，只不过其出资实质是由其他具有交换价值的非货币形式财产或财产性资源所替代。对公司而言，股东用于出资的财产来源于何处，是自有或是借贷抑或其他，并不产生特别法律问题，只要财产本身没有实物及权利上之瑕疵，其出资即能达到法律要求与目的。如若“干股”股东的股份是基于违法犯罪行为取得，也并不妨碍从民事法律关系上认定其股东资格，对“干股”股东的刑事制裁，通过拍卖转让其股权，收缴其违法所得即可。

3. 是否实际出资到位不影响股东资格的确认。

虽然，是否实际出资可以作为判断是否确认股东资格的依据之一，但是，这并不意味着未出资的人就没有股东资格。未出资或未实际出资到位的人同样具有股东身份，是否实际出资与其是否具备股东资格之间没有必然联系。本案中，根据意思自治原则，通过适用是否实际享有并行使股东权利等实质要件进行判断，已足以认定蔡某楼是标准件公司股东。在注册资本符合法定要求的情况下，我国法律并未禁止股东内部对各自的实际出资数额和占有股权比例作出约定，本案中各方约定（包括赠送“干股”）是对各自掌握的经营资源、投入成本及预期收入进行综合判断的结果，这样的约定并不影响公司资本对公司债权担保等对外基本功能实现，应属于公司股东意思自治的范畴，是各方当事人的真实意思表示，并未损害他人的利益，不违反法律和行政法规的规定，当事人应按照约定履行。至于蔡某楼主张其向标准件公司出资600万元，其中100万元是货币出资，另500万元以客户资源出资。关于客户资源出资的问题实际即指“干股”，对此问题在前文已有论述，不再赘言。关于货币出资的问题，如标准件公司有证据证明蔡某楼存在出资不实问题，可另案解决。退一步而言，即便蔡某楼确未按股东内部约定实际出资到位，最终影响的也是部分股权自益权，对于其股东共益权一般不应限制，更不应据此否定其依公司意思自治规则而所应具备的股东资格。

编写人：江苏省沭阳县人民法院　马迪锋

3

未签订代持协议的实际出资人股东资格认定

——实业投资公司诉投资发展公司、吴某股东资格确认案

【案件基本信息】

1. 裁判书字号

广东省深圳市中级人民法院（2021）粤03民终21084号民事判决书

2. 案由：股东资格确认纠纷

3. 当事人

原告（被上诉人）：实业投资公司

被告（上诉人）：投资发展公司、吴某

第三人：实业公司

【基本案情】

2010年4月27日，谢某凯、实业投资公司及陈某胜签订《项目合作合同书》，约定：谢某凯为投资发展公司100%持股人，陈某胜和李某纯均为谢某凯委托的名义持股人。谢某凯将其持有投资发展公司50%股权（陈某胜系该部分股权的名义持股人）作价6000万元转让给实业投资公司，股东根据项目开发所需按股权比例投入资金。实业投资公司支付首期股权转让价款后，谢某凯、陈某胜应同投资发展公司签订股权转让协议，并配合实业投资公司办理股权转让的工商变更手续等。股权转让完成后投资发展公司董事长由实业投资公司委派吴某担任。合同签订后，实业投资公司按照谢某凯指示支付股权转让款。

2010年6月11日、10月27日，投资发展公司分别作出股东会决议，同意股东陈某胜将25%的股权转让给吴某，将另外25%的股权转让给李某翠后又转

给吴某。投资发展公司工商登记信息显示，2010年11月1日股东变更为吴某、李某翠（出资比例各50%）；2019年4月10日股东变更为吴某、实业公司（出资比例各50%）。吴某担任投资发展公司董事。

2019年10月8日，投资发展公司向实业投资公司发出《关于某旧改项目增加投入资金的申请》，载明：由贵公司与实业公司投资的某项目，已有超过70%的业主签订了房屋拆迁安置协议书，签约业主可以按照签约进度分期获得奖励金，根据股东会推进计划，公司账上资金已无法满足正常运营，现申请股东追加投资500万元作为运营资金，根据章程约定的股权比例，贵公司应追加投资250万元。10月22日，实业投资公司向投资发展公司转账250万元，附言投资款。

实业投资公司工商登记信息显示，2016年9月29日，公司股东由吴某、刘某苑（二人为夫妻关系）变更为刘某深（持股比例49%）、吴某萍（持股比例51%）。实业投资公司多份时间为2012年1月9日至2013年9月4日期间的《付款审批单》显示，投资发展公司多次向实业投资公司申请用款，金额每笔10万至15万元左右，理由涉及年终礼金、年终奖、员工双薪等，审批栏董事长后有吴某签字。

庭审中，吴某陈述股权来源为受让陈某胜、李某翠各25%股权并支付股权转让款各250万元，但未提供付款凭证。

实业投资公司起诉要求判令投资发展公司将登记吴某名下的50%股权变更至实业投资公司并向其签发出资证明书、记载于股东名册、记载于公司章程。

【案件焦点】

1. 实业投资公司与吴某之间是否存在股权代持关系；2. 如存在，实业投资公司是否有权要求“显名”。

【法院裁判要旨】

广东省深圳市福田区人民法院经审理认为：首先，从实业投资公司提交的《项目合作合同书》《划款通知书》《收据》《付款审批单》看，实业投资公司已经按照《项目合作合同书》的约定向谢某凯支付投资发展公司50%股权转让款6000万元；之后，吴某成为投资发展公司登记股东，持股比例50%，虽然吴某辩称其从陈某胜、李某翠处受让股权，但未能提交转让款支付凭证。结合项目合作合同书签订及股权转让款支付时，实业投资公司股东为刘某苑、吴某夫妻二人且吴某担任公司董事长的事实，实业投资公司主张吴某系代其持有投资发展公司50%的股权更具合理性，法院予以采信。

其次，从实业投资公司提交的《付款审批单》《关于某旧改项目增加投入资金的申请》及转账凭证来看，实业投资公司按持股比例向投资发展公司陆续支付过节费、奖金等费用。根据上述增加资金申请，投资发展公司申请股东追加投资500万元作为运营资金，明确说明根据章程约定的股权比例，实业投资公司应追加投资250万元，即投资发展公司知悉并认可实业投资公司系投资发展公司股东，持股比例50%，且实业投资公司履行了股东义务。

最后，上述增加资金申请载明，根据股东会推进计划，投资发展公司申请实业投资公司和实业公司二股东追加出资，实业公司作为投资发展公司股东，理应知悉股东会决议内容，知悉实业投资公司为投资发展公司持股比例50%的股东。

综上，实业投资公司与吴某之间虽未签署股权代持协议，但在案证据形成证据链，证明实业投资公司已实际支付股权转让款且履行股东义务，投资发展公司及实业公司知悉实业投资公司股东身份的事实。

广东省深圳市福田区人民法院依照《最高人民法院关于适用〈中华人民共和国公司法〉若干问题的规定（三）》第二十二条、第二十三条、第二十四条的规定，作出如下判决：

一、投资发展公司应向实业投资公司签发出资证明书，并将实业投资公司记载于公司的股东名册、公司章程中；

二、投资发展公司应在实业投资公司、吴某的配合下向公司登记机关办理变更登记，将吴某名下持有的投资发展公司50%股权变更至实业投资公司名下；

三、驳回实业投资公司的其他诉讼请求。

吴某、投资发展公司不服一审判决，提起上诉。广东省深圳市中级人民法院经审理认为：根据《项目合作合同书》约定、实业投资公司付款、吴某与实业投资公司的关系、吴某主张自身受让50%股权但未提交支付对价证据、同比例股权价款差距悬殊、后续相关款项由实业投资公司支付等情况，法院确信吴某代实业投资公司持有投资发展公司50%股权，具有高度可能性，应予认定。

广东省深圳市中级人民法院依照《中华人民共和国民事诉讼法》第一百七十条第一款第一项的规定，作出如下判决：

驳回上诉，维持原判。

【法官后语】

实际出资人通过诉讼确认股东资格的案件，涉及名义股东、实际出资人、公司、其他股东等多主体利益，涵盖代持合意有无形成、代持协议效力以及股权变动等合同法、公司法交叉问题。未签订代持协议的实际出资人股东资格认定，应以《最高人民法院关于适用〈中华人民共和国公司法〉若干问题的规定（三）》第二十四条为基础，按照从合同效力到股权变动顺序进行审查，即先通过交易事实探求双方是否形成代持合意，如满足存在代持合意且不违反法律规定、实际出资人行使股东权利或承担股东义务、其他股东知悉且未提出异议的条件，应予认定。

1. 代持合意的推定及审查。

在实际出资人已证明其股权来源且实际出资的情况下，如名义股东否认代持关系，应对其名下股权合法来源及实际出资负有举证证明责任。在名义股东不能证明的情况下，还需结合实际出资人与名义股东之间身份关系及可能发生代持的原因，判断实际出资人举示证据能否达到高度盖然性标准。本案中，经法庭释明，名义股东无法提供支付股权转让款凭证，结合其本身为出资人股东及董事、受让股权时公司二股东为夫妻关系、公司委派名义股东担任目标公司董事等事实，名义股东代实际出资人持有目标公司股权符合常情常理，故认定实际出资人举证形成优势证据，推定双方之间存在代持关系。

2. 实际出资人是否行使股东权利或承担股东义务。

公司股东名册、公司章程等公司内部文件是确认股东资格的直接证据，但在目标公司不认可股东身份情况下，实际出资人很难举证。实践中应结合公司日常经营来判断实际出资人是否对内未隐名，具体包括实际出资人有无以自己名义参加公司决议、有无获得公司利润分配、有无向公司出资等。本案中，实际出资人依目标公司要求按持股比例追加出资，可以推定目标公司知悉实际出资人的股东身份。

3. 其他股东是否知悉实际出资人为股东。

《最高人民法院关于适用〈中华人民共和国公司法〉若干问题的规定（三）》第二十四条第三款规定，未经其他股东过半数同意，实际出资人请求显名不予支持。该条款参照有限责任公司股权转让中对受让人的限制，即尊重公司人合性特质。但实际出资人在其他股东加入前加入公司，其他股东知悉且未提出异议应视为对实际出资人的股东身份认可，实际出资人要求显名不影响公司人合性。《全国法院民商事审判工作会议纪要》第二十八条亦明确其他股东知道实际出资人出资事实且未对其行使股东权利提出异议的，以《最高人民法院关于适用〈中华人民共和国公司法〉若干问题的规定（三）》第二十四条第三款提出抗辩不予采纳。本案中，目标公司仅有两名登记股东，且实业公司加入时间晚于实业投资公司，目标公司通知实际出资人与实业公司按各持股比例追加，可以印证实业公司知悉实际出资人股东身份。故实业投资公司实际上为对内未隐名，对外隐名股东，其股东资格应予确认。

值得关注的是，未签订代持协议的实际出资人股东资格确认案件中，除关注实体法适用要点外，还要注重证据规则、经验法则、商业习惯在查明和推定事实中的运用，以缓解该类案件中缺乏直接证据造成“事实不清”。

编写人：广东省深圳市福田区人民法院　柏慧　阳文

4

退还出资款并不等同于丧失股东资格

——物业管理公司诉阿某、秦某与公司有关的纠纷案

【案件基本信息】

1. 裁判书字号

北京市第三中级人民法院（2020）京03民终11610号民事判决书

2. 案由：与公司有关的纠纷

3. 当事人

原告（上诉人）：物业管理公司

被告（被上诉人）：阿某、秦某

第三人：陈某艳、洪某宇

【基本案情】

物业管理公司的工商档案材料显示：其于2008年5月21日登记设立，为自然人投资或控股有限责任公司，注册资本为10万元，股东为于某泉（出资3万元）、张某（出资1万元）、蒋某群（出资1万元）、孟某虎（出资1万元）、冯某俊（出资1万元）、孙某光（出资1万元）、秦某（出资1万元）、阿某（出资1万元），股东均系货币出资且实缴，于某泉担任法定代表人。2012年10月16日，于某泉、孟某虎、张某、冯某俊分别与刘某男签订股权转让协议，将各自持有的物业管理公司的全部股份转让给刘某男，刘某男担任法定代表人。修改后的公司章程关于股东的规定为刘某男出资6万元，孙某光、蒋某群、阿某、秦某各出资1万元。

2012年10月24日，物业管理公司以现金方式退还于某泉出资款3万元，

退还孟某虎、张某、秦某、阿某、孙某光、冯某俊、蒋某群出资款各 1 万元，上述人员分别在退还出资款的明细表上签字确认。阿某、秦某已于 2019 年 11 月离职。

物业管理公司称：全体股东一致同意阿某、秦某退出物业管理公司，物业管理公司于 2012 年 10 月 24 日退还阿某、秦某入资款后，阿某、秦某仅以员工身份留在物业管理公司，不再参与管理、决策；阿某、秦某退股本质上属于内部转让，物业管理公司将股份收回后重新进行配置，通过转让或者其他合法途径处理二人的股权，故物业管理公司指令陈某艳、洪某宇接收二人的股权；物业管理公司对于股东身份有要求，自设立以来就有股东必须由在职员工担任的惯例。阿某、秦某的股权以及持股比例取决于员工身份和出资状况，不具有在职员工身份或者丧失在职员工身份以及收到退还入资款的员工，其股东资格不应予以认定，故要求确认阿某、秦某自 2012 年 10 月 24 日后不再是物业管理公司的股东，阿某、秦某协助将股份变更至陈某艳、洪某宇名下。

【案件焦点】

物业管理公司退还阿某、秦某出资款是否意味着阿某、秦某丧失了股东资格。

【法院裁判要旨】

北京市通州区人民法院经审理后认为：本案中，物业管理公司主张要求确认阿某、秦某自 2012 年 10 月 24 日之后不再是股东，理由主要有两点：一是物业管理公司已于 2012 年 10 月 24 日退还阿某、秦某入资款各 1 万元；二是物业管理公司有股东必须由在职员工担任的惯例，但阿某、秦某已于 2019 年 11 月离职，故阿某、秦某应将股权退还物业管理公司，由物业管理公司重新配置股权。对此本院认为，第一，物业管理公司退还入资款的行为一方面证明了阿某、秦某在登记为股东时履行了出资义务，另一方面物业管理公司退还入资款、收回股份属于收购本公司股份的行为。《中华人民共和国公司法》对于公司收购本公司股份的行为作出了严格的限制，明确规定公司不得收购本公司股份，除非发生以下情形：减少公司注册资本；与持有本公司股份的其他公司合并；将股份奖励给本公司员工；因对股东大会作出的公司合并、分立持异议要求公司收购其股份的，并且规定公司因前三项原因收购本公司股份的，应当经股东大会同意。物业管理公司退还入资款、收回股份不符合公司法规定的公司收购本公司股份的任何一种情形，且未经公司法规定的程序进行收购，亦未减少公司注册资本。故物业管理公司退还入资款的行为并不当然推定为阿某、秦某丧失物业管理公司的股东身份。第二，物业管理公司主张其自设立之日起即存在股东必须由在职员工担任的惯例，但物业管理公司自成立以来登记备案的两份章程中均无股东须由在职员工担任的规定，物业管理公司亦未提交相应证据证明其存在该惯例且阿某、秦某对该惯例知情。

北京市通州区人民法院作出如下判决：

驳回物业管理公司的诉讼请求。

物业管理公司不服一审判决，提起上诉。

北京市第三中级人民法院依照《中华人民共和国民事诉讼法》第一百七十条第一款第一项规定，作出如下判决：

驳回上诉，维持原判。

【法官后语】

在股东收到公司退还的全部出资款的情况下，能否当然认定其丧失了股东身份？对此存在两种观点：第一种观点认为，出资作为认定股东资格的重要条件，退还出资款后其丧失了成为股东的基础，其收取公司退还的全部出资款的行为应视为其认可退出公司，不再担任股东。第二种观点认为，出资为认定股东资格的重要条件但并非唯一条件，仍需结合其他事实综合进行认定，退还出资款并不当然丧失股东身份。

笔者同意第二种观点。理由如下：

一、股东资格认定的一般要件

股东是公司的设立人，享有资产收益、参与重大决策和选择管理者的权利，故股东资格的认定关系到股东能否享有上述权利。但股东资格的认定是一项多重、复杂的系统工程，需要考虑多方面的因素，且针对公司内部纠纷以及公司与债权人之间的纠纷股东资格认定有不同的标准。本案涉及的是公司与股东之间关于股东资格确认的问题，故对于公司与债权人产生纠纷时股东资格认定问题在此不做探讨。

1. 公司法关于股东资格认定标准的规定

公司法中关于股东资格认定以及股权归属发生争议后的确认标准只有一条规定，即《最高人民法院关于适用〈中华人民共和国公司法〉若干问题的规定（三）》第二十二条："当事人之间对股权归属发生争议，一方请求人民法院确认其享有股权的，应当证明以下事实之一：（一）已经依法向公司出资或者认缴出资，且不违反法律法规强制性规定；（二）已经受让或者以其他形式继受公司股权，且不违反法律法规强制性规定。"由此可知，出资确实为股东资格认定非常重要的标准。

2. 司法实践中认定股东资格的一般标准

司法实践中，股东资格确认纠纷案件的事实较为复杂，同时存在股权代持的情况，故认定股东资格时不能仅仅依据出资或者认缴出资的情况，还应结合其他事实综合进行认定：

（1）工商登记。虽然股东身份的认定不能仅仅依据工商登记，但工商登记的目的在于将股权的归属及变更向社会公示与披露，成为相对人确认公司股东的重要依据，故工商登记亦属于确认股东身份的依据之一。

（2）章程记载。《中华人民共和国公司法》第二十五条规定："有限责任公司章程应当载明下列事项……（四）股东的姓名或者名称；（五）股东的出资方式、出资额和出资时间……股东应当在公司章程上签名、盖章。"股东签署章程是其作为公司股东的真实意思表示。章程对内是确定股东及其权利义务的主要依据，具有对抗股东之间其他约定的效力。

（3）股东名册和出资证明书。出资证明书及股东名册系证明股东身份的因素之一，股东名册为股东行使权利的重要证明。

（4）是否实际行使股东权利和履行股东义务。是否参加股东会、参与公司的重大决策、参与公司经营管理以及是否享受公司分红等亦为认定股东资格的重要因素。

结合上述分析可以看出，出资并非认定股东资格的唯一标准。

二、公司退还出资款的性质

本案中，物业管理公司主张其退还阿某、秦某出资款是为了收回股份并配置给其他员工，此种情况在实践中时有发生。公司法并未规定公司有权收回股东的股份再另行配置，该行为应属于公司收购本公司股份的情形。基于对公司债权人利益的保护，公司应当遵循资本维持原则，故公司法对于公司收回本公司股份作出了严格的限制，以下四种情形下公司才能够收购本公司股份：(1) 减少公司注册资本；(2) 与持有本公司股份的其他公司合并；(3) 将股份奖励给本公司职工；(4) 股东因对股东大会作出的公司合并、分立决议持异议，要求公司收购其股份的。同时公司收购本公司股份应遵循法定的程序，前三项情形须经股东大会决议，因奖励给本公司职工收购股份的，不得超过本公司已发行股份总额的百分之五，用于收购的资金为公司的税后利润，且在一年内转让给职工。

根据公司法的规定，公司收购本公司股份必须符合法律规定的条件，且须经过法定程序，否则其收购行为应属无效。本案中，物业管理公司并不存在法律规定的收购阿某、秦某股份的情形，该收购行为亦未召开股东会进行决议，故其主张的收购股份行为应属无效。

综上，在股东资格的认定需要考虑多重因素的情况下，公司退还股东出资款并不当然认定股东已经丧失了该公司的股东资格。

编写人：北京市通州区人民法院　于素娟

二、请求变更公司登记纠纷

5

当事人提起涤除公司任职诉请不应以公司形成任职变更决议（或决定）为前置条件

——任某荣等诉景某伟、中医门诊部公司请求变更公司登记案

【案件基本信息】

1. 裁判书字号

北京市第二中级人民法院（2021）京 02 民终 12367 号民事判决书

2. 案由：请求变更公司登记纠纷

3. 当事人

原告（上诉人）：任某荣、金某英、朱某

被告（上诉人）：景某伟

被告（被上诉人）：中医门诊部公司

【基本案情】

2009 年 2 月 26 日，中医门诊部公司的时任股东朱某、金某英、任某荣共同作为甲方与乙方景某伟签署《股权转让合同》，约定甲方将其共同持有的中医门诊部公司 100%的股权出让给景某伟，股权转让价款为 10 万元。该合同同时约定，在合同签订后 7 日内，甲乙双方将股东变更情况记载于股东名册并申

请办理工商变更登记手续。合同签订后，景某伟支付股权转让款10万元。同日，朱某、金某英、任某荣形成《中医门诊部股东会决议》，主要内容包括：同意免去朱某的执行董事职务，免去朱某法定代表人职务；同意免去金某英监事职务；同意免去任某荣总经理职务。

中医门诊部公司工商登记信息显示，该公司系有限责任公司，营业期限为2005年5月30日至2025年5月29日，法定代表人为朱某，股东为朱某、金某英、任某荣。朱某任执行董事，金某英任监事，任某荣任总经理。该公司于2020年4月7日被列入严重违法失信企业名单。2007年12月29日至今景某伟实际持有中医门诊部公司的营业执照、公章等，实际经营中医门诊部公司。

【案件焦点】

在中医门诊部公司未就法定代表人、董事、监事、经理的改选、变更或变动形成决议的情况下，能否判决涤除任某荣、金某英、朱某等人所任公司职务的工商登记或备案事项。

【法院裁判要旨】

北京市西城区人民法院经审理认为：公司法定代表人、总经理、执行董事、监事的选任属于公司内部事务，由公司依据相关法律规定及公司章程作出决定，朱某、金某英、任某荣未能举证证明中医门诊部公司已经作出变更法定代表人、总经理、执行董事、监事的决议或决定，其关于要求变更执行董事、法定代表人、总经理、监事的诉讼请求没有事实和法律依据，法院不予支持。

北京市西城区人民法院依照《中华人民共和国公司法》第十三条、第三十二条，《中华人民共和国民事诉讼法》第六十四条，《最高人民法院关于民事诉讼证据的若干规定》第二条之规定，作出如下判决：

一、中医门诊部公司于判决生效之日起七日内将原登记在朱某、金某英、任某荣名下的中医门诊部公司的全部股权变更工商登记至景某伟名下；

二、驳回朱某、金某英、任某荣的其他诉讼请求。

朱某、金某英、任某荣及景某伟均不服一审判决，提出上诉。北京市第二中级人民法院经审理认为：法定代表人、董事、监事、经理的改选、变更或变动虽属于公司自治范畴，但在朱某等人明确表示不愿意继续担任相应职务的情况下，景某伟作为中医门诊部公司的唯一股东，仍不能作出股东决定进行相应事项变更或变动，则任某荣、金某英、朱某诉请的该事项已不能通过公司自治、景某伟自决的方式来解决。因此，应对任某荣、金某英、朱某关于涤除相应任职的诉讼请求予以支持。如景某伟不能及时作出相应决定，导致中医门诊部公司出现登记事项与实际不符或法定代表人空缺等情况，不利后果应由中医门诊部公司承担。

北京市第二中级人民法院依照《中华人民共和国公司法》第十三条，《中华人民共和国公司登记管理条例》第三十条、第三十七条，《中华人民共和国民事诉讼法》第一百七十条第一款第二项之规定，作出如下判决：

一、维持北京市西城区人民法院民事判决第一项；

二、撤销北京市西城区人民法院民事判决第二项；

三、中医门诊部公司于本判决生效后三十日内至北京市西城区市场监督管理局办理法定代表人的变更登记及董事、监事、经理的变动备案，不再将朱某登记为中医门诊部公司的法定代表人，不再将朱某备案为中医门诊部公司的执行董事，不再将任某荣备案为总经理，不再将金某英备案为监事，景某伟予以配合；

四、驳回任某荣、金某英、朱某的其他诉讼请求。

【法官后语】

在公司内部未就变更法定代表人形成决议的情况下，当事人提出变更法定代表人工商登记事项的诉讼请求是否属于法院民事案件的受案范围以及该诉讼请求是否应予以支持，值得探讨。

对于是否属民事案件的受理范围，之前有观点认为，变更公司法定代表人应当先由公司股东会作出决议，再向工商部门办理变更登记，此属于公司内部的自治范畴，人民法院不能强制公司作出决议变更法定代表人，故相应诉请不属于民事案件的受理范围，应裁定驳回当事人的起诉。随着司法实践的发展，已逐步形成了共识，即认定当事人是否享有诉权的法律依据应为《中华人民共和国民事诉讼法》第一百二十二条关于起诉条件的规定，在当事人提起起诉符合法定条件的情况下，法院应当受理。

在此类案件属于民事案件受理范围的情况下，如何处理当事人的诉讼请求，亦存在难点。有观点认为，公司法定代表人等任职属于公司的自决事项，在公司未能做出相应决议的情况下，法院无法干预公司自治，且依据《中华人民共和国市场主体登记管理条例》第八条的规定，法定代表人属于公司法定登记事项之一，故在公司未确认人选的情况下，仅判决涤除挂名法定代表人的工商登记事项，则面临执行不能的问题。因此，对当事人的该类诉讼请求不应支持。另有观点认为，当事人是在要求公司进行变更无果的情况下提起的诉讼，即当事人要求公司决议或者决定进行变更，而公司拒不变更从而成讼。在这种情况下，仍以公司形成相关决议为变更前提，并不具有现实可能性。因此，在当事人已穷尽其他救济途径的情况下，不能仅以公司未形成相关决议为由对当事人的诉讼请求一概否认。

笔者同意前述第二种观点，主要理由有两点：(1) 在挂名法定代表人与公司确无关联且当事人已穷尽其他救济途径的情况下，公司有义务形成决议或决定对法定代表人进行变更，以保证公司工商登记的法定代表人与实际有权代表公司的主体一致。如公司出于为公司实际经营人、控制人转嫁法律责任的考虑，拒不变更，则应由公司自行承担因公司登记事项不完整等情况导致的不利后果，而不应由挂名法定代表人承担不利后果。在本案中，原股东已出让股权长达十余年，且再未参与公司的经营管理，现公司又被列为严重违法失信企业，如驳回其诉求，则显失公平。(2) 在执行过程中，虽然确实存在公司拒不变更，无人可登记为法定代表人，致使执行不能的问题。但该类问题有完善的空间，不能因此拒绝裁判。比如，有法院在案件审理期间向公司发送书面通知，要求公司在指定期限内形成变更决议，并告知若拒不变更可能存在的不利法律后果。公司如在指定期限内形成变更决议，则判决公司按照决议内容进行工商登记变更，如公司未能形成变更决议，则直接判决“涤除”工商登记的任职事项。此外，对于如何协助执行关于“涤除”工商登记事项的判项，可在工商信息对外公示中不再显示原告的信息，将相关任职标注为空缺。因此，工商登记或备案事项“涤除”类案件中，人民法院不能仅以公司内部未形成变更决议或决定为由判决驳回当事人涤除任职的诉讼请求。

编写人：北京市第二中级人民法院　张君

6

法定代表人变更决议无须三分之二以上表决权通过

——龙某诉张某瑞、管理顾问公司请求变更公司登记案

【案件基本信息】

1. 裁判书字号

北京市第三中级人民法院（2021）京03民终13283号民事判决书

2. 案由：请求变更公司登记纠纷

3. 当事人

原告（被上诉人）：龙某

被告（上诉人）：张某瑞、管理顾问公司

【基本案情】

2005年3月18日，管理顾问公司成立，软件公司出资19.5万元，建筑装饰工程公司出资10.5万元。

2011年12月7日，软件公司将19.5万元货币出资转让给龙某。张某瑞为董事长，并为公司法定代表人，夏某勤为副董事长，龙某为董事。

管理顾问公司在公司登记部门备案的2011年12月7日公司章程载明：第八条，股东会由全体股东组成，是公司的权力机构，行使下列职权：选举和更换非职工代表担任的董事、监事。第十三条，股东会会议作出修改公司章程、

增加或者减少注册资本的决议，以及公司合并、分立、解散或者变更公司形式的决议，必须经代表三分之二以上表决权的股东通过。第十四条，公司设董事会，成员三人，由股东会选举。董事会设董事长一人，副董事长一人，由董事会选举产生。第十七条，董事会决议的表决，实行一人一票。第二十一条，董事长为公司的法定代表人，由董事会选举产生。

2021 年 2 月 25 日，龙某提议审议解除张某瑞的董事职务，选举新的董事。张某瑞回复表示不同意。

2021 年 3 月 8 日，龙某向夏某勤提出《关于召开临时股东会会议的提议》。2021 年 3 月 10 日，夏某勤签发《关于召开临时股东大会的通知》。

2021 年 3 月 31 日，夏某勤主持召开管理顾问公司股东会，龙某出席，建筑装饰工程公司未出席。股东会决议：解除张某瑞的董事职务，由李某政担任公司董事。

2021 年 3 月 31 日，董事会形成决议：同意由龙某担任公司董事长，免去张某瑞原董事长职务，法定代表人由张某瑞变更为龙某。

【案件焦点】

变更法定代表人是否需经代表三分之二以上表决权的股东通过。

【法院裁判要旨】

北京市顺义区人民法院经审理认为：龙某请求变更公司法定代表人，需审查公司股东会决议和董事会决议的效力。龙某作为代表十分之一以上表决权的股东，有权提议召开临时股东会。2021 年 2 月 25 日，龙某提议召开临时股东会，张某瑞予以拒绝。后龙某向夏某勤提议，夏某勤主持召开了股东会。股东会审议更换公司董事，股东会决议经代表 65%表决权的股东通过。更换公司董事的股东会决议，即使更换的董事为董事长、法定代表人，因未涉及公司章程变更等，不需经代表三分之二以上表决权的股东通过，二分之一以上多数决即可。管理顾问公司章程规定董事长由董事会而非股东会选举产生。2021 年 3 月 31 日，管理顾问公司董事会的召集程序、表决方式等符合公司法及公司章程的规定，决议内容不违反法律、行政法规强制性规定，应属合法有效。董事会选举龙某为董事长，则管理顾问公司法定代表人应变更为龙某。综上，龙某的诉讼请求应予支持。

北京市顺义区人民法院作出如下判决：

管理顾问公司于本判决生效之日起七日内向公司登记机关申请变更登记，将法定代表人（董事长）变更为龙某，张某瑞予以协助。

被告张某瑞、管理顾问公司不服一审判决，提出上诉。北京市第三中级人民法院经审理认为：公司章程对公司、股东、董事、监事、高级管理人员具有约束力。公司法定代表人依照公司章程的规定，由董事长、执行董事或者经理担任，并依法登记。公司法定代表人变更，应当办理变更登记。龙某作为代表十分之一以上表决权的股东有权提议召开临时股东会，该股东会在董事长张某瑞未履行职务的情况下，由夏某勤主持，审议的公司董事、监事任免等事宜亦由二分之一以上表决权股东表决通过，不存在违反法律、行政法规强制性规定的事由，决议内容应属合法有效。后经董事李某政提议，管理顾问公司召开董事会形成任免董事长的相关决议，亦符合公司法及公司章程的相关规定，决议内容不违反法律、行政法规强制性规定，亦为合法有效。

北京市第三中级人民法院依照《中华人民共和国民事诉讼法》第一百七十条第一款第一项规定，作出如下判决：

驳回上诉，维持原判。

【法官后语】

法定代表人是代表法人从事民商事活动的负责人，在公司经营过程中担任重要角色，是体现公司控制权的关键性职位。在法定代表人变更引发的诉讼中，“请求变更公司登记纠纷”是常见案由之一。

《中华人民共和国公司法》第二十五条规定：“有限责任公司章程应当载明下列事项……（七）公司法定代表人……”第四十三条第二款规定：“股东会会议作出修改公司章程、增加或者减少注册资本的决议，以及公司合并、分立、解散或者变更公司形式的决议，必须经代表三分之二以上表决权的股东通过。”

那么，公司变更法定代表人是否需要三分之二以上表决权的股东通过变更法定代表人的股东会决议呢？

从立法本意来说，只有对公司经营造成特别重大影响的事项才需要经代表三分之二以上表决权的股东通过。不能僵化地认为公司章程中记载的所有事项的变更都需要经代表三分之二以上表决权的股东通过形成股东会决议。公司章程中记载的事项包括描述性事项和效力性事项，单纯进行事实确认，描述生效决议或协议结果的公司章程记载事项发生变更不属于《中华人民共和国公司法》第四十三条“修改公司章程”，无须经代表三分之二以上表决权的股东通过。当然，如公司章程就法定代表人的产生、变更有特别规定，应尊重公司章程。就本案而言，根据公司章程，股东按照出资比例行使表决权选举董事，董事组成董事会选举产生董事长即法定代表人，即股东会二分之一以上表决权决定董事会成员，董事会多数决定法定代表人。

2022 年 3 月 1 日开始施行的《中华人民共和国市场主体登记管理条例》第八条也明确法定代表人姓名属于市场主体的一般登记事项。公司变更法定代表仅为一般登记事项，无须提供章程修正案或股东会决议。

另需说明的是，《中华人民共和国市场主体登记管理条例》加大了对公司未予及时进行变更登记的行政处罚措施力度。原《中华人民共和国公司登记管理条例》第六十八条第一款规定，未予及时办理法定代表人变更登记的，行政处罚最重的后果仅为“逾期不登记的，处以 1 万元以上 10 万元以下的罚款”。《中华人民共和国市场主体登记管理条例》第四十六条规定：“市场主体未依照本条例办理变更登记的，由登记机关责令改正；拒不改正的，处 1 万元以上 10 万元以下的罚款；情节严重的，吊销营业执照。”法定代表人的变更应依据法律法规和公司章程及时予以变更，有争议应及时诉至法院处理，避免不必要的行政处罚和经营风险。

编写人：北京市顺义区人民法院　张翔鹏

三、股东出资纠纷

7

公司将抽逃出资的股东除名后，不得向其继续追缴出资

——防爆电气公司诉樊某菊出资案

【案件基本信息】

1. 裁判书字号

江苏省南通市中级人民法院（2021）苏06民终3290号民事判决书

2. 案由：出资纠纷

3. 当事人

原告（上诉人）：防爆电气公司

被告（被上诉人）：樊某菊

【基本案情】

樊某菊与案外人姜某于1985年10月1日登记结婚。防爆电气公司于2006年6月21日设立，公司注册资本16524773元。姜某在与樊某菊夫妻关系存续期间，以夫妻共同财产出资成为防爆电气公司股东，持股40%。2012年3月，防爆电气公司注册资本增加至5000万元，其中姜某新增出资13390091元。2015年11月23日，樊某菊与姜某协议离婚，双方在离婚协议中确认婚姻关系存续期间没有发生任何共同债务，如任何一方对外负有债务，由负债方自行承担。离婚协议未对姜某在防爆电气公司的股权作出处理。

2016年，防爆电气公司以姜某抽逃出资为由提起诉讼。同年12月27日，一审法院判决认定姜某对新增资本13390091元存在抽逃行为，判令姜某归还防爆电气公司出资款13390091元及利息。姜某不服提起上诉，二审法院判决驳回上诉、维持原判。后防爆电气公司申请执行，一审法院拍卖了姜某在防爆电气公司40%的股权，于2019年8月15日作出执行裁定，明确姜某股权拍卖成交价为327万元，买受人为张某。2019年8月30日，防爆电气公司股东变更登记为张某。

2020年11月23日，樊某菊对姜某提起诉讼，认为2006年6月21日在其与姜某婚姻存续期间，姜某用夫妻共同财产向防爆电气公司出资取得了40%的股权，双方在离婚时未对该股权进行分割，要求确认姜某的股权拍卖款为共同共有，其应得50%即163.5万元。防爆电气公司作为第三人参加了该案诉讼，认为姜某因抽逃出资经法院判决对公司负有1300多万元的债务，樊某菊不能仅主张收益，应对该债务承担连带责任。2021年1月27日，一审法院判决确认樊某菊对姜某拍卖的防爆电气公司40%股权转让所得327万元中享有163.5万元财产权益，该判决现已发生法律效力。

【案件焦点】

公司强制拍卖股东名下的全部股权后，是否仍有权向其追缴抽逃的出资。

【法院裁判要旨】

江苏省启东市人民法院经审理认为：虽然姜某新增资本及抽逃该出资都发生在与樊某菊夫妻关系存续期间，但姜某作为股东向防爆电气公司新增出资13390091元，金额巨大，显然超出了家庭日常生活所需。防爆电气公司也没有提供证据证明该次增资是姜某、樊某菊夫妻双方共同意思表示，樊某菊参与协助姜某抽逃出资、所抽逃的出资款项用于夫妻共同生活。另外，姜某用夫妻共同财产出资取得了40%的股权，在与樊某菊离婚时未作处理，现樊某菊经法院判决确认享有姜某股权拍卖款的50%，性质上属于离婚后对共同财产的分割。现樊某菊取得的股权拍卖款金额远低于当年的投资金额，并没有获得股权的经营收益。姜某的股权经司法拍卖由案外人张某取得，樊某菊享有一半的股权变价款，既不是分割股权也不是受让股权。防爆电气公司主张适用《最高人民法院关于适用〈中华人民共和国公司法〉若干问题的规定（三）》第十八条关于受让股东对前手股东抽逃出资承担连带责任的规定，认为樊某菊取得了姜某股权中50%的股权权益，作为受让人应承担连带责任，是对法律条文的错误理解。

江苏省启东市人民法院依照《中华人民共和国婚姻法》第四十一条、《最高人民法院关于审理涉及夫妻债务纠纷案件适用法律有关问题的解释》第三条、《最高人民法院关于适用〈中华人民共和国民法典〉时间效力的若干规定》第一条第二款之规定，作出如下判决：

驳回防爆电气公司的诉讼请求。

防爆电气公司不服一审判决，提出上诉。江苏省南通市中级人民法院经审理认为：

防爆电气公司申请司法拍卖强制转让姜某的股权，其效果等同于解除姜某的股东资格。《最高人民法院关于适用〈中华人民共和国公司法〉若干问题的规定（三）》第十六条规定了对未尽出资义务股东的权利限制，在第十七条则规定了在股东严重违反出资义务即未出资和抽逃全部出资的情形下，公司对股东除名行为的有效性。不难看出，在股东严重违反出资义务的情形下，可能遭受最严厉的措施，即公司可以根据股东会决议解除其股东资格。在抽逃出资执行案中，防爆电气公司申请拍卖强制转让姜某的股权，在拍卖成交后办理了股权变更登记，自此姜某不再是防爆电气公司的股东，防爆电气公司申请强制执行的效果等同于解除了姜某的股东资格。毋庸讳言，对照司法解释，以强制执行的方式解除姜某的股东资格存在瑕疵。首先，姜某并未抽逃全部出资而是抽逃全部新增注册资金；其次，公司并未召开股东会并作出决议。从严格意义上讲，在未能满足前述条件和程序前，就返还抽逃出资的民事判决，防爆电气公司仅能就姜某股权之外的其他财产申请执行，而不能执行其股权。但本案存在特殊情形，防爆电气公司原股东只有姜某与张某斌二人，公司申请法院司法拍卖强制处分姜某名下的股权，姜某与张某斌对此均未提出异议，姜某对防爆电气公司申请强制执行其全部股权用以返还抽逃出资是明知的，可以认定其认可人民法院强制执行的结果。兼之股权拍卖后，受让人已支付了对价，并办理了股权变更登记取得了股东资格，以及股权拍卖价款已由司法确认为姜某与樊某菊的夫妻共同财产并进行了分割，难以回复到原有状态，故不宜苛求以强制执行方式解除姜某股权是否完全与司法解释相符，而应当确认防爆电气公司解除姜某股东资格行为的效力。

姜某的股权被强制转让后已丧失股东资格，防爆电气公司无权要求其继续返还出资。就公司而言，股东返还出资款本息后，其股东权利不受影响，所以公司要求股东返还出资，首先意味着继续承认其股东身份；只有在经催告仍不能返还出资的情况下，公司才能启动程序剥夺其股东资格。而股东一旦被除名，则其未能出资到位的股权即由其他股东或第三人缴纳出资，如果股权无人受让的，公司必须依法注销该部分出资。司法解释并未赋予公司既可以解除抽逃出资股东的股东资格，又可以要求该股东继续返还出资的权利。姜某原持有的防爆电气公司股权司法拍卖时，其价值已充分考量了抽逃新增资本金的因素，如果要求姜某继续返还出资，则将导致姜某在股权被低价转让、股东资格被剥夺的情况下，仍需向防爆电气公司返还出资，而就该部分出资所对应的相关权益则显然已无法享有，权利与义务存在明显失衡。

在姜某的民事责任不复存在的情况下，樊某菊的民事责任显然就是无本之木，无论防爆电气公司的请求权是基于夫妻共同债务还是衍生的连带责任债务，均缺乏成立的基础和来源，再行探讨已无必要。

江苏省南通市中级人民法院依据《中华人民共和国民事诉讼法》第一百七十条第一款第一项之规定，作出如下判决：

驳回上诉，维持原判。

【法官后语】

股东未全面履行出资义务，违反了公司资本维持原则，损害了公司的法人财产权，其股东权利应当受到限制。结合《最高人民法院关于适用〈中华人民共和国公司法〉若干问题的规定（三）》（以下简称《公司法解释（三）》）第十六条、第十七条可以得出，股东出资存在瑕疵时，被限制的权能应该符合比例原则。通常情况下，瑕疵出资股东的被限制权能包括利润分配请求权、新股优先认购权、剩余财产分配请求权等；而在股东严重违反出资义务，使得合同目的（发起人协议、公司章程）落空，构成根本违约时，公司得启动除名程序，剥夺股东的股权，这可以看作对合同的解除。[①] 公司在解除股东资格之前，还必须履行相应的程序，包括催告股东在合理期限内缴纳或者返还出资，并依法召开股东会形成决议。

本案中，防爆电气公司向法院申请强制拍卖姜某名下的股权，原股东姜某的股东资格即被解除。严格来讲，防爆电气公司以强制执行的方式解除姜某的股东资格并不完全符合《公司法解释（三）》的规定：一是姜某抽逃的是新增部分出资，并未构成根本违约；二是除名的执行并未严格遵守除名程序。但本案存在特殊情形，防爆电气公司原股东只有姜某与张某斌二人，本案实质对抗产生于两股东之间，在一名股东的行为妨碍或者严重影响公司和另一名股东的利益时，要求另一名股东召开股东会形成决议解除其股东资格，在程序上是不经济的。防爆电气公司申请拍卖强制转让姜某名下的股权，姜某对此未提出异议，表明其愿意承受被除名的后果。且买受人已成为新的股东，股权拍卖价款已由司法确认为姜某与樊某菊夫妻的共同财产并进行了分割，如果认定除名程序存在瑕疵而要求回复到原有状态，不仅对新股东不公平，也违反了原股东的真实意思表示，并无必要。

另外，本案中，股权系以折价的方式成交，公司将该部分成交款计入公司资本后，资本“空洞”依然存在。在此情况下，是否可以要求已被解除股东资格的股东继续向公司出资呢？有观点认为，强制拍卖虽为司法所主导，但仍是转让的一种形式，故可参照《公司法解释（三）》第十八条的规定，认定姜某负有履行出资的义务。笔者认为，虽然股东除名与股权转让同样可以产生使原

---

① 最高人民法院民事审判第二庭编著：《最高人民法院关于公司法解释（三）、清算纪要理解与适用》（注释版），人民法院出版社 2014 年版，第 212 页。

股东丧失股东资格的后果，但因失权的事由不同，公司是否得再行使补足出资请求权，当有本质区别。

其一，在股权转让场合，原股东失去股东资格基于其与受让人达成的转让合意，是原股东的自愿行为，与公司无关。股东的出资义务不得因股权转让而免除，理由在于出资是股东最基本的法律义务，它既是一项约定义务，即股东出资应当遵守发起人协议或者公司章程的约定；又是一项法定义务，即股东的出资义务具有公司法上的强制性。股东出资义务的法定性体现在：它是公司取得独立法人人格的基础；它的履行对象并非其他发起人或者签署公司章程的其他股东，而是公司；违反出资义务不仅对其他发起人或者股东构成违约，而且对公司及公司债权人等利益主体造成损害。股东出资义务的法定性决定了股东出资额一经登记确认即非法定程序不得变更，如果瑕疵股权转让时尚有未缴付的债务，则股权转让就并非股东与受让人的“私事”。同时，受让人的履行能力存在不确定性，如其继受出资义务有履行不能的风险，将会给其他股东、公司及公司债权人造成不利益。因而，《公司法解释（三）》第十八条系据以股东出资义务的法定性所作出的规定。

其二，在股东除名场合，公司得依照法律规定剥夺未出资或抽逃全部出资股东的股东资格，无须征得该股东的同意。依照法律规定，公司有权要求瑕疵出资股东补足出资，如该请求权实现，则股东的权利不再受到限制。换言之，请求瑕疵股东补足出资须以承认其股东资格为前提。而从《公司法解释（三）》第十七条行文逻辑看，股东除名系公司要求股东限期补足出资未果后的另一救济措施，是对股东返还出资不能所实施的终极手段，公司请求股东返还出资与股东除名存在先后顺序，两者不能同时并存。公司启动除名程序，可以视为对发起人协议或公司章程的解除。原股东丧失股东身份后，不受发起人协议或章程的约束，不享有法律规定的股东权利，不承担法律规定的股东义务，当然也无补足出资的义务。公司用剥夺股东资格的方式满足补足出资之请求，存在逻辑上的矛盾，因为补足出资后的股东得享有公司法规定的投资者权益，但此时其股东资格已被剥夺，股东权利将如何行使？其补足的出资权益又该登记在何人名下？本案中，公司先提起诉讼请求股东补足出资，又在执行中强制转让了原股东全部股权，抛开案涉股东并非抽逃全部出资及未经股东会决议而与司法解释不符外，实际上是对股东实施了除名行为，此时再向股东追缴出资已无法律依据。

编写人：江苏省南通市中级人民法院　樊建兵　刘琰

8

在公司债务产生后延长出资期限，股东出资责任的认定

——食品公司诉投资公司、俞某股东出资案

【案件基本信息】

1. 裁判书字号

江苏省苏州市中级人民法院（2020）苏05民终10646号民事判决书

2. 案由：股东出资纠纷

3. 当事人

原告（被上诉人）：食品公司

被告（上诉人）：投资公司

被告：俞某

【基本案情】

食品公司成立于2016年4月18日，注册资本为1000万元，投资公司认缴出资200万元，出资期限为2017年12月31日。2017年8月8日，食品公司修订公司章程，载明投资公司认缴出资200万元，出资期限为2018年12月31日。

2018年5月28日，投资公司与俞某签订股权转让协议，约定投资公司将

其持有的食品公司股权200万元以0元价格转让给俞某，对应的权利义务一并转让。

后食品公司因不能清偿到期债务，一审法院于2019年7月9日作出（2019）苏0591破16号民事裁定书裁定受理了破产清算申请，并指律师事务所担任管理人。食品公司管理人为此对食品公司出资情况进行审计，会计师事务所出具审计说明，载明：投资公司实缴出资额为0元。食品公司认为，投资公司尚有出资款未付，故诉至法院，要求投资公司补足出资200万元，俞某对此承担连带责任。

庭审中，食品公司提交了（2018）苏0591民初5760号判决书、（2018）苏0591民初12015号判决书、（2018）苏0591民初10371号判决书、（2018）苏0591民初10800民事调解书、（2019）苏0591民初2232号民事判决书。上述案件中，食品公司均为被告，上述案件的查明事实中显示，2017年4月开始，食品公司与其装修工程施工单位、供应商签订付款协议书、对账单等材料，明确结欠工程款、货款等500余万元。

【案件焦点】

投资公司在食品公司产生大量债务的情况下，通过修改公司章程延长出资期限，然后在延长的出资期限届满前又转让全部股权的行为应当如何进行认定。

【法院裁判要旨】

江苏省苏州工业园区人民法院经审理认为：食品公司原章程记载投资公司出资额为200万元，出资期限为2017年12月31日。食品公司破产管理人提交的证据证明2017年4月开始，食品公司已对外欠付大量债务。在此情形下，2017年8月8日投资公司通过修订公司章程将其出资期限延长至2018年12月31日，并于延长后的出资期限届满前将全部股权以0元价格转让给俞某，此举系恶意逃避股东出资义务，严重损害了公司债权人的利益，现食品公司已经破产，资产不足以清偿全部债务，且经审计，投资公司未实缴过出资，投资公司也无证据证明其履行过出资义务，故食品公司主张投资公司补足出资200万元，具有事实和法律依据，应予支持。俞某以0元价格受让投资公司股权，且直接参与公司经营，应当知道投资公司的出资情况，故应当对投资公司的出资义务承担连带责任。

江苏省苏州工业园区人民法院作出如下判决：

一、投资公司于判决生效之日起十日内支付食品公司出资款200万元；

二、俞某对投资公司的上述债务承担连带清偿责任。

投资公司不服一审判决，提起上诉。江苏省苏州市中级人民法院经审理认为：根据生效判决认定的事实，从2017年4月开始食品公司便产生多笔未结清债务，投资公司作为食品公司的股东，理当知晓食品公司需要对外支付欠付的款项。在此情况下，投资公司应在食品公司章程明确的认缴出资期限届满前向公司缴纳出资，以清偿公司对外债务。但是，投资公司却通过变更公司章程的方式将认缴出资期限延长，并在此后将股权以0元对价转让给俞某，以逃避出资义务。因此，该行为不能对抗公司债权人。现食品公司破产管理人依据审计报告，要求投资公司补足出资，具有事实和法律依据，应予支持。

江苏省苏州市中级人民法院依照《中华人民共和国民事诉讼法》第一百七十条第一款第一项之规定，作出如下判决：

驳回上诉，维持原判。

【法官后语】

本案处理的重点在于投资公司作为食品公司的股东，明知食品公司对外结欠大量债务尚未清偿，却通过股东会决议，修改公司章程延长出资期限，然后在延长的出资期限届满前又转让全部股权，其对食品公司的出资义务是否已经免除。

股东出资是股东的基本义务，在公司资本认缴制下，公司股东的出资期限虽然可以由股东做出灵活约定，但其本身并未免除股东对公司的出资义务。法律只是将股东的出资义务由法律强行规定调整为由股东通过公司章程自行决定。公司章程对股东出资数额、时间和方式作出规定后，股东就必须按照章程的规定缴纳出资。股东未依照公司章程缴纳出资时，人民法院应当按照《中华人民共和国公司法》及《最高人民法院关于适用〈中华人民共和国公司法〉若干问题的规定（三）》的相关规定，判令股东履行出资义务。《全国法院民商事审判工作会议纪要》对股东出资加速到期规定了两种情形，其中一种就是公司债务产生后，公司以股东会决议或者其他方式延长股东出资期限。此种情形下，债权人以公司不能清偿到期债务为由，请求未届修改后出资期间的股东在未出资范围内对公司不能清偿的债务承担补充赔偿责任的，人民法院应予支持。也即股东在公司债务发生之后，虽然以股东会决议或者其他方式延长股东出资期限，但并不发生出资期限延长的法律效力，股东仍需按照原出资期限履行出资义务。在上述法理的指导下，本案的裁判思路分为三个层次：

1. 公司债务产生后股东延长出资期限产生何种法律效力？

本案中，根据食品公司章程，投资公司认缴的200万元应于2017年12月31日前完成出资，但食品公司在对外结欠大量债务后，通过召开股东会，修改公司章程，将本已届满的出资期限延长，投资公司应当出资而未出资，虽延长出资期限的行为系公司自治的范围，但该行为在公司存在对外债务的情况下，实际上减少了公司运营的资本，也同时降低了公司债权人获得清偿的可能性。投资公司在变更出资期限后将其股权以0元对价转让，并将相应出资义务转让给后手股东，以规避其应当履行的出资义务。投资公司的上述行为应当认定为系恶意规避出资义务的行为，损害了公司及公司债权人的利益，故应认定不发生出资期限延长的法律效力，投资公司仍应按照原出资期限履行出资义务。

2. 公司能否要求股东补足出资？

股东出资期限加速到期情形下，一般是公司债权人以公司不能清偿到期债务为由，请求未届修改后出资期间的股东在未出资范围内对公司不能清偿的债务承担补充赔偿责任。但此种情形下，股东承担责任的基础在于应当履行出资义务而未履行，故根据《最高人民法院关于适用〈中华人民共和国公司法〉若干问题的规定（三）》第十三条的规定，公司同样可以作为原告要求股东补足出资。现食品公司已进入破产程序，食品公司破产管理人主张投资公司履行出资义务，应予支持。

3. 俞某的责任应当如何认定?

《最高人民法院关于适用〈中华人民共和国公司法〉若干问题的规定(三)》第十八条第一款规定,有限责任公司的股东未履行或者未全面履行出资义务即转让股权,受让人对此知道或者应当知道,公司请求该股东履行出资义务、受让人对此承担连带责任的,人民法院应予支持。本案中,如前所述,投资公司在公司债务产生后,以股东会决议或者其他方式延长股东出资期限,此种情形符合《全国法院民商事审判工作会议纪要》规定的出资加速到期的情形,投资公司仍应按照原出资期限履行出资义务,但其在未履行出资义务的情况下将全部股权以0元价格转让给俞某,俞某直接参与公司经营,应当知道投资公司的出资情况,故根据上述法律规定,其应当对投资公司的出资义务承担连带责任。

编写人:江苏省苏州市中级人民法院 姚栋财 王泽玮

9

提前股东出资期限不应适用资本多数决规则

——供应链管理公司诉刘某彬股东出资案

【案件基本信息】

1. 裁判书字号

云南省昆明市中级人民法院(2021)云01民终9543号民事判决书

2. 案由:股东出资纠纷

3. 当事人

原告(上诉人):供应链管理公司

被告(被上诉人):刘某彬

【基本案情】

供应链管理公司系于2019年6月6日成立的有限责任公司，注册资本为1000万元，工商登记的股东为王某平，持股比例73%；曾某，持股比例15%；刘某彬，持股比例10%；李某忠，持股比例2%。供应链管理公司成立后，已实际缴纳注册资本300万元。公司章程约定：出资时间2039年4月30日；股东会会议应对所议事项作出决议，决议应由代表三分之二以上表决权的股东表决通过；公司认缴出资额交付时间由全体股东约定。

供应链管理公司于2021年2月4日召开股东会，出席的股东为曾某、王某平，作出决议：各股东在2021年2月28日前按公司占股比例再完成注册资本实缴200万元（公司成立时已实缴300万元），如不能按期缴纳出资，则应把所持有股份全部转让给其他股东或由公司收购其所持股份；对原章程第六条进行了修改，修改为公司认缴出资额交付时间由股东会根据公司经营情况进行约定，由代表三分之二以上表决权的股东通过等。会后股东王某平、曾某依决议内容向供应链管理公司进行了出资。供应链管理公司于2021年5月30日再次召开股东会，出席的股东为曾某、王某平，作出决议：股东王某平和股东曾某已按公司占股比例足额出资实缴，现最后要求另两位未出资实缴股东刘某彬、李某忠在2021年6月20日前按公司占股比例完成注册资本实缴200万元，如不能按时缴纳出资，则应把所持有股份全部转让给其他股东或由公司收购其持股份。故，供应链管理公司以刘某彬未按期足额出资为由诉至法院。

【案件焦点】

刘某彬是否应当向供应链管理公司提前出资20万元，即提前股东出资期限是否可以适用资本多数决规则。

【法院裁判要旨】

云南省昆明市官渡区人民法院经审理认为：供应链管理公司所作的股东会决议中涉及修改股东出资期限事项的决议，要求股东提前出资。但我国实行公司资本认缴制，法律赋予股东出资期限利益，修改股东出资期限直接影响其他股东的根本切身利益，不能以资本多数决的方式以多数股东的意志变更之前全体股东之间形成的一致意思表示。本案中，不能排除大股东利用资本多数决原则实施差异化出资、侵害其余股东权利的可能性，且供应链管理公司也未提交因公司经营需要，存在加速股东出资的必要性、合理性的相应依据，故刘某彬无须履行提前缴纳出资 20 万元的义务，供应链管理公司的诉请无事实及法律依据。

云南省昆明市官渡区人民法院依照《中华人民共和国公司法》第二十八条、第三十七条，《中华人民共和国民事诉讼法》第六十四条，作出如下判决：

驳回原告供应链管理公司的全部诉讼请求。

供应链管理公司不服一审判决，提出上诉。云南省昆明市中级人民法院经审理认为：本案中供应链管理公司的公司章程载明各股东出资时间为 2039 年 4 月 30 日。2021 年 2 月 4 日、2021 年 5 月 30 日，供应链管理公司召开两次股东会，所作决议实质系将公司股东的出资期限提前，若不提前出资则其所持股份需转让给其他股东或由公司收购。提前股东出资期限涉及公司各股东的出资期限利益，并非一般的修改公司章程事项，不能适用资本多数决规则，应由全体股东一致决定。理由如下：首先，我国实行公司资本认缴制，《中华人民共和国公司法》第二十八条赋予公司股东出资期限利益，允许公司各股东按照章程规定的出资期限缴纳出资。其次，修改股东出资期限直接影响各股东的根本权利，不能简单等同于公司增资、减资、解散等事项，亦不能简单地适用资本多数决规则。最后，股东出资期限系公司设立或股东加入公司成为股东时，公司各股东之间形成的一致合意，而非公司经营管理事项。不可以多数股东意志变更各股东之间形成的一致意思表示。综上，供应链管理公司两次股东会未经全体股东一致决定，以资本多数决规则决议将公司股东的出资期限提前，限制了刘某彬作为股东的出资期限利益。

云南省昆明市中级人民法院依照《中华人民共和国民事诉讼法》第一百七十条第一款第一项之规定，作出如下判决：

驳回上诉，维持原判。

【法官后语】

出资期限涉及公司各股东的期限利益，出资期限不能适用资本多数决规则予以提前。主要理由如下：

第一，我国实行公司资本认缴制，除法律另有规定外，《中华人民共和国公司法》第二十八条第一款规定，“股东应当按期足额缴纳公司章程中规定的各自所认缴的出资额”，即法律赋予公司股东出资期限利益，允许公司各股东按照章程规定的出资期限缴纳出资。股东的出资期限利益，是公司资本认缴制的核心要义，系公司各股东的法定权利，如允许公司股东会以多数决的方式决议修改出资期限，则占资本多数的股东可随时随意修改出资期限，从而剥夺其他中小股东的合法权益。

第二，修改股东出资期限直接影响各股东的根本权利，其性质不同于公司增资、减资、解散等事项。后者决议事项一般与公司直接相关，但并不直接影响公司股东之固有权利。而提前股东出资期限直接关系到公司各股东的切身利益。如允许适用资本多数决，不同意提前出资的股东将可能因未提前出资而被剥夺或限制股东权益，直接影响股东根本利益。因此，修改股东出资期限不能简单等同于公司增资、减资、解散等事项，亦不能简单地适用资本多数决规则。

第三，股东出资期限系公司设立或股东加入公司成为股东时，公司各股东之间形成的一致合意，股东按期出资虽系各股东对公司的义务，但本质上属于各股东之间的一致约定，而非公司经营管理事项。法律允许公司自治，但须以不侵犯他人合法权益为前提。公司经营过程中，如有法律规定的情形需要各股东提前出资或加速到期，系源于法律规定，而不能以资本多数决的方式，以多数股东意志变更各股东之间形成的一致意思表示。

第四，我国现行立法对于加速认缴出资到期仅规定了两种情形，即公司破产和公司解散，具体法律规定为《中华人民共和国企业破产法》第三十五条、《最高人民法院关于适用〈中华人民共和国公司法〉若干问题的规定（二）》第二十二条。上述规定的立法目的是当债务人出现破产、解散情形后，加速股东出资义务到期，增强债务人的偿债能力，从而充分、平等地保护债权人的合法权益。如果在公司未进入破产、解散程序前，因某一债权人的利益而加速股东出资义务到期，既突破了公司法认缴制度的规定，也不利于对债务人的其他债权人的保护，上述规定的立法目的是当债务人出现破产、解散情形后，加速股东出资义务到期，增强债务人的偿债能力，从而充分、平等地保护债权人的合法权益。如果在公司未进入破产、解散程序前，因某一债权人的利益而加速股东出资义务到期，既突破了公司法认缴制度的规定，也不利于对债务人的其他债权人的保护。

综上，提前股东出资期限涉及公司各股东的出资期限利益，并非一般的修改公司章程事项，不能适用资本多数决规则，应由全体股东一致决定。

编写人：云南省昆明市中级人民法院　张珩瑶

10

非破产情形下股东出资加速到期的认定

——机械公司诉朱某等股东出资案

【案件基本信息】

1. 裁判书字号

浙江省三门县人民法院（2021）浙1022民初3023号民事判决书

2. 案由：股东出资纠纷

3. 当事人

原告：机械公司

被告：朱某、李某、钟某

第三人：科技公司

【基本案情】

2020年2月21日，浙江省台州市椒江区人民法院作出（2019）浙1002民初5694号民事判决，判令科技公司于判决生效后10日内支付给机械公司货款202732元并赔偿利息损失。科技公司就前述判决提起上诉被驳回。后机械公司向台州市椒江区人民法院申请强制执行，法院执行到位16449.71元，扣除案件受理费和申请执行费后发放给机械公司11314.71元，并于2021年2月3日作出（2020）浙1002执4371号民事裁定，以科技公司暂无可供执行的财产为由，终结本次执行程序。

另查明，2018年9月21日，第三人科技公司登记成立，注册资本5000万元，被告朱某、李某作为发起人分别认缴货币出资4500万元、500万元，认缴期限为2065年12月31日。2018年10月10日，被告朱某将其持有的认缴出资650万元、350万元对应股权均以0元的价格分别转让给被告钟某、李某，2018年10月12日，第三人科技公司基于前述协议完成股东持股比例、出资金额及章程修正案的备案登记，即由被告朱某认缴出资3500万元，被告李某认缴出资850万元，被告钟某认缴出资650万元。2020年3月3日，被告李某将其持有的认缴出资850万元对应股权以0元的价格转让给被告朱某。2020年4月14日，第三人科技公司基于前述协议完成股东持股比例、出资金额及章程修正案的备案登记，即由被告朱某认缴出资4350万元，被告钟某认缴出资650万元。截至法庭辩论终结，第三人科技公司注册资本尚未实缴。

【案件焦点】

公司未破产情形下，出资期限未到期的股东是否应当承担补偿赔偿责任。

【法院裁判要旨】

浙江省三门县人民法院经审理后认为：被告朱某、钟某应根据《最高人民法院关于适用〈中华人民共和国公司法〉若干问题的规定（三）》第十三条第二款规定承担补充赔偿责任。股东应当按期足额交纳公司章程中规定的各自所认缴的出资额。公司债权人有权请求未履行或者未全面履行出资义务的股东在未出资本息范围内对公司债务不能清偿的部分承担补充赔偿责任。第三人科技公司对原告负有债务，且经法院强制执行程序确认无可供执行的财产，被告朱某、钟某应当分别在未履行出资义务4350万元、650万元的范围内，对第三人科技公司债务不能清偿的部分承担补充赔偿责任。被告钟某辩称，出资期限尚未届满，公司股东享有期限利益，即便公司确实存在资不抵债情况，原告也应当通过破产程序来实现债权。在注册资本认缴制下，股东依法享有期限利益，债权人以公司不能清偿到期债务为由，请求未届出资期限的股东在未出资范围内对公司不能清偿的债务承担补充赔偿责任的，一般不予支持，但为平衡债权人与股东的利益，公司作为被执行人的案件，人民法院穷尽执行措施无财产可供执行，已具备破产原因，但不申请破产的情形不在此限。《中华人民共和国企业破产法》第二条第一款规定，企业法人不能清偿到期债务，并且资产不足以清偿全部债务或明显缺乏清偿能力的，依照本法规定清理债务。根据《最高人民法院关于适用〈中华人民共和国企业破产法〉若干问题的规定（一）》第四条第三项规定，经人民法院强制执行，无法清偿债务的，应认定明显缺乏清偿能力。本案中，第三人科技公司不能清偿到期债务，且在法院穷尽执行措施后无财产可供执行，明显缺乏清偿能力，已经具备破产原因，但截至法庭辩论终结并未申请破产，故公司章程记载的被告朱某、钟某的出资期限虽未届满，但在第三人债务不能清偿部分的范围内加速到期，由此，本院对于被告钟某基于股东期限利益提出的辩论意见不予支持。另外，非破产加速出资虽然存在违反债务公平清偿的风险，但相应风险可以通过破产撤销权制度予以适当限制，故原告有权径直请求未履行出资义务的被告朱某、钟某承担补充赔偿责任。

浙江省三门县人民法院依照《中华人民共和国公司法》第二十八条第一款、《最高人民法院关于适用〈中华人民共和国公司法〉若干问题的规定（三）》第十三条第二款、《中华人民共和国民事诉讼法》第一百四十四条之规定，作出如下判决：

一、由被告朱某在未履行出资义务4350万元范围内，被告钟某在未履行出资义务650万元范围内，于本判决生效之日起十五日内，共同对（2019）浙

1002 民初 5694 号民事判决确认的第三人科技公司对原告机械公司所负债务承担补充赔偿责任；

二、驳回原告机械公司其他的诉讼请求。

判决后，双方当事人均未上诉，本判决现已生效。

【法官后语】

在非破产制度下，应个别债权人要求股东出资加速到期，不仅可能侵害其他债权人权益，且容易诱发偏颇性清偿行为的发生。但若一味僵硬地遵守股东出资时间的约定，又可能给公司债权人造成损失。笔者从以下几个方面浅析如何认定非破产情形下股东出资加速到期。

1. 公司不能清偿债务的范围认定。

出于公司法人人格和股东独立人格的考量，不能清偿到期债务应当是股东出资义务加速到期的前提，在公司具备清偿能力的情形下，债权人无权要求股东出资加速到期。对于“公司不能清偿到期债务”的认定标准，笔者比较认同将公司经强制执行后无法清偿债务作为认定标准，即将公司债权人就与公司的债务纠纷经过诉讼或者仲裁，并就公司财产依法强制执行后仍不能清偿认为是“公司不能清偿债务”。在该标准下，公司债务经过司法机关的强制执行，法院对公司财务状况已经初步掌握，公司能否清偿债务不再根据其主观是否愿意清偿而转移，更具客观性、可操性和可预见性，在一定程度上避免了对股东利益的过度保护而损害债权人的利益。同时该认定标准也赋予了股东先诉抗辩权，即债权人先起诉公司清偿债务，公司经强制执行后仍不能清偿全部债务时才可以要求股东在认缴范围内放弃期限利益提前出资承担债务。

2. 债权人具备合理期待的实质审查。

当债权人与公司进行合法交易行为，并明确了义务履行期限时，债权人通过契约的形式拥有了合理的期待利益，债权人的期待主要来自债务人的注册资本及出资时间，公司章程规定了股东出资的时间，股东应在出资截止时间前完成出资义务，换言之，股东可能在出资期限届满前的任意时间点完成出资义务，而公司的经营情况将影响具体的时间。债务人应根据诚实信用原则全面履行契约义务，保障债权人实现债权。股东认缴出资是其所作出的承诺，在实缴资本不足的情形下，应当按照双方约定的给付期限加速到期出资期限，以约束股东保障合同切实履行，同时也会使债权人产生合理期待。

3. 股东实施机会主义行为的反向推定。

在司法实践中，股东存在滥用权利导致损害债权人利益的，也应当列入股东出资义务加速到期的适用情形之一。笔者认为，在公司认缴制下，应当将股东抽逃出资义务重新界定，将非法抽逃未到期认缴资本的行为也包含入内，包括但不限于出资期限设立畸长、恶意延长出资期限、出资义务从未履行等。《最高人民法院关于适用〈中华人民共和国公司法〉若干问题的规定（三）》第十二条第四项关于“其他未经法定程序将出资抽回的行为”，可包含对已认缴但未实缴出资的抽回行为的认定，那么能够将股东非法抽回认缴出资的行为界定为机会主义行为，进而判决股东履行认缴出资加速到期义务，更好地保护债权人利益。因此，若公司明确不能清偿债务，同时公司股东或其他公司控制者存在抽逃出资、非法减资、转移资产、偏颇性清偿债务等实施机会主义行为，则视为股东规避出资义务与公司债务履行，股东公司存在严重违反诚实信用原则，加速到期股东出资义务以应对股东等公司控制者机会主义行为，保障债权人合法利益。

编写人：浙江省三门县人民法院　牟佳丽　杨捷　陈亚群

11

条件成立股东出资可认定加速到期

——聂某诉程某军等追加被执行人异议之诉案

【案件基本信息】

1. 裁判书字号

山东省德州市中级人民法院（2021）鲁14民终3246号民事判决书

2. 案由：追加被执行人异议之诉

3. 当事人

原告（上诉人、申请执行人）：聂某

被告（被上诉人、被申请人）：程某军、陈某、装修材料公司

被告（被上诉人）：江某

第三人（被执行人）：智能家居科技公司

【基本案情】

智能家居科技公司成立于2019年1月15日，注册资本为2000万元，2019年3月5日股东（发起人）由孙某仁变更为程某军、陈某。2020年8月10日，聂某将智能家居科技公司诉至一审法院，要求判令解除与智能家居科技公司之间的销售合同并要求智能家居科技公司返还进货定金39.8万元，后经审理，2020年12月6日，一审法院作出（2020）鲁1425民初3033号民事判决，解除双方的销售合同，并判决智能家居科技公司返还聂某39.8万元。智能家居科技公司不服上述判决提起上诉后，山东省德州市中级人民法院于2020年12月21日作出（2020）鲁14民终4371号民事裁定书，裁定按智能家居科技公司撤回上诉处理。一审判决发生法律效力后，聂某申请一审法院强制执行，执行案号

为（2021）鲁1425执381号。在执行过程中，聂某申请追加程某军、陈某、江某、装修材料公司为被执行人，一审法院于2021年5月31日作出（2021）鲁1425执异67号执行裁定书，驳回聂某追加程某军、陈某、江某、装修材料公司为被执行人的异议请求。智能家居科技公司股东（发起人）程某军认缴出资额1800万元，出资比例90%，认缴出资方式货币，认缴出资时间2028年12月30日；股东（发起人）陈某认缴出资额200万元，出资比例10%，认缴出资方式货币，认缴出资时间2028年12月30日。

【案件焦点】

1. 股东期限利益下是否可适用出资加速到期的规定；2. 出资加速到期的适用条件及责任承担的范围如何界定。

【法院裁判要旨】

山东省齐河县人民法院经审理认为：程某军、陈某作为智能家居科技公司的股东，至法院执行未届认缴出资期限，并且智能家居科技公司目前仍在营业状态，并未有破产、股东抽逃出资等其他情形，执行案件尚在执行过程中，无其他相关证据可以证明智能家居科技公司已经再无其他财产可供执行，因此聂某对于程某军、陈某的诉讼请求，缺乏事实和法律依据，一审法院不予支持。另外，关于江某、装修材料公司是否可以被追加为被执行人的问题，聂某以江某为智能家居科技公司的财务人员为由，认为其银行账户中发生的多笔交易非个人交易行为，由此断定该账户的实际控制人为智能家居科技公司缺乏事实依据，聂某无证据证实江某的交易行为是否为职务行为。同样，聂某以装修材料公司的法定代表人胡某都曾以工资款的名义在智能家居科技公司领取过相关款项便认定装修材料公司账户中的财产为智能家居科技公司的财产缺乏依据。聂某称其与智能家居科技公司法定交易时，聂某将货款转账至江某、装修材料公司账户中，由智能家居科技公司为聂某开具收据，但该交易方式仍然无法证明江某、装修材料公司的账户与智能家居科技公司账户存在混同，一审法院亦无法核实江某、装修材料公司法定代表人胡某都的行为是否为职务行为。

江某、装修材料公司账户与智能家居科技公司账户发生过交易的行为并不符合《最高人民法院关于民事执行中变更、追加当事人若干问题的规定》第二十五条的规定，因此聂某对于江某、装修材料公司的诉讼请求，亦缺乏事实和法律依据。

山东省齐河县人民法院作出如下判决：

驳回聂某的全部诉讼请求。

聂某不服一审判决，提起上诉。山东省德州市中级人民法院经审理认为：根据聂某的起诉，其要求追加的四个被执行人分为两种情况：一是根据《最高人民法院关于民事执行中变更、追加当事人若干问题的规定》第十七条以及《全国法院民商事审判工作会议纪要》第六条的规定，要求股东出资加速到期；二是以江某、装修材料公司向被执行人智能家居科技公司出借账户为由，要求江某、装修材料公司对智能家居科技公司的债务承担共同责任。对以上两种不同情形分别论述如下：

关于程某军、陈某能否基于股东出资加速到期被追加为被执行人。在注册资本认缴制下，股东依法享有期限利益，债权人以公司不能清偿到期债务为由，请求未届出资期限的股东在未出资范围内对公司不能清偿的债务承担补充赔偿责任的，人民法院不予支持。但是亦有例外情形。当公司作为被执行人的案件，人民法院已经穷尽执行措施，无财产可供执行，已具备破产条件，但不申请破产的，若此时仍以出资期限未到为由，只考虑保护未届出资期限股东的出资期限利益而忽略公司债权人的债权保护，此时法律保护权益将失衡。本案中，被执行人智能家居科技公司尚有到期债务未能清偿，在执行过程中，经执行法院查询，仅有一个开立账户，且该账户可冻结资产为负，该公司无其他动产及不动产可供执行，执行法院以被执行人智能家居科技公司无财产可供执行裁定终结。在诉讼过程中，智能家居科技公司及其股东均没有就智能家居科技公司尚有其他可供执行财产进行举证，故智能家居科技公司已经具备破产原因，现智能家居科技公司与程某军、陈某均不申请破产，应当依法要求未出资的股东在未出资范围内承担补充清偿责任。即应当追加程某军、陈某为被执行人，程某军在认缴而未缴 1800 万元出资范围内、陈某在认缴而未缴 200 万元出资范围内对山东省齐河县人民法院（2020）鲁 1425 民初 3033 号民事判决［二审案号为（2020）鲁 14 民终 4371 号］所确定的智能家居科技公司对聂某所欠债务承担补充清偿责任。关于江某、装修材料公司能否因出借账户被追加为被执行人。根据《最高人民法院关于出借银行帐户的当事人是否承担民事责任问题的批复》的精神，出借银行账户的，应区别不同情形追究出借人相应的民事责任。但因本案为追加被执行人异议之诉，而出借账户并非《最高人民法院关于民事执行中变更、追加当事人若干问题的规定》规定的可以追加为被执行人的情形，故在本案这一特殊类型的诉讼中，不能因江某、装修材料公司出具账户而追加其为被执行人。聂某可另行主张。

山东省德州市中级人民法院作出如下判决：

一、撤销山东省齐河县人民法院民事判决；

二、追加程某军、陈某为被执行人，程某军在认缴而未缴 1800 万元出资范围内、陈某在认缴而未缴 200 万元出资范围内对山东省齐河县人民法院（2020）鲁 1425 民初 3033 号民事判决［二审案号为（2020）鲁 14 民终 4371 号］所确定的智能家居科技公司对聂某所欠债务承担补充清偿责任；

三、驳回聂某的其他诉讼请求。

【法官后语】

本案涉及股东期限利益下是否可适用出资加速到期的规定以及出资加速到期的适用条件的问题。

股东出资加速到期，是在注册资本认缴制下，公司无法履行到期债务时，未届出资期限的未完全出资股东丧失期限利益，提前履行出资义务。在注册资本认缴制下，股东依法享有期限利益，债权人以公司不能清偿到期债务为由，请求未届出资期限的股东在未出资范围内对公司不能清偿的债务承担补充赔偿责任的，人民法院不予支持。股东出资加速到期涉及债权人利益以及股东出资期限利益平衡的问题，对于人民法院穷尽执行措施无财产可供执行、已经具备破产原因但不申请破产的，属于可以加速股东出资到期的情形。

1. 股东出资加速到期的适用情形及分析。

适用情形主要包括两个方面的内容：(1) 债权人合理期待消失。当债权人通过契约的形式与公司进行合法交易，并明确了契约给付义务履行期限，当公司无法承担债务时，根据《中华人民共和国公司法》第三条第一款的规定，“公司以其全部财产对公司的债务承担责任”，这是对债权人利益的担保，而股东认缴出资也是其全部财产的构成部分，是对债权人的担保，当公司无实际资产清偿时，那么债权人有权要求股东认缴出资加速到期。虽然公司章程存在股东出资自治的规定，但是章程的自治不具有任意性和绝对性，即股东出资期限利益具有负外部性和无对价性，只应适用于公司内部股东之间，而不能用于对抗第三人，股东出资加速到期的承担实质上是对外责任，内部约定的实缴期限不应对外产生当然的效力。所以，公司债权人可直接请求尚未到实缴期限的股东承担补偿责任。(2) 公司面临破产或者解散。如果公司债务处于明显不能清偿状态，符合破产解散时，根据《中华人民共和国企业破产法》第三十五条的规定：“人民法院受理破产申请后，债务人的出资人尚未完全履行出资义务的，管理人应当要求该出资人缴纳所认缴的出资，而不受出资期限的限制。”《最高人民法院关于适用〈中华人民共和国公司法〉若干问题的规定（二）〉》第二十二条规定：“公司解散时，股东尚未缴纳的出资均应作为清算财产。股东尚未缴纳的出资，包括到期应缴纳未缴的出资，以及依照公司法第二十六条和第八十条的规定分期缴纳尚未届满缴纳期限的出资。公司财产不足以清偿债务时，债权人主张未缴出资股东，以及公司设立时的其他股东或者发起人在未缴出资范围内对公司债务承担连带责任的，人民法院应依法予以支持。”因为破产、解散的实质就是公司陷入了债务危机，即无法清偿到期债务。此时，债权人可以要求未届出资期限的股东加速出资到期以承担补充责任。本案中，智能家居科技公司的两位股东作出的出资承诺对债权人来说具有一定的公示效力，让聂某产生了合理的信赖预期，在智能家居科技公司经营发生重大变化，实有资本无法偿清到期债务时，认缴制下的期限利益的基础被动摇，这种情况下未届出资期限的股东符合被追加为被执行人的情形。

2. 人民法院穷尽执行措施无财产可供执行，已具备破产原因，但不申请破产的，属于股东出资加速到期的前提条件。

在执行阶段，公司的财产在经法院强制执行仍然不能清偿生效法律文书确定的债务，而存在未届出资期限的出资时，是否追加未届出资期股东为被执行人，应以公司是否“明显不具备清偿债务能力”为判断标准。根据《最高人民法院关于适用〈中华人民共和国企业破产法〉若干问题的规定（一）》第一条“债务人不能清偿到期债务并且具有下列情形之一的，人民法院应当认定其具备破产原因：（一）资产不足以清偿全部债务……”及第四条“债务人账面资产虽大于负债，但存在下列情形之一的，人民法院应当认定其明显缺乏清偿能力：（一）因资金严重不足或者财产不能变现等原因，无法清偿债务……”的规定，此时的公司财产指应由公司占有的实际财产即公司的现有财产，而不应包括认缴期限未到的出资。因为虽然股东认缴而未到期的出资仍属于公司财产的范围，但因该部分财产附加了出资期限的条件，属于公司将来发生的利益，不应用作衡量公司偿债能力的标准。同时还要注意，在如何认定“财产不足以清偿债务”的问题上，根据《最高人民法院关于严格规范终结本次执行程序的规定（试行）》第三条规定的对公司被执行人“已穷尽财产调查措施”后公司现有财产仍不足以清偿本案债务的情形。因此，如果股东认缴出资的期限在公司现有财产不足以清偿所涉案件债务时，便可以认定公司明显处于缺乏偿债能力。本案中，经法院对智能家居科技公司在证券、银行、网络资金查询中，仅有一个银行账户，可用余额-1446983.66元；在不动产、车辆、税务、民政、保险范围内查询，未查询到智能家居科技公司财产信息。因此，齐河县人民法院作出终结执行裁定。二审期间，智能家居科技公司及其股东均没有就智能家居科技公司尚有其他可供执行财产进行举证，此时足以判断智能家居科技公司处于明显不具备偿债能力的状态且未被申请破产，触发了股东出资加速到期的条件，因此申请执行人可以根据规定申请变更、追加未届出资期股东为被执行人，以加速未届期出资到期实现其债权。

综上，法院在审理涉及“股东出资加速到期”案件时应当坚持“原则+例外”的处理原则，以不支持股东出资加速到期为原则，“人民法院穷尽执行措施无财产可供执行”可作为例外情况予以准许。在案件执行过程中，因无可供执行财产而做出终结本次执行程序裁定的，可以认定为是《全国法院民商事审判工作会议纪要》第六条第一项规定的情形。本案的改判，是法律规定、客观实际与审判实践的一次紧密结合，是对《全国法院民商事审判工作会议纪要》第六条第一项规定的情形在司法实践中的解读，科学认定可以加速股东出资到期的情形，依法维护了债权人的合法权益。

编写人：山东省德州市中级人民法院　张小雪　苑占伟

四、股权转让纠纷

12

公司不能履行股权回购义务的违约责任认定

——创投合伙企业诉文化传媒公司等股权转让案

【案件基本信息】

1. 裁判书字号

北京市高级人民法院（2021）京民终495号民事判决书

2. 案由：股权转让纠纷

3. 当事人

原告（被上诉人）：创投合伙企业

被告（上诉人）：文化传媒公司、姜某、苗某、石某、张某1、闫某、张某2

被告：王某

【基本案情】

2013年12月，创投合伙企业作为甲方与文化传媒公司作为乙方签订《投资协议》，约定：创投合伙企业以对文化传媒公司股东全部权益的估值120350.68万元为基础，以人民币现金出资总额3000万元向文化传媒公司投资，其中注册资本投资125万元，剩余2875万元投资作为公司资本公积金。同日，创投合伙企业作为甲方，文化传媒公司作为乙方，姜某、王某、苗某、石某、张某1、闫某、张某2作为丙方（以下简称姜某等人），共同签订《补充协议》，约定：(1) 此次投资完成之日后36个月内，如果文化传媒公司未完成合格首次公开募股（Initial Public Offering，IPO），且2014年、2015年、2016年实现的净利润未达到8000万元、10000万元、13000万元，创投合伙企业有权要求文化传媒公司回购其持有的股权，赎回价款为投资款3000万元加上每年15%的内部回报率回报；若文化传媒公司在其收到赎回通知后60个工作日内未足额支付股权回购价款，就逾期支付部分按日万分之五的利率支付违约金。(2) 文化传媒公司在创投合伙企业发送赎回通知后30日内未形成回购股份的股东会决议或90日内未全额支付股权回购价款，则创投合伙企业有权要求文化传媒公司管理层股东按照前述约定的价格回购其股权。该协议中还约定，出现根本违约行为的一方应向守约方支付本次投资额3000万元的1%违约金。上述协议签订后，创投合伙企业于2014年1月17日成为文化传媒公司股东（现持有文化传媒公司182.4324万股股份），并于2014年1月20日将3000万元投资款转账至文化传媒公司的银行账户。其后，文化传媒公司未在协议约定的时间内完成合格IPO，且文化传媒公司在2014年、2015年、2016年实现的净利润亦未达到协议约定的业绩承诺。据此，创投合伙企业要求文化传媒公司及姜某等人回购创投合伙企业持有的文化传媒公司182.4324万股股份，股权回购价款为创投合伙企业投资款本金3000万元加上每年15%的回报、财产保全担保费7.7265万元、律师费60万元及本案的诉讼费及财产保全费；文化传媒公司向创投合伙企业支付违约金30万元以及逾期履行违约金（以4897.4万元为基数，按照每日利率0.05%计算）；姜某等人向创投合伙企业支付违约金30万元。文化传媒公司及姜某等人不同意创投合伙企业的全部诉讼请求。

【案件焦点】

1. 案涉《补充协议》是否合法有效；2. 文化传媒公司、姜某等人是否应向创投合伙企业承担涉案股份回购义务并支付相应违约金；3. 文化传媒公司、姜某等人是否应向创投合伙企业支付律师费及财产保全担保费。

【法院裁判要旨】

北京市第三中级人民法院经审理认为：创投合伙企业与文化传媒公司签订的《投资协议》系双方当事人真实意思表示，且不违反法律、行政法规的强制性规定，具备合同约定生效之要件，故成立并生效。本案争议焦点有三：一是涉案《补充协议》是否合法有效；二是文化传媒公司、姜某等人是否应向创投合伙企业承担涉案股份回购义务并支付相应违约金，以及违约金的具体数额；三是文化传媒公司、姜某等人是否应向创投合伙企业支付律师费及财产保全担保费。

关于案涉《补充协议》是否合法有效。案涉《补充协议》系各方当事人真实意思表示，其内容不违反法律、行政法规的强制性规定，且各方当事人均认可涉案《补充协议》约定的生效条件已成就，故涉案《补充协议》成立并生效，各方当事人均应按照《补充协议》的约定全面履行。

关于文化传媒公司是否应履行股权回购义务及承担违约责任。首先，案涉《补充协议》明确约定了创投合伙企业行使股权回购权利的情形及条件，现文化传媒公司未在协议约定的时间内完成合格IPO，且文化传媒公司在2014年、2015年、2016年实现的净利润亦未达到协议约定的业绩承诺，故创投合伙企业主张股权回购符合《补充协议》的约定。其次，文化传媒公司、姜某等人已收到创投合伙企业于2018年9月17日通过邮寄形式向其发送的《赎回通知》及《律师函》。再次，根据举证规则，现创投合伙企业不能提供充分证据证明文化传媒公司履行股权回购符合法律规定的关于股份回购或者盈利分配等强制性规定，且文化传媒公司对于其自身达到符合股权回购的条件也不予认可，故在文化传媒公司未履行《中华人民共和国公司法》规定的“减少注册资本”等程序的情况下，该院对创投合伙企业诉请文化传媒公司回购创投合伙企业持有股份的主张暂不予支持。最后，现由于文化传媒公司未履行符合《中华人民共和国公司法》规定的减资程序导致创投合伙企业未能及时收到赎回价款，创投合伙企业据此要求文化传媒公司承担逾期付款违约金具有合同依据。该院以4897.4万元为基数确定文化传媒公司自2018年12月15日起承担逾期付款违约金。因文化传媒公司主张创投合伙企业既要求支付违约金 30 万元，又主张逾期付款违约金，请求对过高的违约金进行酌减，故该院对创投合伙企业要求文化传媒公司支付 30 万元的违约金不予支持。另协议中约定的逾期付款计算标准过高，该院依法确定为日万分之三。

关于姜某等人是否应履行股权回购义务及承担违约责任。根据《补充协议》的约定，姜某等人与文化传媒公司均为股权回购主体，只是履行股权回购责任的前提条件不一致。现创投合伙企业向文化传媒公司发送《赎回通知》后未取得股权回购款，其向姜某等人发出函件要求履行涉案《补充协议》第五条关于承担涉案股权回购义务的条件已成就。姜某等人答辩主张《补充协议》约定的先后偿债顺序符合《中华人民共和国担保法》中的一般保证规定，但姜某等人并未明确在《补充协议》中约定其保证形式，且其主张的先后偿债顺序亦不符合只有在债务人事实上已不可能再履行债务，保证人才承担保证责任的一般保证的实质特点，故该院对姜某等人主张其享有一般保证的先诉抗辩权及除斥期间的答辩意见难以采信。王某答辩主张创投合伙企业同意其辞去文化传媒公司管理层职务即认可王某不再承担管理层股东应承担的股权回购责任，但《补充协议》中并未明确约定管理层股东是承担股权回购义务的条件或前提，亦未约定王某等人辞去管理层职务即不承担股权回购责任，且协议中约定的“姜某或王某在合格 IPO 完成前辞去文化传媒公司管理层职务或未能全职为文化传媒公司服务（投资方书面同意的除外）”仅为创投合伙企业行使股权赎回的情形之一，不能据此推出创投合伙企业同意王某辞去文化传媒公司管理层即同意免除王某的股权回购责任，故该院对王某的该项答辩意见不予采信。综上，关于创投合伙企业要求姜某等人以本金 3000 万元加每年 15%的回报为回购价款回购其涉案股份的诉讼请求，具有事实及法律依据，该院对此予以支持。关于创投合伙企业主张姜某等人支付违约金 30 万元的问题，姜某等人在收到创投合伙企业《赎回通知》后未按约定履行股权回购义务的行为已构成《补充协议》第八条约定的违约情形，且之前 15%的投资款回报与其后 1%的违约金指向不同的合同义务，具有不同的补偿功能。姜某等人虽主张该违约金数额过高，但其为此并未举证证明，故该院对创投合伙企业的该项诉讼请求予以支持。

关于创投合伙企业主张的律师费及财产保全担保费问题。根据《补充协议》第八条第 8.1 款约定：本协议签署后，任何一方未能按本协议的规定履行其义务，均被视为违约。违约方应赔偿因其违约而给守约方造成的损失。根据已查明的事实，可以认定创投合伙企业因本案诉讼已支付 18 万元律师费及 7.7265 万元财产保全担保费，该费用目的属于创投合伙企业为维护自身权益而支出的合理费用，性质上属于因文化传媒公司、姜某等人违约而给创投合伙企业造成的实际损失，故该院对创投合伙企业主张的律师费 18 万元及财产保全费 7.7265 万元予以支持。

北京第三中级人民法院依照《中华人民共和国合同法》第八条、第四十五条、第五十二条、第六十条、第一百一十条、第一百一十四条，《中华人民共和国公司法》第三十五条、第一百四十二条，《中华人民共和国民事诉讼法》第六十四条、第一百四十四条之规定，作出如下判决：

一、文化传媒公司于判决生效后十日内向创投合伙企业支付逾期履行违约金（以 4897.4 万元为本金基数，按每日万分之三标准，自 2018 年 12 月 15 日计算至实际支付之日止）；

二、姜某、王某、苗某、石某、张某 1、闫某、张某 2 于判决生效后十日内回购创投合伙企业持有的文化传媒公司 182.4324 万股股份，回购款为 3000 万元加上每年 15%的回报（回报以 3000 万元为本金，按照每年 15%的利率标准计算，自 2014 年 1 月 20 日开始计算至股权价款实际给付之日止）；

三、姜某、王某、苗某、石某、张某 1、闫某、张某 2 于判决生效之日起十日内共同向创投合伙企业支付违约金 30 万元；

四、文化传媒公司、姜某、王某、苗某、石某、张某 1、闫某、张某 2 于判决生效之日起十日内共同向创投合伙企业支付律师费 18 万元、财产保全担保费 7.7265 万元；

五、驳回创投合伙企业其他诉讼请求。

文化传媒公司及姜某、苗某、石某、张某 1、闫某、张某 2 不服一审判决，提起上诉。北京市高级人民法院经审理认为：根据当事人双方诉辩意见，本案二审的争议焦点为：一是姜某等人在《补充协议》上签字的行为是否构成保证；二是姜某等人是否应当履行回购义务及承担违约责任；三是文化传媒公司是否应当承担股权回购义务及承担违约责任。

关于争议焦点1，创投合伙企业与姜某等人签订的《补充协议》，系双方当事人真实意思表示，且不违反法律、行政法规的强制性规定，合法有效，双方当事人均应按照约定全面、如实履行合同义务。姜某等人上诉称其在《补充协议》上签字的行为构成保证，对此，该院认为，首先，从《补充协议》的内容来看，协议并未直接表述姜某等人承担的是"保证"责任，且股权回购条款系双务合同，相关主体履行股权回购义务，既负担金钱给付的债务，也取得投资方转让的相应股权。因此，文化传媒公司及姜某等人的回购义务并非只指承担给付股权回购价款的金钱债务，也包括了要求创投合伙企业转让股权的权利。案涉合同中关于姜某等人在出现相应情形时应当进行股权回购的约定，不符合保证的一般特征。其次，虽然姜某等人与文化传媒公司相比，履行回购义务成就的时间不同，但如前所述，股权回购相关约定系基于意思自治对于不同主体回购义务触发条件的分别约定，回购主体既承担给付股权回购款的义务，也享有受让股权的权利，因此不存在主、从债务之分。再次，《补充协议》约定了丙方即姜某等人之间在支付款项后可相互追偿，但未约定姜某等人可以就股权回购款向文化传媒公司追偿，亦不符合保证的特征。最后，关于姜某等人主张其股权占比较低是否构成其应承担保证责任的理由，该院认为，案涉协议系投资方与融资方在达成股权性融资协议时，为解决交易双方对目标公司未来发展的不确定性、信息不对称以及代理成本而设计的，包含股权回购、金钱补偿等对未来不确定的目标公司的估值调整的"对赌协议"。姜某等人作为股东与投资方创投合伙企业签订"对赌协议"，系各方自愿对自身权利义务作出的处分，且股东可在支付股权回购款后取得股权，该约定不违反公平原则和等价有偿原则，无法据此得出姜某等人应承担保证责任的推断。

关于争议焦点2，姜某等人作为完全民事行为能力人，自愿与投资人创投合伙企业签订回购协议，应当按照约定履行股权回购义务。关于姜某等人主张未收到创投合伙企业向其发送的 2018 年 9 月 17 日的《赎回通知》，且《赎回通知》的邮寄地址和收件人信息不符合合同约定一节，该院认为，现创投合伙企业已通过提起诉讼的方式，要求姜某等人承担股权回购义务，创投合伙企业通知已实际到达姜某等人，故无论上述《赎回通知》是否送达姜某等人，均不影响本案关于姜某等人应承担的违约责任及违约金数额的认定。姜某等人未按照《补充协议》的约定履行回购义务构成违约，一审法院根据《补充协议》第八条的约定，判决其共同向创投合伙企业支付 30 万元违约金，并无不当。

关于争议焦点 3，在确认合同有效的前提下，创投合伙企业要求文化传媒公司履行股权回购义务，亦需进一步确认股权回购条件是否满足以及要求文化传媒公司回购股权是否违反公司法关于"股东不得抽逃出资"或者股份回购的强制性规定。现文化传媒公司未在约定的时间内完成合格 IPO，且文化传媒公司在 2014 年、2015 年、2016 年实现的净利润未达到约定的业绩标准，案涉《补充协议》约定的创投合伙企业行使股权回购的情形之一已经满足，故创投合伙企业有权按照协议约定要求文化传媒公司履行股权回购义务。关于文化传媒公司是否应当履行股权回购义务，该院认为，文化传媒公司未履行公司法规定的"减少注册资本"等程序，因其不能违反资本维持原则而不能向创投合伙企业履行股权回购债务，构成法律上的一时履行不能。《补充协议》系创投合伙企业作为甲方，与乙方文化传媒公司、丙方姜某等人签订的三方协议，约定了多项合同标的，创投合伙企业有权要求文化传媒公司或者姜某等人各方或任一方部分或全部履行回购义务。上述约定的实质是，如任一方全部进行了股权回购，创投合伙企业主张的债务即告消灭。该协议中约定的回购义务主体不同，即需创投合伙企业明确其要求给付股权回购款从而获得股权的主体及回购的股权范围。创投合伙企业要求文化传媒公司及姜某等人均对案涉协议投资款对应的全部股权履行回购义务，如前所述，文化传媒公司对《补充协议》约定的回购条款构成给付不能，但创投合伙企业要求姜某等人给付仍有可能，在确认姜某等人承担全部股权回购义务，姜某等人因给付金钱取得全部股权的情况下，文化传媒公司无法再从创投合伙企业处取得股权，故创投合伙企业亦无法再按照《补充协议》要求文化传媒公司进行股权回购，案涉股权回购之债的关系自姜某等人履行股权回购的义务生效之时，仅存在于创投合伙企业与姜某等人股权回购的给付之上。一审法院对于创投合伙企业诉请文化传媒公司回购创投合伙企业持有股份的主张暂不予支持有误，该院予以纠正。该院认为，文化传媒公司对履行股权回购债务一时（自始）履行不能仅产生一个法定宽限期，文化传媒公司在符合资本维持情形的条件成就之前，暂无须履行债务，但第三人即股东已经确认应当承担全部股权回购义务后，该一时（自始）履行不能转化为嗣后履行不能，故该院对创投合伙企业要求文化传媒公司回购创投合伙企业持有股份的主张不予支持。

关于文化传媒公司是否应当向创投合伙企业支付逾期履行违约金。文化传媒公司二审中提交公司章程证明创投合伙企业作为股东对于文化传媒公司股权回购应履行的相关减资程序是明知的，在目标公司股东大会未作出减资决议的情况下，目标公司无法办理任何后续的减资手续，并非目标公司的原因。对此该院认为，各方在签订《投资协议》和《补充协议》时及合同履行过程中，应当对己方能否履行相应的义务有合理预期并如实履行，文化传媒公司未能及时履行减资程序违反了合同的附随义务，导致其未能在约定时间内足额支付创投合伙企业赎回价款，其应承担因未及时履行合同义务而产生的迟延履行违约责任。关于文化传媒公司主张的目标公司支付逾期回购违约金相当于投资方变相抽逃出资的上诉意见，该院认为，《中华人民共和国公司法》之所以规定“股东不得抽逃出资”，其主要目的是贯彻资本维持原则，保护公司债权人的利益。目标公司在不回购股权的情况下，其基于未履行股权回购义务支付违约金，并不导致公司注册资本的减少，亦不必然导致债权人利益受损。鉴于资本维持原则的规范目的以及文化传媒公司对于其一时（自始）给付不能具有可归责性，文化传媒公司应当按照《补充协议》的约定向创投合伙企业支付逾期履行违约金。关于逾期履行违约金的计算标准，二审法院同意一审法院的认定。

另，关于股权回购发生时姜某等人各方的持股数额和比例，相关当事人可另行协商解决，在确定姜某等人每个人分别持股数额和比例后，创投合伙企业及文化传媒公司应配合其办理案涉股权的变更登记事宜。创投合伙企业未提起上诉，其要求该院在二审中支持其一审判决后支付的律师费用，该院无法支持。

北京市高级人民法院依照《中华人民共和国民事诉讼法》第一百四十四条、第一百七十条第一款第二项、第一百七十四条之规定，作出如下判决：

一、维持北京市第三中级人民法院民事判决第二项、第三项、第四项；

二、撤销北京市第三中级人民法院民事判决第一项、第五项；

三、变更北京市第三中级人民法院民事判决第一项为文化传媒公司于本判决生效后十日内向创投合伙企业支付逾期履行违约金（以 4897.4 万元为本金基数，按每日万分之三标准，自 2018 年 12 月 15 日计算至本判决生效之日止）；

四、驳回创投合伙企业的其他诉讼请求；

五、驳回文化传媒公司的其他上诉请求；

六、驳回姜某、苗某、石某、张某 1、闫某、张某 2 的上诉请求。

【法官后语】

投资活动中，投资方常与目标公司和股东均签订回购股权的估值调整协议，并于约定的条件成就时，要求公司和股东均承担相应的股权回购责任。对于投资方要求股东承担的责任性质，以及公司因未履行减资程序不能履行回购义务时，公司是否仍应承担不能履行回购条款的违约责任，本案提供了一个多回购义务主体情形下，关于股东责任和公司违约责任认定的分析样本。

（一）股东股权回购条款的性质

对于股东股权回购条款的性质，司法实践中主要存在三种不同的观点：第一种观点认为，股东的回购股权约定构成保证。在认定股东股权回购条款是否构成保证责任时，应当坚持文义解释优先，判断股东愿意承担的债务内容与原债务是否具有同一性，以及当事人关于义务履行顺位的真实意思；第二种观点认为，股东的回购股权约定构成债务加入，系指股东作为第三人加入投资方与目标公司之间既存的债务关系中，当股权回购条件成就时，与目标公司共同对投资方负连带之债；第三种观点认为，股东的回购股权约定构成独立合同，是一种特殊的合同安排。在特定条件成就时，投资人有权直接请求股东履行的约定义务，其不依附于任何在先义务。

在具体案件中，判断股东股权回购条款的性质，应当优先适用文义解释，以权责一致为原则，综合判断股东承担的股权回购义务在成立、转移、内容、消灭等方面具有从属性、履行顺位等情形，确认相关合同的性质。

本案中，第一，姜某等股东在《补充协议》上签字的行为不构成保证。《中华人民共和国民法典》（以下简称《民法典》）第六百八十一条规定："保证合同是为保障债权的实现，保证人和债权人约定，当债务人不履行到期债务或者发生当事人约定的情形时，保证人履行债务或者承担责任的合同。"第六百八十七条规定："当事人在保证合同中约定，债务人不能履行债务时，由保证人承担保证责任的，为一般保证。"第六百八十八条规定："当事人在保证合同中约定保证人和债务人对债务承担连带责任的，为连带责任保证。"案涉《补充协议》约定的文化传媒公司及姜某等股东的回购义务，并非只指承担给付股权回购价款的金钱债务，也包括了要求创投合伙企业转让股权的权利。姜某等股东与文化传媒公司相比，履行回购义务成就的时间不同，但案涉股权回购相关约定系基于意思自治对于不同主体回购义务触发条件的分别约定，回购主体既承担给付股权回购款的义务，也享有受让股权的权利，因此不存在主、从债务之分。《补充协议》约定了丙方即姜某等股东之间在支付款项后可相互追偿，但未约定姜某等股东可以就股权回购款向文化传媒公司追偿。

第二，姜某等股东在《补充协议》上签字的行为亦不构成债务加入。《民法典》第五百五十二条，首次以成文法的形式界定了债务加入，即债务加入属于债务承担范畴，指原债务人没有脱离债的关系，第三人基于债务加入的合意，与债务人共同向同一债权人承担债务。根据《补充协议》的约定，在创投合伙企业发出《赎回通知》后30日内，文化传媒公司尚未取得回购股份的股东会决议，或者在创投合伙企业发出《赎回通知》后90日内，创投合伙企业尚未全额收回投资款项及每年15%的回报，创投合伙企业有权向文化传媒公司或姜某等股东任何一方要求其回购创投合伙企业持有的文化传媒公司的全部或部分股权。在确认姜某等股东承担全部股权回购义务后，姜某等股东因给付金钱取得全部股权的情况下，案涉股权回购之债的关系仅存在于创投合伙企业与姜某等股东股权回购的给付之上，文化传媒公司的债务即因股权转让所有权于股东而告消灭。

第三，姜某等股东与投资方创投合伙企业签订“对赌协议”，系各方自愿对自身权利义务作出的处分，且股东可在支付股权回购款后取得股权，该约定不违反公平原则和等价有偿原则，系独立主体单独作出的增信措施，不以文化传媒公司的股权回购为前提，其性质属于独立合同，姜某等股东在案涉合同约定的条件成就时，应当履行股权回购条款。

（二）多回购主体任意之债的履行

合同法视角下，“对赌”回购义务的实质，是以支付股份回购款为内容的金钱给付之债。具体而言，回购型“对赌协议”作为双务合同，投资方与目标公司互负义务。投资方负担向目标公司出资的义务，在其向目标公司提出股份回购主张之前，该义务即已履行完毕。而目标公司负担的义务，虽然被冠以“股份回购”之名，实则是以向投资方支付股份回购款为内容。《民法典》第五百一十五条第一款规定：“标的有多项而债务人只需履行其中一项的，债务人享有选择权；但是，法律另有规定、当事人另有约定或者另有交易习惯的除外。”基于债的标的是否可以由当事人选择，可以将债区分为简单之债与选择之债。然而，实践中，仍应注意区分选择之债与任意之债。

任意之债是指债以一个给付为标的，但债务人或债权人得以其他给付代替本来的给付。此种得为代替给付的权利，称为代替权或补充权。代替权的行使为要物行为，除意思表示外，尚需提出代替物，始生效力。与选择之债相比，任意之债具有如下特点：第一，任意之债的给付已经确定，但债务人或债权人可以变更原给付标的，而以约定的另一种给付代替，两种给付有主次之分，代替给付居于补充地位；而选择之债的数种给付地位相同，选择权人可任选其一为给付标的。第二，在任意之债中，本来的给付嗣后发生给付不能时，如系不可归责于债务人的事由引起，债务消灭；如系可归责于债务人的事由引起，本来的债务变为损害赔偿债务与代替给付二者并存；而选择之债发生如一种给付不能，还有其他给付可以履行，一般不导致债的消灭或转变为损害赔偿债务。

本案中，案涉《补充协议》系创投合伙企业与文化传媒公司、姜某等股东签订的三方协议，约定了多项合同标的，创投合伙企业有权要求文化传媒公司或者姜某等股东各方或任一方部分或全部支付股权回购价款。上述约定的实质是，如任一方全部进行了股权回购，创投合伙企业主张的债务即告消灭。该协议中约定的回购款支付义务主体不同，即需创投合伙企业明确其要求给付股权回购款从而获得股权的主体及回购的股权范围。创投合伙企业要求文化传媒公司及姜某等股东均对案涉协议投资款对应的全部股权履行回购义务，但文化传媒公司未履行公司法规定的“减少注册资本”等程序，因其不能违反资本维持原则而不能向创投合伙企业履行股权回购债务，构成法律上的一时履行不能。然而，创投合伙企业要求姜某、等股东给付金钱之债仍有履行可能，在确认姜某等股东回购股权的情况下，文化传媒公司无法再从创投合伙企业处取得股权，故创投合伙企业亦无法再按照《补充协议》要求文化传媒公司进行股权回购，创投合伙企业与文化传媒公司之间的股权回购之债自代替给付生效时转化为损害赔偿之债，与姜某等股东的金钱给付之债并存。在确认姜某等股东应当承担回购全部股权时，文化传媒公司对履行股权回购债务一时（自始）履行不能即转化为嗣后履行不能，故一审法院判决创投合伙企业诉请文化传媒公司回购创投合伙企业持有股份的主张“暂不予支持”有误，二审法院对创投合伙企业要求文化传媒公司回购创投合伙企业持有股份的主张不予支持。

（三）公司履行不能的违约责任能否免除

2019年《全国法院民商事审判工作会议纪要》第五条前两款指出，投资方与目标公司订立的“对赌协议”在不存在法定无效事由的情况下，目标公司仅以存在股权回购或者金钱补偿约定为由，主张“对赌协议”无效的，人民法院不予支持，但投资方主张实际履行的，人民法院应当审查是否符合公司法关于“股东不得抽逃出资”及股份回购的强制性规定，判决是否支持其诉讼请求。投资方请求目标公司回购股权的，人民法院应当依据《中华人民共和国公司法》第三十五条关于“股东不得抽逃出资”或者第一百四十二条关于股份回购的强制性规定进行审查。经审查，目标公司未完成减资程序的，人民法院应当驳回其诉讼请求。本条是关于投资方与目标公司签订的“对赌协议”的效力以及如果有效能否履行的规定。

公司因未完成减资程序而一时不能履行股权回购的法律后果并非金钱债务自动延期，即在阻却金钱债务的履行之余，一并免除迟延履行的违约责任。该一时不能仅产生一个法定宽限期，公司在符合资本维持原则之前，暂无须履行债务；但相应迟延违约责任并不被自动豁免。鉴于资本维持原则的规范目的，以及公司就其一时不能（履行迟延）有可归责性，公司应承担迟延违约责任。本案中，各方在签订《投资协议》和《补充协议》时及合同履行过程中，应当对己方能否履行相应的义务有合理预期并如实履行，文化传媒公司未能及时履行减资程序违反了合同的附随义务，导致其未能在约定时间内足额支付创投合伙企业赎回价款，其应承担因未及时履行合同义务而产生的迟延履行违约责任。关于文化传媒公司主张的目标公司支付逾期回购违约金相当于投资方变相抽逃出资的上诉意见，二审法院认为，《中华人民共和国公司法》之所以规定“股东不得抽逃出资”，其主要目的是贯彻资本维持原则，保护公司债权人的利益。目标公司在不回购股权的情况下，其基于未履行股权回购义务支付违约金，并不导致公司注册资本的减少，亦不必然导致债权人利益受损。鉴于资本维持原则的规范目的以及文化传媒公司对于其一时（自始）给付不能具有可归责性，文化传媒公司应当按照《补充协议》的约定向创投合伙企业支付预期履行违约金。

编写人：北京市高级人民法院　陈丰

北京市西城区人民法院　田晔

13

股权拍卖中股东优先购买权保护的司法认定

——金融信息服务公司诉酒业公司股权转让案

【案件基本信息】

1. 裁判书字号

上海市第一中级人民法院（2021）沪01民终15477号民事判决书

2. 案由：股权转让纠纷

3. 当事人

原告（被上诉人）：金融信息服务公司

被告（上诉人）：酒业公司

第三人：甲置业公司、乙置业公司

【基本案情】

乙置业公司的股东为金融信息服务公司（持股40%）、酒业公司（持股42%）及案外人丙置业公司（持股18%）。2020年12月15日，酒业公司董事会发布公告，内容为其与甲置业公司于2020年12月11日签署股权转让协议，甲置业公司以人民币4700万元（以下币种同）竞拍取得乙置业公司42%的股权，酒业公司不再持有乙置业公司股权。金融信息服务公司认为，酒业公司在转让股权时，并未通知己方，且乙置业公司章程规定，股东向股东以外的人转让出资须经持50%以上表决权的股东同意，故酒业公司向甲置业公司转让股份的行为侵犯了己方的优先购买权。金融信息服务公司起诉请求：1. 确认酒业公司与甲置业公司的股权转让协议无效；2. 金融信息服务公司以4700万元优先购买酒业公司持有的乙置业公司42%的股权。

【案件焦点】

1. 被告就案涉股权转让是否已向原告履行通知义务；2. 原告行使优先购买权是否已经超过法定期限。

【法院裁判要旨】

上海市奉贤区人民法院经审理后认为：股东可以通过拍卖的方式转让其股权，但拍卖并不影响其他股东享有优先购买权，此情形下转让股东仍需以合理的方式通知其他股东，征求其是否行使优先购买权的意见，否则构成对其他股东权利的侵犯。其他股东优先购买权受到侵害时，应以适当方式主张权利，法院在裁判时应考量优先购买权保护的本意及价值取向，同时在判决内容上应体现优先购买权的本质特征。

上海市奉贤区人民法院作出如下判决：

一、原告金融信息服务公司于本判决生效之日起十日内给付被告酒业公司人民币32413793.10元，用以购买被告酒业公司持有的第三人乙置业公司28.97%的股权；

二、驳回原告金融信息服务公司其余诉讼请求。

酒业公司不服一审判决，提出上诉。

上海市第一中级人民法院依照《中华人民共和国民事诉讼法》第一百七十条第一款第一项规定，作出如下判决：

驳回上诉，维持原判。

【法官后语】

《中华人民共和国公司法》（以下简称《公司法》）第七十一条规定了有限责任公司股东向股东以外的人转让股权时，其他股东享有优先购买权，《最高人民法院关于适用〈中华人民共和国公司法〉若干问题的规定（四）》（以下简称《公司法解释（四）》）细化了股东优先购买权行使的相关规则，然而实践中，侵害优先购买权的认定标准和优先购买权的救济方式如何准确把握，尤其是股东通过拍卖方式转让股权时，其他股东的优先购买权如何得到有效保护。本案存在两个争议焦点：一是酒业公司是否就股权转让向金融信息服务公司履行通知义务，其转让股权行为是否侵害了金融信息服务公司的优先购买权；二是金融信息服务公司主张优先购买权是否已过法定期限，应如何采取有效的救济方式。本文结合上述焦点对相关问题进行分析。

一、以拍卖方式转让股权时，如何认定优先购买权通知义务的履行

公司股东转让股权时，其他股东行使优先购买权必然依赖于转让股东履行法定的通知义务。拍卖作为特殊的股权买卖行为，系转让股东自主选择的一种转让方式，属于纯粹的商事活动，与公权力介入下的人民法院执行程序司法拍卖存在本质区别，不影响其他股东对转让行为的同意权及优先购买权的行使。因此，如何保护其他股东的优先购买权，前提仍在于转让股东是否已履行了合理的通知义务，包括通知的内容、通知的方式以及通知手段是否穷尽的认定。

（一）以拍卖方式转让股权时的通知内容

根据《公司法》第七十一条及《公司法解释（四）》第十七条的规定，转让股东的通知包含两层内容：一是转让前应就股权转让事项通知其他股东；二是其他股东同意后，转让股东还应就股权转让的同等条件通知其他股东，两者呈递进关系。至于通过拍卖方式转让股权时如何进行通知，《公司法解释（四）》第二十二条仅明确根据相关法律、司法解释确定，笔者认为此处应理解为可依照《公司法解释（四）》第十七条进行确定。具体而言，第一层通知的目的是征得其他股东同意，故“股权转让事项”只要包括转让股东拟转让股权的内容即可，无须明确转让对价、相对方等具体内容。以拍卖方式转让股权前，转让股东除通知上述事项外，还应通知拍卖会的时间、地点、参会方式等内容，否则其他股东无法参与竞拍。第二层通知的目的是使其他股东知悉转让股权的同等条件（数量、价格、支付方式及期限等），以拍卖方式转让股权时，若其他股东参与直接竞价，其可与竞买人以相同价格出价，没有更高出价的，股权由其他股东竞得；其他股东未参与直接竞价的，并不丧失优先购买权，待经过竞价产生最高应价者后，将其作为同等条件询问其他股东，由其决定是否购买。需要说明的是，上述两层通知内容并非指通知的次数必须为两次。转让

股东将两层内容进行合并一次性通知其他股东，并无不可。

本案中，分析酒业公司2019年11月发出的通知内容，仅明确酒业公司欲转让股权，但未明确转让价格、受让人等内容，故酒业公司仍应继续履行第二次通知义务，告知金融信息服务公司股权转让的同等条件。如前所述，由于酒业公司以拍卖的形式转让股权，故还应将拍卖的时间、地点等事项通知金融信息服务公司，以便金融信息服务公司直接参与竞价或以其他方式行使优先购买权。但酒业公司自2019年11月后，在长达一年时间内未再向金融信息服务公司发出书面通知，告知拍卖会召开的具体时间、地点等事项，也未在拍卖最高应价产生后将其作为股权转让同等条件告知金融信息服务公司。故就通知的内容的完整性而言，酒业公司未能尽到合理的义务。

（二）以拍卖方式转让股权时的通知方式

根据《公司法解释（四）》第十七条的规定，优先购买权的通知方式为书面或者其他能够确认收悉的合理方式。此处之所以强调书面形式：一是便于日后对股权转让合意是否达成进行判断；二是便于后续变更登记手续的办理。同时考虑到通知的目的是被其他股东实际知晓，故方式上可进一步拓宽，即以其他股东"能够确认收悉的合理方式"为限，具体包括公告、诉讼或仲裁中告知、口头告知等①。需要说明的是，无论采取何种方式，通知义务完成的标准均为其他股东确认收悉，否则通知不具有法律效力。以拍卖方式转让股权的，拍卖机构发布的公告能否作为转让股东履行通知义务的方式？答案是否定的：一是二者主体不同，优先购买权的通知义务的主体是转让股东，而非拍卖机构；二是二者内容不同，拍卖公告内容针对不特定民事主体，并非针对特定的其他股东；三是二者目的不同，拍卖公告目的在于使不特定主体了解拍卖对象，召集其前来竞拍，与优先购买权通知目的存在本质不同。故拍卖机构发布的公告不能替代转让股东的通知义务。

本案中，酒业公司虽于2019年11月发送了书面特快专递，但并未有效送

---

① 参见杜万华主编：《最高人民法院公司法解释（四）理解与适用》，人民法院出版社2017年版，第379页。

达金融信息服务公司，故无法认定为有效通知。此后酒业公司虽又数次在互联网上就案涉股权转让事项进行公告，国拍公司在相关报纸上亦发布了拍卖公告，但从公告的对象及内容来看，上述公告系针对不特定竞买主体的拍卖公告，并非针对特定主体（金融信息服务公司）的股权转让征求意见公告，二者不应等同。此外，即使采取公告等方式履行通知义务，也应以其他股东知晓该公告内容从而产生通知的效果为必要条件，现酒业公司并无证据证明金融信息服务公司已知晓公告内容。故就通知方式的有效性而言，酒业公司亦未尽到合理的义务。

（三）通知手段是否穷尽的认定

鉴于优先购买权的通知方式为书面或者其他能够确认收悉的合理方式，故转让股东在履行通知义务时，应达到使其他股东“确认收悉”的法律效果。换言之，当一种通知方式未能有效时，其应及时采用其他合理方式进行通知，直到其采取了所有合理方式时，才能认定穷尽了通知手段，反之若其明知存在合理的通知方式但不采取，则不能认定为“穷尽”。问题是当其他股东下落不明时，优先购买权该如何通知？本文认为就法理而言，侵害优先购买权属于侵权行为范畴，侵权人主观过错为构成要件之一，在股东优先购买权侵权行为中，加害行为是转让股东的不作为，即不适当履行通知义务，故转让股东只要证明其已穷尽通知手段，仍然无法通知到其他股东，可认定主观上无过错，无须承担侵害优先购买权的责任。

本案中，酒业公司向金融信息服务公司的企业通讯地址邮寄通知被退回后，其仍可采取其他通知方式，如向金融信息服务公司的法定代表人发送通知，亦可采取电子邮件、电话、短信、微信等多种方式继续通知相关人员，但现有证据难以证明酒业公司曾积极履行过上述通知义务。需要说明的是，根据乙置业公司的章程规定，股东向股东以外的人转让出资时，须经持50%及以上表决权的股东同意，并由公司股东会对此作出决议。在公司章程对股权转让条件和程序有明确规定的情况下，酒业公司未能提供证据证明其已向乙置业公司董事会申请召开股东会讨论股权转让相关事项，故无法采纳酒业公司提出已穷尽通知手段的主张。

此外，酒业公司及甲置业公司提出已通过张某告知乙置业公司法定代表人股权转让同等条件等内容，该事实问题应结合证据予以判断：其一，甲置业公司提供的聊天记录、通话记录等材料无法确认真实性，即使真实，也仅说明张某与甲置业公司就股权转让的优先购买权问题进行过沟通，无法证明张某将上述情况告知乙置业公司法定代表人。甲置业公司提供的会见记录虽可认定张某会见过乙置业公司法定代表人，但无法推定乙置业公司法定代表人知晓股权转让及优先购买权行使等情况。其二，现有证据无法证明张某是金融信息服务公司的实际负责人，亦无法证明金融信息服务公司授权张某处理股权转让及优先购买权事宜，故张某无权代理金融信息服务公司进行上述事务。其三，与张某进行沟通的主体是甲置业公司，并非酒业公司，故不能认定酒业公司已向金融信息服务公司履行了通知义务。

二、优先购买权受到侵害时的救济途径

《公司法解释（四）》第二十一条规定，有限责任公司的股东向股东以外的人转让股权，未就其股权转让事项征求其他股东意见，或者以欺诈、恶意串通等手段，损害其他股东优先购买权，其他股东主张按照同等条件购买该转让股权的，人民法院应当予以支持。在拍卖转让股权的情形下，优先购买权的具体救济方式主要涉及以下法律问题。

（一）优先购买权的救济期限

《公司法解释（四）》第二十一条赋予了股东优先购买权有限制的对抗效力，即此时股东行使优先购买权可对抗第三人，但要受到行权期限、行使诉权方式等方面的限制。在期限上，转让股东未就股权转让事项有效通知其他股东的，其他股东应当自知道或者应当知道行使优先购买权的同等条件之日起三十日内主张，或者自股权变更登记之日起一年内主张。“三十日”主要参照了公司法中“其他股东自接到书面通知之日起满三十日未答复的，视为同意转让”的规定，“一年内”则考虑到股权变更登记后公司状况会发生较大变化，超出一年的，则不再推翻现有法律关系，权益受损的其他股东可主张相应的民事权利。

本案中，酒业公司以拍卖方式转让股权，其在拍卖前未书面通知金融信息服务公司股权拍卖的时间、地点等事项，在拍卖成交后亦未告知金融信息服务公司股权转让的同等条件，综合本案情况，金融信息服务公司在审理中陈述于2020年12月16日知晓同等条件，具有合理性。其于2021年1月12日向法院提起诉讼主张优先购买权，未超过三十日的法定期间。

（二）反悔权对优先购买权救济的影响

本案中酒业公司虽未对其转让股权事宜作出反悔，但从完善优先购买权的救济方式的角度出发，仍有分析的必要。《公司法解释（四）》第二十条规定了转让股东在其他股东主张优先购买权后不同意转让的，法院对其他股东的优先购买权不予支持。该规定并未明确反悔权的适用场合，是否适用于本案情形?

笔者认为，股东在优先购买权受到侵害的情形下主张优先购买，此时不应允许转让股东行使反悔权。首先，从文义解释看，第二十条的表述为"在其他股东主张优先购买后又不同意转让股权的"，此处"不同意"应理解为转让股东放弃转让股权的意思表示，对象包括其他股东及第三人，申言之，转让股东行使反悔权时，其与第三人未形成股权转让关系，否则，反悔权的设立与生效合同的约束力将产生矛盾。故反悔权不适用于优先购买权已受侵犯的情形。其次，从体系解释看，《公司法解释（四）》第二十一条规定了两条救济途径：一是优先购买该股权；二是主张损害赔偿。二者存在主次关系，只有在非因自身原因无法行使优先购买权的情形下，才可主张损害赔偿。若允许转让股东无条件地行使反悔权，其他股东优先购买的首要救济方式则形同虚设。最后，从目的解释看，有观点认为，在转让股东与第三人的股权转让协议存在问题的情况下，如不允许转让股东反悔，违背了契约自由原则。上述情况下应首要关注其他股东优先购买权的保护问题，而非转让股东能否行使反悔权的问题，不可本末倒置。

（三）优先购买权的救济方式

本案中，金融信息服务公司同时提出了要求确认酒业公司与甲置业公司签订的股权转让协议无效，对该问题如何认定，判决主文如何表述，既涉及优先购买权救济的本意，也关系到判决主文的既判力范围。

关于已订立股权转让协议效力的认定，首先，《公司法》第七十一条赋予其他股东优先购买权的目的是维系有限责任公司的人合性，以免未经其他股东同意的新股东加入后破坏股东之间的信任与合作。而要实现这一目的，只要阻止股东以外的股权受让人成为新股东即可，无须否定股东与第三人的股权转让合同效力。其次，即便股权转让合同有效，也得不到实际履行，基于该合同的股权变动被宣告无效，股权恢复原状回归原股东，其他股东继而以同等条件实现股权内部转让。可见，此处优先权具有物权效力是为了实现制度目的的必然选择①。最后，在否定合同效力的情况下，第三人只能通过缔约过失责任寻求救济，而在合同有效的情况下，第三人可以追究转让股东的违约责任，后者在追责要件和力度上对第三人更为有利。此外，若股权转让合同未经上述程序而认定无效，则在其他股东放弃优先购买权后，转让股东需与受让人重新订立股权转让合同，任何一方均可不受已订立的股权转让合同的约束，该情形亦与常理不符。

实践中支持优先购买权的判决主文主要有以下表述形式：一是"原告有权以一次性支付×元金额对某公司×%的股权行使优先购买权"；二是"原告在被告转让某公司×%的股权时享有优先购买权，转让条件与被告和第三人签订的股权转让合同相同"；三是"原告在被告转让某公司×%的股权时享有优先购买权"上述表述虽确认原告享有优先购买权，但对原被告成立股权转让关系未予明确，对同等条件的履行亦未体现，按上述表述，若原告不行使权利，将可能产生法律关系的不确定状态。

笔者认为，作为具有既判力的判决主文应体现优先购买权的本质特征。即在确认优先购买法律关系的同时，根据同等条件情况判令转让股东与其他股东优先购买法律关系的履行内容：若同等条件内容明确且履行期限届至，应判令

---

① 李建伟：《有限公司股东优先购买权侵害救济研究——兼评〈九民纪要〉的相关裁判规则》，载《社会科学研究》2020年第4期。

原告在特定期限内履行该义务以取得某公司×%的股权，本案判决主文即采用该模式；若同等条件内容明确但履行期限未届至，或同等条件履行情况较为复杂时，应判令原告与被告成立关于某公司×%的股权转让关系，转让条件与被告和第三人签订的股权转让合同相同。上述判决内容具有确定性，一旦原告不履行，被告就可根据合同法制度追究原告的法律责任，一定程度上也维护了被告及第三人的合法权利。

编写人：上海市高级人民法院　韩峰
上海市奉贤区人民法院　高磊

14

受让人明知目标公司负债的，不得以出让人拒不偿还公司债务为由，拒绝支付股权转让款

——吴某锋诉王某取股权转让案

【案件基本信息】

1. 裁判书字号

福建省泉州市中级人民法院（2020）闽05民终5347号民事判决书

2. 案由：股权转让纠纷

3. 当事人

原告（上诉人）：吴某锋

被告（上诉人）：王某取

【基本案情】

2020年2月29日，吴某锋就转让其持有医院的股权转让事宜与王某取签订《股权转让协议》，约定：吴某锋将其所持有的目标公司40%的股权、权益、

责任和义务及其有形资产和无形资产一并转让给王某取；双方同意股权交割日为2020年2月29日（不以工商变更登记为准），2020年3月1日起视为王某取正式拥有吴某锋的股权；协议签订之日，王某取对目标公司的财务账册、经营证件、公章账户、资质证书等资料进行审核，审核无误后才签订本协议，王某取日后不得以此为由进行抗辩，更不得要求吴某锋承担法律责任；吴某锋将所持有的目标公司40%的股权以100万元的价格转让给王某取，转让款扣抵医院营业2019年3月10日至2020年2月29日所产生的吴某锋应承担的债务475000元后，王某取还需支付吴某锋525000元股权转让款，王某取分别于2020年4月至11月每月20日前一次性支付吴某锋转让款52500元，于12月20日一次性付清剩余的75000元款项；王某取保证按约定收购吴某锋股权，根据约定按时足额支付股权转让款，否则吴某锋有权单方面终止和解除本协议收回股权或要求王某取继续履行本协议，并要求王某取承担截止至终止协议期间产生的一切债务和责任，同时，承担相应违约责任；2019年3月10日至2020年3月1日目标公司所负的债务和法律责任一概由王某取自行承担，皆与吴某锋无关，2019年3月10日之前目标公司所负的债务和法律责任一概由吴某锋以及原来的其他股东承担，皆与王某取无关；若任何一方未能履行其在本协议项下的义务或保证，除非依照法律规定可以免责，违约方应向守约方支付股权转让价格20%的违约金；一方违约后，守约方为实现本协议项下权益而付出的维权费用，包括但不限于诉讼费、律师费等均由违约方承担；为确保本协议的履行，王某取在本协议签订之日支付3万元给吴某锋，如王某取依约收购目标公司股权，则该定金抵作股权收购款。协议签订后，王某取当天未付押金，于2020年3月25日付款3万元作押金、4月22日付款52500元，余款未付。吴某锋因本案起诉事宜支付律师费1万元。

审理中，本院依吴某锋的申请于2020年8月10日裁定查封王某取名下的房产（以652500元为限）。另查明，合同确定的转让款525000元的付款方式为：2020年2月29日应支付3万元押金后直接抵作转让款、2020年4月至11月每月20日前支付转让款52500元、2020年12月20日前支付转让款75000元。

【案件焦点】

1. 王某取是否应一次性支付吴某锋股权转让款 442500 元；2. 王某取是否可履行不安履行抗辩权；3. 王某取是否应支付吴某锋违约金 20 万元；4. 王某取是否应支付吴某锋律师费 1 万元。

【法院裁判要旨】

福建省安溪县人民法院经审理认为：吴某锋与王某取签订的《股权转让协议》系双方真实意思表示，未违反法律法规的强制性规定，协议合法有效。吴某锋与王某取应依照协议的约定履行义务。

关于争议焦点 1，吴某锋与王某取约定的是分期付款，双方并未明确约定若逾期付款则视为款项支付全部到期，且吴某锋未主张其有权实行不安履行抗辩权并提供证据证明，故吴某锋主张王某取未按时付款、要求其一次性支付股权转让款 442500 元，于法无据，不予支持。至开庭之日止，王某取应支付计至 2020 年 7 月尚欠的股权转让款 157500 元（2020 年 4 月至 7 月应支付 21 万元，扣除已支付 52500 元），剩余转让款 285000 元应在到期后另行主张。关于争议焦点 2，根据《中华人民共和国合同法》第六十八条“应当先履行债务的当事人，有确切证据证明对方有下列情形之一的，可以中止履行：（一）经营状况严重恶化；（二）转移财产、抽逃资金，以逃避债务；（三）丧失商业信誉；（四）有丧失或者可能丧失履行债务能力的其他情形。当事人没有确切证据中止履行的，应当承担违约责任”之规定，王某取未提供证据证明吴某锋存在上述情形，故对其辩称的其未按时支付款项系实行不安履行抗辩权、不存在违约行为，不予采信。关于争议焦点 3，因王某取辩称的不安履行抗辩权无法成立，其又未按协议约定按时支付转让款，又《股权转让协议》明确约定：“违约方应向守约方支付股权转让价格 20%的违约金”，故王某取应按合同约定支付违约金。综合考虑王某取的违约程度及吴某锋所遭受的损失，故违约金调整为以尚欠的股权转让款 157500 元为基数自逾期之日起按年利率 24%计算至还款之日止更为适宜。关于争议焦点 4，《股权转让协议》明确约定：“一方违约后，守约方为实现本协议项下权益而付出的维权费用，包括但不限于诉讼费、律师费等均由违约方承担”，故吴某锋请求支付律师费1万元，予以支持。

福建省安溪县人民法院依照《中华人民共和国合同法》第六十条第一款、第六十八条、第一百一十四条，《中华人民共和国民事诉讼法》第六十四条之规定，作出如下判决：

一、王某取应于本判决生效之日起十日内支付吴某锋自2020年4月起至7月止尚欠的股权转让款157500元；

二、王某取应于本判决生效之日起十日内支付吴某锋以尚欠的股权转让款157500元为基数的违约金；

三、王某取应于本判决生效之日起十日内支付吴某锋律师费1万元；

四、驳回吴某锋的其他诉讼请求。

吴某锋、王某取不服一审判决，提出上诉。福建省泉州市中级人民法院经审理认为，根据《股权转让协议》约定，股权转让款100万元分九期支付，2020年4月至11月每月20日前各支付吴某锋转让款52500元，于12月20日一次性付清剩余的75000元款项。一审判决作出时第四笔（即2020年7月）之后的付款期限尚未到达，一审法院未支持吴某锋关于第四笔之后的股权转让款的诉讼请求并无不当，吴某锋认为王某取存在严重逾期付款的违约行为，其有权在王某取未支付第二期股权转让款时，一并要求支付全部价款，经审查，股权转让虽然也是以股权为标的物的买卖，但是与以消费为目的的一般买卖具有显著不同，股权转让以获取股东身份，参与公司经营为目的，约定分期支付股权转让款通常会考虑公司资产移交、债权债务清理等因素，根据《最高人民法院关于审理买卖合同纠纷案件适用法律问题的解释》第三十八条的规定，《股权转让协议》，亦不属于合同法规定的分期付款买卖合同，故吴某锋该上诉理由无法律依据，不予支持。但二审期间，各方约定的全部转让款付款期限已届满，王某取未支付到期款项，构成违约，吴某锋要求支付全部股权转让款的诉讼请求应予支持。诉争的33652.12元产生于2019年11月7日，早于《股权转让协议》签订之前，该笔款项与本案无关，故王某取认为33652.12元应抵扣股权转让款的理由于法无据，不予支持。王某取未能按照协议约定按时支付转让款，构成违约，依照协议的约定应当支付违约金。在吴某锋未举证证明损失金额的情况下，一审法院按照逾期之日起按年利率24%计算至还款之日止确定违约金数额并无不当。吴某锋主张二审律师费由王某取承担，未能提供相应发票证明，且该请求超出其一审提出的诉讼请求范围，不予支持。

福建省泉州市中级人民法院依照《中华人民共和国民事诉讼法》第一百七十条第一款第一项、第二项之规定，作出如下判决：

一、维持福建省安溪县人民法院民事判决第三项判决；

二、撤销福建省安溪县人民法院民事判决第一、二、四项判决；

三、王某取应于本判决生效之日起十日内给付吴某锋股权转让款442500元及违约金；

四、驳回吴某锋一审的其他诉讼请求。

【法官后语】

在审理股权转让协议案件中，存在股权的转让与目标公司经营状况息息相关，但目标公司的债务与股权转让协议未行区分、极易混淆的情形。在此类案件中，公司作为拟制的法人，具有独立的人格，以其独立的财产对外承担责任，股权转让协议的标的即股权的价值受目标公司的影响，但股权转让协议的效力并不受目标公司的债务影响而导致无效或无法履行。对于股权转让的合同当事方，应严格按照双方的约定履行合同。

1. 目标公司对外债务的情形只影响公司股权的价值，但不阻断股权转让合同的效力及履行。

在处理股权转让纠纷中，虽会涉及目标公司的经营及债务状况，但第一，公司具有拟制的人格，股权受让方无须承担转让协议规定以外的法律义务。公司以其所有的资产对其外债负责，除了一人公司及法律规定的特别情形下，公司股东对公司债务不承担连带清偿责任。第二，股权转让合同具有相对性的，只用于规制转让方和受让方，并不因公司经营状况而无法履行，双方应严格按照合同的约定履行各自的权利和义务。第三，股权转让协议中已将公司经营状况纳入股权价值的考虑范围，双方已将股权进行合理作价。故在本案中，第一，从目标公司的财产状况来看虽负债累累，但目标公司的债务在非特定情形下，并不波及公司股东，股东没有义务对公司的债务承担连带清偿责任，故王某取与吴某锋签订股权转让协议后，王某取并不会因目标公司的对外债务情形而要进行负担除协议以外多余的法律义务。第二，王某取与吴某锋签订的股权转让协议具有合同的相对性，目标公司的债务会影响股权转让的价值，而王某取在意思表示真实的情形下，以525000元的价格受让吴某锋在目标公司40%的股权，可推定王某取在受让股权时已将公司的债务情形作为受让价格的考虑范围并进行合理的评估。故，王某取在签订股权转让协议时，并未受胁迫或产生重大误解，系其真实意思表示，应继续履行股权转让合同。

2. 明知目标公司债务且已进行结算的，仍受让股权的，应推定受让人在受让时仍愿意承受该消极后果。

在股权转让时，如果双方在进行股权交割时已披露目标公司债务，受让方并不存在重大误解，应认定其受让股权系其真实意思表示。本案中，第一，王某取与吴某锋对股权已进行交割且对交割日前的股权项下债务进行结算，由此可推定王某取受让股权时明知公司债务，而仍愿意受让该股权，愿意承担受让股权后其应承担的消极后果，受让股权系其真实意思表示。第二，对于在股权交割日前的股权份额债务，虽吴某锋未积极偿还，但该吴某锋的行为系其与目标公司及目标公司债权人的关系，并不影响王某取与吴某锋之间的股权转让合同的履行，两个系不同的法律关系，不可混淆。第三，即使王某取在受让股权后，因其股权份额在交割日前的份额债务而使其股权利润受到影响，王某取可向目标公司、吴某锋进行主张权利，其具有追偿权。

3. 股权转让合同不同于以消费为目的的买卖合同，不安履行抗辩权行使应予以特殊化。

股权转让合同的合同标的为股权，而股权转让与以消费为目的的一般买卖具有显著不同，股权项下的价值与目标公司的经营状况息息相关，且股权的获得以取得股东身份、参与公司经营为目的，约定分期支付股权转让款通常会考虑公司资产移交、债权债务清理等因素，故本案中，王某取与吴某锋约定的分期付款，并不适用当时《最高人民法院关于审理买卖合同纠纷案件适用法律问题的解释》第三十八条的规定，双方签订的《股权转让协议》，亦不属于分期付款买卖合同。

综上，在吴某锋披露公司债务且与王某取进行交割结算的情形下，应推定王某取受让股权时系其真实意思表示，其应履行转让协议约定的合同义务。在股权转让协议案件的审理中，不但要梳理好合同双方、股东与目标公司之间的法律关系，还要进行有效的甄别，并将股权价值受目标公司影响的特殊性予以特殊考虑，才能正确有效处理该类案件，以维护良好的公司运营关系，构建良好的法治营商环境。

编写人：福建省安溪县人民法院　陈桂树　李珍珍

15

投资人与目标公司“对赌”后，目标公司未能依约履行回购义务时的责任认定

——李某诉药业公司、熊某平股权转让案

【案件基本信息】

1. 裁判书字号

北京市平谷区人民法院（2021）京 0117 民初 105 号民事判决书

2. 案由：股权转让纠纷

3. 当事人

原告：李某

被告：药业公司、熊某平

【基本案情】

2015年9月9日，李某、徐某东作为转让方，与受让方药业公司及目标公司生物科技公司签订《股权转让合同》，约定李某将其持有生物科技公司90%股权、徐某东将其持有生物科技公司10%股权转让给药业公司，股权转让价款共计6000万元，其中4000万元为现金，另2000万元为李某认购药业公司股权，股价按公司在股改后市值1.8亿元人民币计算；如受让方三年内没能挂牌上市（含新三板），受让方应无条件按人民币2000万元加上期间12.5%的年利率利息回购转让方的股权。合同签订后，李某与药业公司进行了股权工商变更登记，变更后李某持有药业公司10%的股权，药业公司至今未上市。2018年11月27日，李某以合同纠纷为由，将药业公司、熊某平诉至法院，要求药业公司回购李某所持有的药业公司10%的股权，回购对价为2000万元，并自2015年9月10日起以2000万元为基数按年利率12.5%的标准计算利息至款实际付清之日止；熊某平对上述股权承担共同回购义务，支付2000万元对价，并自2015年9月10日起以2000万元为基数按年利率12%的标准计算利息至款项实际付清之日止；药业公司与熊某平承担律师费30万元。后经过一审、二审，判决驳回李某的诉讼请求。李某申请再审被裁定驳回。

【案件焦点】

1. 李某起诉是否属于重复诉讼；2. 药业公司是否构成违约及应否承担违约赔偿责任。

【法院裁判要旨】

北京市平谷区人民法院经审理认为：关于争议焦点1，李某起诉是否属于重复诉讼问题。《最高人民法院关于适用〈中华人民共和国民事诉讼法〉的解释》第二百四十七条规定：“当事人就已经提起诉讼的事项在诉讼过程中或者裁判生效后再次起诉，同时符合下列条件的，构成重复起诉：（一）后诉与前诉的当事人相同；（二）后诉与前诉的诉讼标的相同；（三）后诉与前诉的诉讼请求相同，或者后诉的诉讼请求实质上否定前诉裁判结果。当事人重复起诉的，裁定不予受理；已经受理的，裁定驳回起诉，但法律、司法解释另有规定的除外。”本案中，李某主张药业公司因未依照合同约定履行股权回购义务，构成违约，要求药业公司、熊某平承担违约责任；（2018）京0117民初12574号案件中，李某主张药业公司、熊某平履行合同义务即股权回购，要求药业公司、熊某平回购股权、支付回购款。本案的当事人、诉讼标的及诉讼请求的金额虽然与上述案件相同，但两案诉讼请求本身并不相同，且本案的诉讼请求实质上并未否定前诉裁判结果。故，本院认为李某的起诉不属重复诉讼。

关于争议焦点2，药业公司是否构成违约及应否承担违约赔偿责任问题。依据（2018）京0117民初12574号判决，李某与药业公司之间的《股权转让合同》应属合法有效。依据该合同约定，如受让方三年内没能挂牌上市（含新三板），受让方应无条件按2000万元加上期间12.5%的年利率利息回购转让方的股权。三年后，药业公司未能挂牌上市。2018年11月27日，李某起诉要求药业公司回购股权，因目标公司药业公司未完成减资程序，不符合法律规定的公司收购本公司股权的例外情形，尚不具备现实履行性。

现李某以药业公司未依约履行回购义务为由主张药业公司承担违约责任。药业公司履行回购股权义务，应依法履行减资程序，此事项属于公司自治事项。庭审中，双方均认可就回购事宜，药业公司股东会尚未进行表决；李某作为持股10%的股东，亦未就该事项依照法律及章程的相关规定召集召开股东会。本院现无法确认药业公司是否能够履行股权回购义务，以致无法最终确认药业公司是否违约。李某主张双方签订《股权转让合同》、结合药业公司章程相关规定，以此认为药业公司全体股东同意减资、回购，缺乏法律依据，法院不予采信。

北京市平谷区人民法院依照《中华人民共和国公司法》第一百四十二条，《中华人民共和国合同法》第八条、第六十条之规定，作出如下判决：

驳回李某的诉讼请求。

判决后，双方当事人均未上诉，本判决现已生效。

【法官后语】

本案系当事人之间“对赌协议”引发的投资纠纷。实践中俗称的“对赌协议”，又称估值调整协议，是指投资方与融资方在达成股权性融资协议时，为解决交易双方对目标公司未来发展的不确定性、信息不对称以及代理成本而设计的包含了股权回购、金钱补偿等对未来目标公司的估值进行调整的协议。从订立“对赌协议”的主体来看，有投资方与目标公司的股东或者实际控制人“对赌”、投资方与目标公司“对赌”、投资方与目标公司的股东及目标公司“对赌”等形式。

本案中，李某与药业公司签订《股权转让合同》中约定“如受让方三年内没能挂牌上市（含新三板），受让方应无条件按人民币2000万元加上期间12.5%的年利率利息回购转让方的股权”，即为投资方与目标公司“对赌”。

首先，对于“对赌协议”效力问题。协议系双方真实意思表示，在上述协议签订时，药业公司系有限责任公司，《中华人民共和国公司法》（以下简称《公司法》）对于有限责任公司回购股权没有作出禁止性规定。后药业公司虽变更为股份有限公司，《公司法》原则上禁止股份有限公司回购本公司股份，但同时亦规定了例外情形。因此，李某与药业公司签订的《股权转让合同》并未违反《公司法》的强制性规定，应属合法有效。

其次，关于股权回购及给付金钱补偿是否具备现实履行性。投资方请求目标公司回购股权的，应当依据《公司法》第三十五条关于“股东不得抽逃出资”或者第一百四十二条关于股份回购的强制性规定进行审查。经审查，目标公司未完成减资程序的，应当驳回其诉讼请求。投资方请求目标公司承担金钱补偿义务的，应当依据《公司法》第三十五条关于“股东不得抽逃出资”和第一百六十六条关于利润分配的强制性规定进行审查。经审查，目标公司没有利润或者虽有利润但不足以补偿投资方的，应当驳回或者部分支持其诉讼请求。今后目标公司有利润时，投资方还可以依据该事实另行提起诉讼。由此可见，要求目标公司回购股份不仅是公司内部治理问题，还涉及外部债权人利益，减资有可能使公司注册资本减少，使公司偿债能力降低，从而影响债权人利益，所以在没有完成减资程序情况下，投资方的回购诉请一般不予支持。

最后，“对赌协议”的投资方在某种程度上兼具股东和债权人双重属性。

本案中，李某在诉请要求药业公司回购股权支付对价及利息未得到法院支持的情况下，以药业公司违约为由要求其赔偿损失2000万元及相应李某认为药业公司能通过减资程序履行回购义务而不履行，存在过错，构成违约。但在减资程序尚未履行时，无法确认药业公司是否能够履行股权回购义务，也就无法确认药业公司是否违约。

综上，与目标公司“对赌”，即使在协议有效的情况下，因涉及公司内外部治理、资本维持原则以及外部债权人利益，在实际履行方面存在诸多限制，无论是以股东身份要求回购股权，还是以债权人身份要求承担违约责任，都存在履行困境，此种风险系投资人在选择此种投资方式时理应预见的，所以，在选择“对赌协议”模式时，对于与“目标公司”“对赌”仍需审慎。

编写人：北京市平谷区人民法院　彭聪　张卫

16

目标公司为股东履行“对赌义务”提供担保行为的效力认定

——吴某某诉熊某某等股权转让案

【案件基本信息】

1. 裁判书字号

广东省深圳市中级人民法院（2020）粤03民终24899号民事判决书

2. 案由：股权转让纠纷

3. 当事人

原告（被上诉人）：吴某某

被告（上诉人）：熊某某

被告：赵某、婴童用品公司

【基本案情】

2016年3月2日，吴某某作为增值股东、赵某、熊某某作为原股东签订《婴童用品公司增资扩股协议书》，约定吴某某对标的公司以现金方式投资1000万元，占标的公司22%股权，进行增资扩股。协议约定保护条款如下：为保证和鼓励新股东出资，新股东有优先分红权，标的公司保证按出资额每年有14.4%的优先分红权利。若标的公司盈利不足以兑现此优先分红权，则赵某、熊某某承诺兑现并承担连带责任。如在2018年6月30日前标的公司成功上市（包括新三板）或标的公司成功以超过1亿元的估值引入风投，增资扩股15%以上，引入资金1500万元以上，则新股东放弃优先分红权。协议签订后，吴某某向婴童用品公司转账1000万元。2018年6月28日、6月30日、7月2日，熊某某多次向吴某某转账分红款。婴童用品公司工商登记信息显示，公司于2014年2月25日注册成立，注册资本1446万元，现股东分别为赵某（持股比例39.08%）、熊某某（持股比例38.93%）、吴某某（21.99%），法定代表人为赵某。

2018年12月3日，吴某某作为转让方、赵某作为受让方、熊某某与婴童用品公司作为担保方签订《股权转让协议》，约定：吴某某将其持有的婴童用品公司全部股权转让给赵某，股权转让价格为1000万元及利息；熊某某、婴童用品公司承诺以其所有财产对赵某应支付的全部股权转让款、利息、违约金承担连带清偿责任。2019年2月28日，赵某向吴某某支付50万元。之后未再按照约定支付股权转让款及利息。

吴某某起诉要求赵某支付剩余股权转让款及利息，并要求熊某某、婴童用品公司承担连带清偿责任。赵某、婴童用品公司认为上述《股权转让协议》存在“抽逃出资、强行取回投资款”的非法目的，属无效合同，且婴童用品公司并未就承担连带清偿责任一事形成股东会决议，婴童用品公司不应当承担连带清偿责任。

【案件焦点】

1. 涉案《股权转让协议》是否有效；2. 婴童用品公司就赵某对吴某某所负支付股权转让款义务进行担保的行为是否有效。

【法院裁判要旨】

广东省深圳市福田区人民法院经审理认为：其一，涉案《股权转让协议》系目标公司投资方与原股东就增资取得股权的转让达成的合意，协议约定的股权转让条件、股权转让价格与《增资扩股协议书》中的保护条款均为各方对目标公司未来发展的不确定性、信息不对称等进行的估值调整和风险分配，是各主体的商业判断和自主决策，合法有效。吴某某据此主张赵某支付股权转让款1000万元及利息，合法有据。

其二，吴某某虽未对婴童用品公司提供担保的公司决议进行审查，但婴童用品公司全部股东均签署了该协议，吴某某有理由相信该担保行为已取得婴童用品公司全部股东同意，故赵某签字盖章不属于越权代表行为，对婴童用品公司发生法律效力。吴某某据此请求婴童用品公司对赵某的债务承担连带清偿责任，于法有据，法院予以支持。熊某某自愿为涉案债务承担连带保证责任，吴某某有权主张其承担连带清偿责任。

广东省深圳市福田区人民法院依照《中华人民共和国合同法》第一百零七条、第一百零九条，《中华人民共和国公司法》第十六条第二款，《中华人民共和国担保法》第十八条、第二十一条、第三十一条，《中华人民共和国民事诉讼法》第六十四条第一款、第一百四十四条的规定，作出如下判决：

一、赵某应向吴某某支付股权转让款1000万元及利息；

二、婴童用品公司、熊某某对赵某的上述债务承担连带清偿责任，实际承担责任后，有权向赵某追偿；

三、驳回吴某某的其他诉讼请求。

熊某某不服一审判决，提起上诉。广东省深圳市中级人民法院经审理认为：涉案《股权转让协议》的转让方和受让方分别为吴某某和赵某，两人虽均为转让的股权所属公司的股东，但法律并未禁止公司股东之间互相转让股权，相反当股东对外转让公司股权时，公司法规定公司的其他股东有优先购买权，故上述股权转让行为并不构成抽逃出资。另，原审判决认定《股权转让协议》及其担保行为合法有效，完全符合 2019 年 11 月 8 日最高人民法院印发的《全国法院民商事审判工作会议纪要》有关规定精神。故，熊某上诉理由不成立。

广东省深圳市中级人民法院依照《中华人民共和国民事诉讼法》第一百七十条第一款第一项之规定，作出如下判决：

驳回上诉，维持原判。

【法官后语】

商业实践中，投融资双方在签订股权性融资协议时，为解决对目标公司未来经营业绩的不确定性、信息不对称等问题，往往会签订包含股权回购等内容的“对赌协议”。在《全国法院民商事审判工作会议纪要》（以下简称《九民纪要》）出台前，基于“与股东‘对赌’有效，与公司‘对赌’无效”的裁判原则，在“对赌”条件成就时，投资人要求目标公司履行回购义务的，往往难获支持。为此，出于确保合同相对方偿债能力足够或规避合同无效风险等考虑，逐渐出现了投资方约定与目标公司股东“对赌”并由目标公司为股东的回购义务提供担保的情形。即投资人并非要求目标公司直接承担回购义务，而是由目标公司就股东向投资人履行回购义务承担担保责任。《中华人民共和国公司法》（以下简称《公司法》）第十六条规定了公司为股东提供担保必须经股东会或股东大会决议。而实践中，部分合同当事人签订相关合同时未按照上述规定履行决议程序，故由此产生了担保效力之争。

从审判实践看，关于此类担保效力的认定存在两种观点：一是否定说观点。出于对公司资本维持及其他股东、债权人利益的考量，认为公司为股东向投资者回购股权支付的股权转让款提供担保，实质上系公司为股东间股权转让提供担保，此种情形下公司未受益，却可能因履行担保责任使公司财产减少，导致股东以股权转让形式达到抽逃出资的效果，损害公司及债权人利益。二是有限肯定说观点。出于维护交易稳定和意思自治的考量，认为“对赌协议”取得目标公司股权的投资者（新股东）所支付的投资款系用于目标公司的经营发展，公司全体股东均因本次投资而受益，因此该种担保在不存在《中华人民共和国民法典》规定的合同无效情形时，只要符合《公司法》第十六条规定的决议程序或投资方在签订合同时对决议程序尽到表面的形式审查义务即应认定有效。

笔者认为，目标公司为“对赌”股东提供担保有别于目标公司与股东“对赌”，“对赌”引发公司回购股权，触动公司资本维持根基，而目标公司在承担担保义务后有权向债务人追偿，与“对赌”中回购股权对付义务不同，不宜直接穿透为“对赌”行为，仍应以担保行为进行审查。对于该类担保的效力，应当结合《公司法》《九民纪要》以及《最高人民法院关于适用〈中华人民共和国民法典〉有关担保制度的解释》（以下简称《担保制度司法解释》）等规定进行认定。

1.《九民纪要》采纳了有限肯定担保效力的观点。《九民纪要》第十七条规定了“违反《公司法》第十六条构成越权代表”，此时应当区分订立合同时债权人是否善意分别认定合同效力。第十八条关于“善意的认定”，则规定投资方对公司机关决议内容的审查一般限于形式审查，只要尽到必要的注意义务即可，标准不宜太过苛刻。故《九民纪要》一定程度上认可了公司为原始股东“对赌”提供担保的效力。在不存在法定无效事由的情况下，投资方与目标公司签订的“对赌协议”原则上应当认定有效。

2.《担保制度司法解释》第七条对于审查义务相较于《九民纪要》第十八条又作出了三点调整：一是将“形式审查”改为“合理审查”；二是在存在伪造、变造的情形下，将“明知”修改为“明知或者应知”，提高了相对人“善意”的标准；三是将审查范围限定为股东（大）会决议文本自身。

综上，结合《公司法》第十六条，《九民纪要》第十七条、第十八条及《担保制度司法解释》第七条关于“对赌协议”以及公司对外担保效力的相关规定，在判断该类合同效力时应遵循“双重审查标准”，对于“对赌协议”中目标公司为原股东应履行的回购义务承担连带担保责任的约定，如果履行了公司为股东提供担保的内部决议程序，并且外部投资人善意审查了相关的内部决策文件，该约定应属有效。

现实生活中，商业交易关系往往非常复杂。法院在认定合同条款效力时，应严格根据有关合同无效的法律规定审慎认定。尤其对于涉公司主体交易案件，在保护债权人利益的同时，亦应充分考虑到对股东投资安全的保护，妥善处理公司自治与司法介入关系。这不仅符合当前投融资领域的实际情况，也践行了民法契约自由、鼓励交易的原则。

编写人：广东省深圳市福田区人民法院　柏慧　阳文

17

“对赌协议”案件的胜诉应以估值调整可履行为前提

——创业投资中心合伙诉Z公司、陈某股权转让案

【案件基本信息】

1. 裁判书字号

上海市奉贤区人民法院（2021）沪0120民初2095号民事判决书

2. 案由：股权转让纠纷

3. 当事人

原告：创业投资中心合伙

被告：Z公司、陈某

【基本案情】

2018年3月26日，原告与投资管理合伙签订了《股权转让协议》，约定由原告受让投资管理合伙持有的网络科技公司44000股股份，交易价格为112.44元/股，交易总额为4947360元。原告于协议签订之日起10个工作日内通过新三板的协议转让方式与投资管理合伙进行交易。同日，原告与被告Z公司签订《协议书》和《〈协议书〉之补充协议》，约定在网络科技公司2020年12月31

日前未能完成境内IPO或境内上市公司重组（原告持有网络科技公司股权被上市公司以发行股票收购或发行股票加现金的方式收购）的情况下，原告有权要求被告Z公司按照以下价格收购原告持有的网络科技公司的股份：收购价款为4947360元+4947360元×实际投资年限×15%（其中实际投资年限为自原告受让股权向投资管理合伙支付款项日始，至根据《协议书》和《〈协议书〉之补充协议》原告收到被告Z公司全部收购款之日止的连续期间的具体公历天数除以固定数额365所得出之累计年份数，不足一年的按实际天数计算相应的比例）。

2018年3月27日，原告通过新三板交易系统以每股112.44元的价格受让了网络科技公司44000股股份，交易金额为4947360元。

2019年4月15日，原告与案外人人工智能科技公司、网络科技公司签订《股份权益质押协议》，协议约定：1. 原告拥有网络科技公司0.1990%的股份，股份数额为44000股，人工智能科技公司为质权人，网络科技公司同意就股份权益质押提供必要协助；2. 人工智能科技公司是一家在中国上海注册的外商独资企业，已与网络科技公司于2019年4月15日签订了《独家业务合作协议》，据此人工智能科技公司向网络科技公司提供有关独家技术服务、技术咨询及其他服务；3. 三方于2019年4月15日签订了一份独家购买协议，在中国法律允许和符合相应条件的情况下，如果质权人人工智能科技公司自主决定提出购买要求，原告作为出质人应根据其要求向人工智能科技公司和/或其指定的任何其他实体或个人转让其在网络科技公司中持有的全部或者部分股份；4. 三方于2019年4月15日签署了一份股东表决权委托协议，原告作为出质人已经不可撤销地全权委托质权人届时指定的人士代表出质人行使其持有网络科技公司的全部股东委托、表决权利；5. 质押期限内，人工智能科技公司作为质权人有权收取因股份而产生的任何红利、股息或其他可分配利益；6. 转让限制：在该协议有效期间，原告向质权人人工智能科技公司承诺，除履行独家购买权协议外，未经质权人事先书面同意，不得进行或同意他人进行转让全部或任何部分的股份权益、设置或允许任何存在可能影响质权人在股份权益中的权利和利益的任何担保权益或其他产权负担。经质权人书面同意的股份权益转让，出质人应首先将转让股份权益所得价款用于提前向质权人清偿担保债务或向与质权人约定的第三人提存。

2019 年 4 月 30 日，原告与案外人人工智能科技公司完成股权出质设立登记，出质股权所在公司为网络科技公司，出质股数为 4.4 万股，出质人为原告，质权人为人工智能科技公司。

2020 年 12 月 31 日，原告向二被告送达《通知书》一份，要求被告 Z 公司按照双方约定对原告持有的标的股份进行回购。

【案件焦点】

在原告与被告 Z 公司约定的回购启动条件满足的情况下，双方履行回购约定的条件是否满足。

【法院裁判要旨】

上海市奉贤区人民法院经审理认为：本案中，原告与被告 Z 公司签订的《协议书》及其补充协议明确约定，在回购启动条件满足时，原告可以主张被告 Z 公司履行的是回购义务，即被告 Z 公司应当支付约定的回购款，原告应当向被告 Z 公司交付标的股份。法院认为，双方签订的《协议书》及其补充协议约定的回购系双务行为，原告主张被告 Z 公司支付回购款的同时，亦应当做好交付标的股份的准备，现原告并未满足交付标的股份的准备，其要求被告 Z 公司支付回购款的诉请亦不能得到支持，理由是：

第一，从原告的履行能力来看。原告与案外人人工智能科技公司、标的公司网络科技公司签订《股份权益质押协议》，将本案标的股份向质权人人工智能科技公司出质，对标的股份的处分进行了全面限制——1. 转让限制：在该协议有效期间，原告向质权人人工智能科技公司承诺，除履行独家购买权协议外，未经质权人事先书面同意，不得进行或同意他人进行转让全部或任何部分的股份权益、设置或允许任何存在可能影响质权人在股份权益中的权利和利益的任何担保权益或其他产权负担；2. 独家购买限制：如果质权人人工智能科技公司自主决定提出购买要求，原告作为出质人应根据其要求向人工智能科技公司和/

或其指定的任何其他实体或个人转让其在网络科技公司中持有的全部或者部分股份；3. 权利行使限制：原告作为出质人已经不可撤销地全权委托质权人届时指定的人士代表出质人行使其持有网络科技公司的全部股东委托、表决权利；4. 收益限制：人工智能科技公司作为质权人有权收取因股份而产生的任何红利、股息或其他可分配利益。原告将标的股份出质给案外人人工智能科技公司后，既失去了对标的股份的占有，又根据约定不能擅自转让，不能行使股权代表的股东权利，不能收取标的股权产生的收益，实已完全失去了对标的股权的支配。原告在庭审中亦明确表示尚无法解除上述质押。故法院有理由相信原告缺乏向被告 Z 公司交付标的股份的能力，原告与被告 Z 公司约定的股权回购缺乏履行条件。被告 Z 公司辩称，原告擅自搭建可变利益实体（Variable Interest Entities，VIE）架构，实质上已经将标的股份转移到了海外公司，工商登记的标的股权已经名存实亡。

法院认为，原告与案外人人工智能科技公司、标的公司网络科技公司签订的《股份权益质押协议》，对标的股份的各项权利进行了大量有利于质权人人工智能科技公司的限制，其结果是原告无力按照回购条款的约定在被告 Z 公司支付回购款后，向其交付标的股权，此为法院就本案需要审查的重点问题，至于原告是否与案外人形成 VIE 架构或其他海外上市安排，仅为原告无法履行股权交付义务的一种情况，是否确系上述情况，在事实业已查明之当下，与本案并无实质关联，法院无须进行深入审查；退一步讲，即便原告搭建 VIE 架构与本案有关，二被告的证据材料亦未能够证明确实存在该事实。VIE 架构，也称“协议控制”，即不通过股权控制实际运营公司而通过签订各种协议的方式实现对实际运营公司的控制及财务的合并。该概念系市场术语，并非我国法律专用术语。本案中，原告与案外人人工智能科技公司、标的公司网络科技公司签订的《股份权益质押协议》并未明确该质押行为系进行 VIE 架构的搭建，仅以上述事实及二被告提供的其他证据，尚不足以证明原告擅自设立了 VIE 架构，综上，法院对被告 Z 公司的上述说法不予采纳。基于上述，法院认为，原告基于其与案外人和标的公司签订的《股份权益质押协议》，无法在被告 Z 公司支付回购款的情况下向其交付标的股份，即便强行进行交付，亦将严重损害他方利益。因原告与被告 Z 公司约定回购行为无法实际履行，故法院对原告请求被告 Z 公司支付回购款的请求不予支持。

第二，从股权上的负担来看。原告与被告 Z 公司签订《协议书》及其补充协议时约定的回购应以协议签订时的状态为准，原告向被告 Z 公司交付的股权应当符合当时状态，不可增加其他负担。原告述称，被告 Z 公司支付回购款的合同义务应当先予履行，若被告 Z 公司支付回购款，原告可配合交付相应股权。法院认为，一方面，原告与被告 Z 公司签订的《协议书》及其补充协议均未约定回购的履行顺序，原告的说法缺乏事实依据；另一方面，原告在与被告 Z 公司签订《协议书》及其补充协议后，在标的股权上附加了其他负担，致使标的股权难以交付，即便可以交付，标的股权上的负担至庭审当日亦未解除，若以此状态交付被告 Z 公司，既不符合双方约定，又有违诚实信用原则，法院基于上述亦不能支持原告要求被告支付回购款的诉请。原告又述称，其作为小股东，无力影响标的公司经营选择，其无法拒绝进行股权质押，无法交付标的股权不应归责于原告。

法院认为，本案的核心问题是，原告是否能够在被告 Z 公司支付相应回购款后，向其交付标的股权，系事实判断问题，并不涉及原告出质股权行为的法律评价问题，因此，原告出质股权是否有选择权、是否应当归责于原告等问题，均非本案需要考察之处，即便确如原告所述，其出质行为确无选择余地，但出质行为客观上造成了回购条件无法成就，故法院对原告的该说法不予认可。

综上，原告在履行交付标的股权方面，因其对外出质了标的股权，并根据质押条款对标的股权进行了诸多限制，造成难以交付标的物的局面，在标的股权的权利负担上亦与约定之意不符，尚未满足其与被告 Z 公司签订的协议约定的回购条件，故法院对原告诉请被告 Z 公司回购标的股权的诉请不予支持，若原告偿还质押对应的债务，解除质押关系，涤除了标的股权上的负担，可再行主张要求被告 Z 公司履行回购义务。对原告请求判令被告陈某承担连带清偿责任的主张，因被告Z公司回购原告持有的标的公司股份的条件尚未满足，故法院对该诉请不予支持。

综上所述，原告创业投资中心合伙的诉讼请求缺乏事实和法律依据，本院不予支持。

上海市奉贤区人民法院依照《中华人民共和国民事诉讼法》第六十四条、《最高人民法院关于适用〈中华人民共和国民事诉讼法〉的解释》第九十条的规定，作出如下判决：

驳回原告创业投资中心合伙的诉讼请求。

判决后，双方当事人均未上诉，本判决现已生效。

【法官后语】

《全国法院民商事审判工作会议纪要》（以下简称《九民纪要》）认为，对于投资方与目标公司的股东或者实际控制人订立的“对赌协议”，如无其他无效事由，认定有效并支持实际履行，实践中并无争议。但在实践中，如“对赌协议”有效，是否即可履行“对赌协议”？对此问题，应当从“对赌协议”的基本构成、有效认定、排除情况等多个方面进行考察。

一、效力审查：“对赌协议”基本构成审查的“三步法”

《九民纪要》就“对赌协议”进行了明确定义，即“实践中俗称的‘对赌协议’，又称估值调整协议，是指投资方与融资方在达成股权性融资协议时，为解决交易双方对目标公司未来发展的不确定性、信息不对称以及代理成本而设计的包含了股权回购、金钱补偿等对未来目标公司的估值进行调整的协议”。在进行“对赌协议”效力的审查时，应当通过“三步法”，立足主体、行为、市场的三方进行审视。

（一）主体条件：须为与标的投资有关联的市场主体

对于主体条件，《九民纪要》并未明确其内涵，而是通过枚举法勾画了“对赌协议”主体的外延，即投资方与目标公司的股东或者实际控制人“对赌”、投资方与目标公司“对赌”、投资方与目标公司的股东、目标公司“对赌”等形式。从上述枚举中可以看出，“对赌协议”订立者主要限于与标的交易有利益关系的市场主体，如投资方、标的公司及其股东、实际控制人，如果超出了“利益关系”这一界限，则会产生无关联主体之间进行无利益关系的“对赌”，偏离了“估值调整”的规范目的，成为实质意义上的“赌博”，这是强行法所不允许的。然而，从实践的角度出发，这个限制标准亦不能框得太“死”，否则就会限制了市场活力。对于“利益关系”的评判，应当以是否存在直接的经济收益为限制，如果“对赌”双方就标的交易有直接的经济利益，就应当认为存在“利益关系”，可以进行“对赌”。如在本案中，投资管理合伙系有限合伙企业，被告Z公司系该企业合伙人，被告陈某系被告Z公司股东兼法定代表人，严格来说，被告陈某仅为投资管理合伙的合伙人的股东，与《九民纪要》所称的“股东及实际控制人”并不完全匹配，是否能够参与“对赌协议”存疑。但是从实际资本匹配情况来看，陈某作为Z公司股东其实际利益与案涉标的交易有密切关系，参与“对赌协议”并非没有利益关系的赌博。其参与“对赌协议”后，对标的交易的估值调整有更好的保障作用，因此其参与“对赌”并无不妥。

（二）行为条件：对既有交易进行估值调整

“对赌协议”与单纯赌博的核心区别即在于，对前者之“赌”，是对既有交易的未来发展进行区别化处理，而后者之“赌”则仅仅是对未来发生的事件进行赌博。“对赌协议”的行为应当符合以下条件：(1) 标的：既有交易。“对赌协议”针对的应当是已经发生了的交易，“对赌”双方根据标的未来发展的不同情况，进行赎回、补贴等估值调整操作，如标的并未发生，则该协议不是法律规定的“对赌协议”，亦不受法律的保护；(2) 目的：对不能确定之未来的平衡。在商事领域，存在交易标的在短时间内发生较大变化的情况，在出现此种变化的情况下，原来的交易价格显然与实际情况不符，此时，即需要“对赌协议”进行平衡。因此，“对赌协议”的目的，是对未来价值可能发生较大变化的交易进行平衡。这种未来价值的变化是不能确定的，在大多数情况下可以预测，但增值或减值并非必然发生，如企业上市、债务清偿等。如果未来发生的价值变动是必然发生的，如某日到来、某人死亡等，则双方约定高价赎回、另行补贴等便不是“对赌协议”，不应通过“对赌协议”的相关规定进行调整。

（三）市场条件：是否符合基本秩序要求

市场行为需要遵守市场的基本秩序，不能违反公序良俗，亦不能损害市场秩序。“对赌协议”也不例外，主要表现为：(1) 标的交易本身符合秩序要求。标的交易应当是符合法律规定，并不影响市场秩序的行为，如标的交易是大规模做空市场、形成市场垄断等行为的，不应当受到“对赌协议”相关规定的保护；(2) 估值调整需要符合市场秩序要求。双方约定未来发生的可能引发估值调整的事件，应当不违反基本的市场交易准则，如约定促使协议一方需要进行破坏市场秩序的行为，方能避免利益损失的，则不应当得到法律的支持。例如，双方约定如果出让方不能在三年内促成其经营领域的市场垄断的，则应当进行估值调整，即属此类。

综上，在审查“对赌协议”的过程中，对符合主体条件和行为条件的协议，在不违反公序良俗和市场秩序的情况下，应当根据《九民纪要》的规定确认有效，并进一步确认是否需要支持估值调整的诉讼请求。

二、胜诉审查：生效情况下“对赌协议”诉讼不能胜诉的分类审视

在“对赌协议”生效并达成估值调整条件的情况下，并非所有案件都能得到胜诉的判决结果。在审理过程中，应当进一步进行申诉审查。现对“对赌协议”生效情况下不能胜诉的几种情况进行归纳：

（一）协议不能或实际不能履行

“对赌协议”从时间上分成两个阶段：一是协议签订时；二是估值调整时。两者虽是同一协议进行约定的，但是有着不同的权利和义务，不能混为一谈。估值调整阶段，如果一方当事人无法满足约定的估值调整条件，则“对赌协议”虽然在签订阶段生效，仍然不能产生估值调整的最终后果。如在本案中，当事人双方签订的“对赌协议”真实有效，其约定的上市条件并未达成，根据约定，二被告应当回购原告股份。而该协议约定的估值调整方案是，原告向二被告交付股份，二被告同时向原告交付约定的回购费用，一方如不能满足该条件，不能要求另一方履行协议约定。经过审理发现，原告持有的标的股份已被

其质押，并约定不能交易，此时，原告如要求二被告根据约定交付款项，其并无可交付之股权，交易实际上无法履行，故即便“对赌协议”业已生效，估值调整条件也已达成，但原告仍无法获得胜诉。

（二）协议履行违反强制法的规定

在“对赌协议”估值调整阶段，往往出现当事人双方符合交易的条件，但是交易行为因为违反强制法的规定而无法进行，此时，即便“对赌协议”有效，原告亦难胜诉。比较典型的情况有，投资人与标的公司就股份交易进行“对赌”，约定条件达成时标的公司赎回股份，但限于《中华人民共和国公司法》及其司法解释的规定，如标的公司不进行减资操作，则其履行行为为法律所禁止，因此原告亦无法获得胜诉，此种情形在《九民纪要》中已经规定，颇有典型性，此外还有估值调整行为违反金融市场规范、估值调整行为标的被查封或被国家限制转让等多种情况。

（三）恶意促成估值调整条件成就。“对赌协议”是为了防止未来发生事件对交易的影响，促进市场交易稳定和公平，以不调整为原则，调整为例外。当事人如果恶意促成估值调整条件达成，则既违反公平原则，又影响市场稳定，是法律所不允许的，因此，在审理“对赌协议”类案件中，应当对估值调整条件的成就进行考察。例如，双方约定如标的公司完成上市则不进行估值调整，出让方应当付出高额款项赎回其出让的股份。受让方为了获得高额赎回款，恶意组织标的公司上市，并以估值调整条件成就为由进行诉讼的，法院应当查明事实，并判决其败诉。

三、延展思考：同步履行与异步履行之辩

“对赌协议”类案件审理过程中，还有一个争议值得关注，即当事人约定的估值调整行为是否存在先后顺序？应当注意的是，估值调整的目的是在未来事件发生时对利益进行二次调整，因此协议的目的本身不宜进行复杂的异步操作。因此，除非当事人在“对赌协议”中明确约定了异步履行，应当推定估值调整是同步进行的，估值调整客观上不能履行的，不应由可履行一方先行履行。

编写人：上海市奉贤区人民法院　黄训迪

18

未出资的股权连续转让各方均需对公司债权人承担给付责任

——赵某诉刘某等申请执行人执行异议之诉案

【案件基本信息】

1. 裁判书字号

重庆市第三中级人民法院（2020）渝03民终1854号民事判决书

2. 案由：申请执行人执行异议之诉

3. 当事人

原告（上诉人）：赵某

被告（被上诉人）：刘某、冯某、冯某威、刘某杰

第三人：建筑劳务公司

【基本案情】

2011年11月16日，冯某与刘某发起设立注册资本为50万元的建筑劳务公司，其中冯某出资30万元，持股60%；刘某出资20万元，持股40%。2016年3月23日，建筑劳务公司增加注册资本至500万元，出资比例不变，其中冯某增加出资270万元，刘某增加出资180万元，出资期限均为2019年12月30日。2017年11月28日，冯某将其持有的股权转让给冯某威，2020年5月，冯某威又将该股权转让给刘某杰。但上述四人至今未出资。

赵某与建筑劳务公司买卖合同纠纷案，重庆市涪陵区人民法院于2019年9月27日作出（2019）渝0102民初4873号民事判决，判决建筑劳务公司支付赵某货款50万元及利息。生效后，赵某向法院申请强制执行。因被执行人建筑劳务公司暂无财产可供执行，法院裁定终结本次执行程序。赵某遂以刘某、冯某、

冯某威、刘某杰四位股东未能依法出资为由，申请法院追加上述四人为被执行人，但申请被裁定驳回。另查明，建筑劳务公司对实业集团享有工程劳务款债权1524万元及利息，但实业集团已进入破产程序，且欠付的普通破产债权近7亿元，而公司账面余额不足0.4万元，无动产，仅有4515平方米商业用房，且被抵押。

【案件焦点】

未履行出资义务的股权连续转让的转让人、受让人是否应追加为被执行人，并由其在未出资本息范围内对建筑劳务公司不能清偿的债务承担连带给付义务。

【法院裁判要旨】

重庆市涪陵区人民法院审理后认为：被执行人建筑劳务公司对实业集团享有债权1524万元，且已向破产管理人申报债权，由此证明建筑劳务公司尚有财产清偿赵某的债务。因此，赵某请求追加建筑劳务公司的股东为被执行人的主张，不予支持。

重庆市涪陵区人民法院依照《最高人民法院关于民事执行中变更、追加当事人若干问题的规定》第十七条、《中华人民共和国民事诉讼法》第一百四十四条、《最高人民法院关于适用〈中华人民共和国民事诉讼法〉的解释》第九十条第二款之规定，作出如下判决：

驳回赵某的诉讼请求。

赵某不服一审判决，提起上诉。重庆市第三中级人民法院经审理认为：虽然建筑劳务公司对实业集团享有债权，但该债权已无法实现。现冯某、刘某、冯某威、刘某杰未提供其他证据证明建筑劳务公司有能力偿还案涉债务的情况下，应承担举证不能的法律后果。建筑劳务公司作出章程修正案，规定刘某、冯某在2019年12月30日完成第二次缴纳出资，冯某增加出资270万元，刘某认缴出资180万元。后冯某将其持有的股权转让给冯某威，冯某威又转让给刘某杰。但四人至今未出资。赵某的涉案债权于2019年9月27日被生效法律文书确认，赵某有理由相信刘某等四人应在2019年12月30日按时履行出资义务。因此，赵某依法申请追加刘某等四人为被执行人并在其出资不足的范围内承担责任，符合法律规定。

《最高人民法院关于适用〈中华人民共和国公司法〉若干问题的规定（三）》第十八条第一款规定："有限责任公司的股东未履行或者未全面履行出资义务即转让股权，受让人对此知道或者应当知道，公司请求该股东履行出资义务、受让人对此承担连带责任的，人民法院应予支持；公司债权人依照本规定第十三条第二款向该股东提起诉讼，同时请求前述受让人对此承担连带责任的，人民法院应予支持。"冯某与冯某威、冯某威与刘某杰的股权转让协议均注明"甲方向乙方转让的股权中尚未实际缴纳出资的部分，转让后，由乙方继续履行这部分股权的出资义务。"据此，可以认定建筑劳务公司的股权受让人冯某威、刘某杰均明知股权转让人未全面履行出资义务。所以，冯某、冯某威及刘某杰应对出资不实的270万元应承担连带责任。

重庆市第三中级人民法院依照《最高人民法院关于民事执行中变更、追加当事人若干问题的规定》第十七条、《最高人民法院关于适用〈中华人民共和国公司法〉若干问题的规定（三）》第十八条、《最高人民法院关于适用〈中华人民共和国民事诉讼法〉的解释》第九十条、《中华人民共和国民事诉讼法》第一百七十条第一款第二项规定，作出如下判决：

一、撤销重庆市涪陵区人民法院民事判决；

二、追加刘某、冯某、冯某威、刘某杰为被执行人；

三、刘某在出资不实的180万元内对建筑劳务公司不能清偿的债务承担给付义务；

四、冯某、冯某威、刘某杰在出资不实的270万元内对建筑劳务公司不能清偿的债务承担连带给付义务；

五、驳回赵某的其他诉讼请求。

【法官后语】

实践中，股东在认缴期限到来之前转让股权以规避公司债务时有发生。若任由认缴出资的股东在出资期限届满前随意转让股权，则无疑将诱发股东滥用注册资本认缴制度，损害公司和债权人利益，并违背公司注册资本认缴制度的初衷。

1. “公司债务不能清偿”是股东承担责任的实质要件。

根据《最高人民法院关于适用〈中华人民共和国公司法〉若干问题的规定（三）》第十三条的规定，“公司债务不能清偿”是股东承担补充责任的前提。在公司遭遇破产或非破产清算时，未届认缴出资期限不能成为股东规避责任的条件。在公司出现财产不能或不足以清偿债务的情况时，股东应负有缴纳相应注册资本的义务。在公司作为被执行人的案件中，人民法院穷尽执行措施无财产可供执行，已具备破产原因但不申请破产的，也属于“公司债务不能清偿”的情形，这种情况下，公司股东即应负担出资义务，以维持公司资本，而不能在公司对外债务确定前后，通过转让股权的方式来逃避股东出资义务。

2. 认缴资本制度的初衷是鼓励投资而非投机。

认缴资本制的立法本意是降低市场主体准入门槛，激发投资活力，让股东享受延期、分期出资的期限利益，目的在于鼓励投资，而非鼓励投机。从公司资本维持角度来看，公司责任财产的范围包括未届出资期限的认缴注册资本。于债权人而言，股东承担出资法律责任的前提是“认缴出资”而非“实缴出资”。因此，在公司资产足以清偿债务的情况下，只要股东认缴了出资，何时缴纳无关紧要。于公司而言，公司享有独立人格，才能在其财产范围内对外承担责任。股东出资形成公司财产，公司无财产则无人格。股东认缴出资义务含有对债权人的未来信用承担，未经债权人同意不能免除。若股东滥用注册资本认缴制，通过股权转让恶意规避出资义务、逃避公司债务，则应受到否定性评价。

3. 未届出资期限即转让股权的转让人不能通过转让协议免除出资义务。

《中华人民共和国公司法》第三条规定，有限责任公司股东以其认缴出资额为限对公司承担责任。基于公司的团体人格和资产性质，出资责任是法定强制责任，股权转让协议作为转让股东与受让股东之间的私人合意，在受让方未履行出资义务时，不能免除或解除转让人的出资义务。《最高人民法院关于适用《中华人民共和国公司法》若干问题的规定（三）》第十八条仅解决受让股东如何加入履行的问题，而无关转让股东义务解除问题。法律既要保护债权人以维护安全、鼓励交易，也要保护股东以保护投资安全、鼓励投资。但相比而言，债权人更值得保护。同时，基于公示公信，经公司登记的出资协议产生的出资责任，具有公信力，非经法定形式不能变更，即不能单独以协议免除。实际上，股东转让认缴未到期股权的行为滥用了股东权利，应将其认定为公司法人人格否认的事实。公司人格的不独立，公司与原股东之间的出资协议不能产生公司法意义上的法律效果，未出资股东应对公司的债务承担清偿责任。

4. 受让人知晓转让人未履行出资义务而受让股权的，应与转让人承担连带责任。

如果转让股东在未届出资期限的情况下即转让股权视为对其法定义务的"预期违约"，那么受让股东经过公司股东（大）会决议记载于公司章程，并经过工商管理机关的正式登记，在出资义务已届履行期时，即应立即向公司出资，这既是维护公司资本充足义务的必要，也是履行其与股权转让人之间的股权转让协议约定的义务。但是受让人未按照章程、转让协议履行法定、约定的义务，应依法追加为被执行人，以应出资本息为限，对公司债务承担连带支付责任。

在连环股权转让中的中间人，即使其再次向受让人转让股权时也未届出资期限，但由其承担法律责任的原因同于初次转让人。本案中，冯某、冯某威、刘某杰分别作为连环债权的初次转让人、中间转让人和受让人，应共同在出资不实的270万元内对建筑劳务公司不能清偿的债务承担连带给付义务。

编写人：重庆市第三中级人民法院　张景卫

五、公司决议纠纷

19

股东除名决议不能侵犯股东合法权益

——黄某延诉投资公司公司决议案

【案件基本信息】

1. 裁判书字号

广西壮族自治区南宁市中级人民法院（2021）桂01民终4319号民事判决书

2. 案由：公司决议纠纷

3. 当事人

原告（被上诉人）：黄某延

被告（上诉人）：投资公司

第三人：周某照

【基本案情】

投资公司成立于2017年11月24日，公司类型登记为股份有限公司（非上市、外商投资企业投资），注册资本登记为1000万元。根据投资公司成立时的《公司章程》记载，投资公司采取发起设立的方式设立，发起人及登记股东分别为原告黄某延、第三人周某照及案外人卢某、梁某懿、邱某五人，该五名发起人及登记股东均采用认缴出资方式出资，出资期限均为2030年12月31日，其中，周某照认缴700万股、占比70%，原告黄某延认缴40万股、占比4%。《章程》第四十三条规定："股东持有的股份可以依法转让。"

2019年9月28日，投资公司的股东周某照、卢某向投资公司提议召开临时股东大会。2019年9月30日，投资公司将召开临时股东大会的通知发送给各登记股东，该通知载明临时股东大会的召开时间、地点及议程等事项。2019年10月25日，投资公司召开股东大会，投资公司股东黄某延、第三人周某照及案外人卢某、梁某懿、邱某均参加会议。《小号公司股东大会会议纪要》记载："主持人周某照宣读会议纪律过程中，股东黄某延经主持人多次警告后仍违反会议纪律，妨碍股东会议的进行。根据会议纪律，会务人员对其采取制止措施，劝其离场。"

2019年10月25日，投资公司股东大会形成《章程修正案（一）》及《股东会会议决议（二）》，该两份决议经周某照、梁某懿、卢某和邱某表决通过，原告黄某延因被制止参会，未能参与表决。

《章程修正案（一）》内容摘抄如下："《公司章程》第四十三条修改为：(一) 股东必须缴纳完毕其所认购的全部款项后，方可依法转让其所持有的股份，否则无效。(二) 本公司是以律师事务所合伙人、律师、员工为发起人而设立，是人合性为主的公司。凡非正常原因不在律师事务所工作的（包括离职、辞职、除名、开除等情形），其股权（包括股份、股东资格、股东地位及股东的相关权利等）自行丧失，该丧失的股份由占最大股份的股东持有。如丧失股权的原股东认购公司股权的款项已实缴的，公司将退回其实缴的全部款项(不计息)。(三) 公司股东股份的丧失事项由股东会会议决定。"

《股东会会议决议（二）》决议内容如下："2019年5月31日，律师事务所作出了《关于解除本所与黄某延签订的〈专职律师聘用合同〉并将黄某延从本所除名的决定》。股东会依据《章程修正案（一）》的规定和律师事务所的除名决定，现作出以下会议决议：自即日起黄某延在投资公司中认缴的4%股份全部丧失，该丧失的股份由占最大股份的股东周某照持有；公司通知原股东黄某延上述该决议内容，解除黄某延的公司股东身份，依法维护本公司股东会决议的严肃性与法律约束力。”

黄某延认为其股东权益受到严重侵犯，请求法院确认投资公司 2019 年 10 月 25 日《股东会会议决议（二）》中的“自即日起黄某延在投资公司中认缴的 4%股份全部丧失，该丧失的股份由占最大股份的股东周某照持有”“解除黄某延的公司股东身份”无效。

【案件焦点】

投资公司的除名决议是否违反法律规定及是否侵犯了黄某延的合法权益。

【法院裁判要旨】

广西壮族自治区南宁市江南区人民法院经审理认为：股东是股份有限公司或有限责任公司中持有股份的自然人或法人，非因法定理由或约定理由、非经法定程序或约定程序，股东的资格及其基于所持股份享有的股权均不应被剥夺。黄某延作为投资公司的股东，其股东资格经投资公司设立时的公司章程确认，并在工商登记行政部门注册登记，黄某延应依法享有股东权利。2019 年 10 月 25 日《股东会会议决议（二）》中“自即日起黄某延在投资公司中认缴的 4%股份全部丧失，该丧失的股份由占最大股份的股东周某照持有”“解除黄某延的公司股东身份”等相关内容，因违反法律规定，损害黄某延的合法权益，应属无效。黄某延的诉讼请求，于法有据，应予支持。

投资公司及第三人周某照提出投资公司是一家以律师事务所工作人员为基础的人合性为主的公司，公司股东均是律师事务所工作人员，黄某延已被律师事务所解聘，且涉讼决议关于解除黄某延的股权及资格等内容符合《章程修正案（一）》的规定，故该决议内容应合法有效。对此，本院认为，首先，投资公司设立时的章程未明确约定“非律师事务所工作人员不能成为公司股东”等内容，现也无证据证实投资公司发起设立时，各发起人股东曾就“凡从律师事务所离职或被解聘的股东应丧失股东资格”等相关内容进行过约定，故投资公司及第三人周某照关于投资公司自设立时就是一家以人合性为主的股份有限公司、非律师事务所聘任的人员不能成为投资公司的发起人及股东的抗辩主张，不予采信。其次，虽然《中华人民共和国公司法》未禁止章程对股东资格丧失的条件进行约定，但因该类约定直接关系到股东地位的取得和丧失，也关系到股东合法财产权等权利的取得和丧失，故应事先取得股东的同意。本案中，黄某延作为发起人向投资公司认缴出资，股东资格及基于该资格所享有的股权，是黄某延应享有的基本权利。投资公司设立时的章程未对公司股东的资格条件作出限制，即未约定“凡从律师事务所离职或被解聘的股东应丧失股东资格”等内容，而是在股东间发生矛盾后，投资公司才以修正案的方式对前述限制条件进行重新约定，该重新约定中关于股东资格丧失条件的内容因未征得黄某延同意，不应对黄某延发生法律效力。投资公司及第三人周某照提出涉讼决议关于解除黄某延的股权及资格等内容符合《章程修正案（一）》因而合法有效的抗辩主张，不予采信。最后，《最高人民法院关于适用〈中华人民共和国公司法〉若干问题的规定（三）》第十七条明确规定了公司可对股东进行除名的法定条件，本案黄某延并不存在前述法律规定的可被除名的情形。综上所述，投资公司及第三人周某照关于讼争决议内容符合章程约定应属有效的抗辩主张，不予采信。

广西壮族自治区南宁市江南区人民法院依照《中华人民共和国民法总则》第一百二十五条，《中华人民共和国公司法》第四条、第二十二条，及最高人民法院《关于适用〈中华人民共和国民事诉讼法〉的解释》第九十条之规定，作出如下判决：

被告投资公司于2019年10月25日作出的《股东会会议决议（二）》中“自即日起黄某延在投资公司中认缴的4%股份全部丧失，该丧失的股份由占最大股份的股东周某照持有”“解除黄某延的公司股东身份”等内容无效。

投资公司不服一审判决，提起上诉。广西壮族自治区南宁市中级人民法院经审理认为：最高人民法院《关于适用〈中华人民共和国公司法〉若干问题的规定（三）》第六条规定：“股份有限公司的认股人未按期缴纳所认股份的股款，经公司发起人催缴后在合理期间内仍未缴纳，公司发起人对该股份另行募集的，人民法院应当认定该募集行为有效……”第十七条第一款规定：“有限责任公司的股东未履行出资义务或者抽逃全部出资，经公司催告缴纳或者返还，其在合理期间内仍未缴纳或者返还出资，公司以股东会决议解除该股东的股东资格，该股东请求确认该解除行为无效的，人民法院不予支持。”投资公司系股份有限公司，设立方式为发起设立，公司章程规定，股东出资为认缴，出资时间为2030年12月31日前。根据上述规定，只有黄某延未按期缴纳所认股份的股款，经催缴后在合理期间内仍未缴纳的，公司才能将其股份另行募集。

投资公司并未举证黄某延存在上述情形，故投资公司于2019年10月25日作出的《股东会会议决议（二）》仅以当日股东会通过的《章程修正案（一）》的规定和律师事务所的除名决定，作出决议“自即日起黄某延在投资公司中认缴的4%股份全部丧失，该丧失的股份由占最大股份的股东周某照持有”“解除黄某延的公司股东身份”违反上述法律规定，一审判决确认上述决议内容无效正确，予以维持。投资公司主张公司章程修正案已规定“凡非正常原因不在律师事务所工作的（包括离职、辞职、除名、开除等情形），其股权（包括股份、股东资格、股东地位及股东的相关权利等）自行丧失”。本院认为，股东非因法定理由或约定理由、非经法定程序或约定程序，股东的资格及其基于所持股份享有的股权均不应被剥夺。投资公司设立时的章程并未约定“非律师事务所工作人员不能成为公司股东”等内容，也未规定“凡从律师事务所离职或被解聘的即丧失投资公司股东资格”。《中华人民共和国公司法》第二十条第一款规定：“公司股东应当遵守法律、行政法规和公司章程，依法行使股东权利，不得滥用股东权利损害公司或者其他股东的利益；不得滥用公司法人独立地位和股东有限责任损害公司债权人的利益。”投资公司该修正案对公司股东丧失股东资格的条件进行修正涉及股东合法利益，但未征得黄某延同意，故不应对黄某延发生法律效力。投资公司以公司章程修正案为依据，主张其上述决议合法有效，不予支持。综上所述，投资公司的上诉请求不能成立，应予驳回；一审判决认定事实清楚，适用法律正确，应予维持。

广西壮族自治区南宁市中级人民法院依照《中华人民共和国民事诉讼法》

第一百七十条第一款第一项的规定，作出如下判决：

驳回上诉，维持原判。

【法官后语】

本案系因股东除名决议而引发的纠纷。股东除名制度是我国公司法律体系中的一项重要制度，对该制度的适用条件等问题进行探讨十分必要。本案纠纷所涉及的股东除名制度的相关法律问题具有一定的典型性，其处理结果也具备一定的参考价值。

1. 股东除名的法定情形和约定情形。

股东除名是指出现特定事由时，公司按照特定程序剥夺不履行义务股东或不符合约定条件股东的股东资格，公司对股东除名不需要征求被除名股东的意见，公司可以直接作出决定。公司作出除名决定后，不需要被除名股东的配合，不履行义务股东或不符合约定条件股东的股东资格即刻丧失。根据我国现有法律规定，我国的股东除名制度包含法定除名及约定除名两种情形。

《最高人民法院关于适用〈中华人民共和国公司法〉若干问题的规定（三）》第十七条第一款规定："有限责任公司的股东未履行出资义务或者抽逃全部出资，经公司催告缴纳或者返还，其在合理期间内仍未缴纳或者返还出资，公司以股东会决议解除该股东的股东资格，该股东请求确认该解除行为无效的，人民法院不予支持。"此为股东除名的法定情形。该除名规则从内容上看仅适用于有限责任公司的股东，但对于封闭性的股份有限公司如本案被告投资公司，鉴于其与有限责任公司具有高度的相似性，也应当参照适用。

与此同时，《中华人民共和国公司法》赋予了股东更多的自治权利，股东可以依据需要在章程中对相关事项进行约定，生效的章程对股东具有约束力。因此，如果公司章程对公司股东除名事由另有规定的，公司也可以依据公司章程的规定对股东做出除名。此为股东除名的约定情形。

本案中，被告投资公司主张其就原告黄某延的股东资格进行除名的决议，既符合前述规定的股东除名法定情形，也符合约定情形。对投资公司的主张，法院未予支持，具体理由将在下文详细阐述。

2. 本案原告黄某延不存在股东除名的法定情形。

根据《最高人民法院关于适用〈中华人民共和国公司法〉若干问题的规定（三）》第十七条的规定，除名制度仅在股东完全未履行出资义务或抽逃全部出资的情况下适用，即股东未履行出资义务或者抽逃全部出资，经公司催告缴纳或者返还，其在合理期间内仍未缴纳或者返还出资，公司才得以股东会决议解除该股东的股东资格，同时还需要符合公司法以及公司章程有关股东会决议程序的要求。

本案中，投资公司系股份有限公司，设立方式为发起设立，公司章程规定，股东出资为认缴，出资时间为2030年12月31日前。《最高人民法院关于适用〈中华人民共和国公司法〉若干问题的规定（三）》第六条规定："股份有限公司的认股人未按期缴纳所认股份的股款，经公司发起人催缴后在合理期间内仍未缴纳，公司发起人对该股份另行募集的，人民法院应当认定该募集行为有效……"第十七条第一款规定："有限责任公司的股东未履行出资义务或者抽逃全部出资，经公司催告缴纳或者返还，其在合理期间内仍未缴纳或者返还出资，公司以股东会决议解除该股东的股东资格，该股东请求确认该解除行为无效的，人民法院不予支持。"根据上述规定，只有黄某延未按期缴纳所认股份的股款，经催缴后在合理期间内仍未缴纳的，公司才能将其股份另行募集，并将其从公司股东名册中除名。投资公司并未举证黄某延存在上述情形，故投资公司不能以此为由对黄某延进行股东除名。

3. 本案原告黄某延不存在股东除名的约定情形。

从某种视角看，公司是股东与股东、股东与公司以及公司与政府之间所达成的一系列契约的结合体。公司章程可以看成股东与股东之间就有关公司的组织结构、财产利益、股东的权利义务等重大事件所达成一致后形成的契约。该契约因经全体股东的一致同意而对全体股东发生法律效力。在法律未禁止的情况下，章程这一契约性文件当然可以对股东资格的取得和丧失作出约定。但鉴于股东资格是该契约最基础及最核心的权利，其直接关系到股东合法财产权等权利的取得和丧失，故股东资格丧失的条件应在征得全体股东同意的情况下，才能对全体股东发生法律效力。亦即，章程可以约定股东在某种情形下或满足某种条件时被除名，但该约定应是在所有股东包括被除名的股东事先均同意的情况下确定的，否则不能对全体股东发生法律效力。就本案而言，投资公司设立时的章程未对公司股东的资格条件作出限制，即未约定“凡从律师事务所离职或被解聘的股东应丧失股东资格”等内容，而是在股东间发生矛盾后，投资公司才以章程修正案的方式对前述限制条件进行约定，并修改了《公司章程》。该新约定中关于股东资格丧失条件的内容因未征得黄某延同意，故而不能看作其他股东与黄某延之间达成的新约定，该章程修正案对黄某延不应发生法律效力。投资公司不能依据《章程修正案（一）》约定的除名情形，对黄某延进行股东除名。

4. 对案涉决议的司法评判并未突破公司自治的界限。

虽然公司对其内部组织等事项的决议属于私法自治的范畴，但并不意味着其就排除了法院的司法审查权。司法审查并不是为了干预公司的内部事务，而是为了保护弱势股东免受因其他股东滥用股东权利而造成的侵害，为此司法审查需对章程或公司决议的内容是否违反法律或者善良风俗，是否存在恶意串通损害他人利益的情形等进行评判。《中华人民共和国公司法》第二十条也规定了“公司股东应当遵守法律、行政法规和公司章程，依法行使股东权利，不得滥用股东权利损害公司或者其他股东的利益……”等内容。因此，对案涉决议的司法评判，并不构成对公司自治权的侵犯。本案的股东除名决议，是投资公司其他股东在未征得黄某延同意的情况下，利用其股东优势地位所作出的决议，该决议已严重侵犯了黄某延的合法权益，符合《中华人民共和国民法典》第一百五十四条规定的民事行为无效的情形。法院对案涉决议作出无效的司法判定，合法有据，且理据充分。

编写人：广西壮族自治区南宁市江南区人民法院　方扬慧

20

伪造部分股东签字的公司决议因系公司真实意思而成立

——郑某诉建筑材料公司公司决议案

【案件基本信息】

1. 裁判书字号

福建省厦门市中级人民法院（2021）闽02民终5018号民事判决书

2. 案由：公司决议纠纷

3. 当事人

原告（上诉人）：郑某

被告（被上诉人）：建筑材料公司

【基本案情】

2015年5月2日，建筑材料公司登记成立，注册资本为100万元，股东郑某持有公司40%的股权（认缴注册资本40万元，实缴40万元），石甲持有公司30%的股权（认缴注册资本30万元，实缴30万元），杨某强持有公司30%的股权（认缴注册资本30万元，实缴30万元），法定代表人为郑某，公司的日常经营事项由石甲负责。公司章程载明：召开股东会会议应于会议召开15日前通知全体股东，股东会应当对所议事项的决定作出会议记录，出席会议的股东应当在会议记录上签名，股东出席股东会议也可书面委托他人参加股东会议，行使委托书中载明的权利；股东会会议作出修改公司章程、增加或减少注册资本的决议，以及公司合并、分立、解散或者变更公司形式的决议，必须经三分之二以上表决权的股东通过；股东会会议作出除前款以外事项的决议，须经代表二分之一以上表决权的股东通过。

2018年10月11日，建筑材料公司作出《股东会决议》，决议内容为：股东郑某将所持有的占公司40%的股权以40万元的价格转让给庄某名；杨某强将所持有的占公司11%的股权以11万元的价格转让给庄某名、将所持有的占公司19%的股权以19万元的价格转让给石乙；石甲将所持有的占公司30%的股权以30万元的价格转让给石乙。该决议的落款为郑某、杨某强和石甲，郑某、杨某强的签名均非其本人亲笔签名。同时，落款时间为2018年10月11日的《股权转让协议》载明，转让方为郑某，受让方为庄某名。协议内容为：庄某名以40万元的价格受让郑某所持有的建筑材料公司40%的股权；庄某名在协议签订之日起5日内，将转让费40万元以现金的方式一次性支付给郑某。该协议落款“郑某”并非郑某本人签名。同日，杨某强与庄某名、石乙分别签订《股权转让协议》，约定庄某名、石乙分别以11万元、19万元的价格受让杨某强所持有的建筑材料公司11%、19%的股权；石甲与石乙签订《股权转让协议》，约定石乙以19万元的价格受让石甲所持有的建筑材料公司19%的股权。

2018年10月11日，建筑材料公司作出第二份《股东会决议》，决议内容为：一、免去郑某公司执行董事职务，选举庄某名为公司执行董事，根据公司章程规定，公司法定代表人由执行董事担任；二、继续选举石甲为公司监事；三、免去郑某公司经理职务，聘任庄某名为公司经理。此后，建筑材料公司申请公司登记备案，股东由郑某、石甲、杨某强变更为庄某名、石乙，庄某名、石乙分别持有公司51%、49%的股权，公司法定代表人变更为庄某名。

2019年10月12日，郑某以建筑材料公司、石甲、庄某名为被告向本院提起诉讼，要求确认建筑材料公司于2018年10月11日作出的第一份《股东会决议》及《股权转让协议》不成立，建筑材料公司应办理相应工商登记变更手续等。2020年1月4日，本院作出民事判决，判决：一、确认建筑材料公司于2018年10月11日作出的《股东会决议》不成立；二、确认建筑材料公司于2018年10月11日作出的《股权转让协议》不成立；三、建筑材料公司应于判决生效之日起十日内办理相应工商登记变更手续，将郑某原本持有的庄某名名下的建筑材料公司40%的股权恢复登记至郑某名下；四、驳回郑某的其他诉讼请求。一审判决生效后，郑某申请强制执行将建筑材料公司40%的股权恢复登记至郑某名下。

另查明，案外人杨某强于2019年11月22日起诉建筑材料公司、庄某名、石甲，该案中，杨某强提交的证据目录载明，其提交了《股东会决议》及其与庄某名的《股权转让协议》，用于证明用于办理工商变更登记的上述材料系他人恶意伪造签名制作，杨某强名下11%的股权被转让并变更至庄某名名下。后杨某强撤回起诉。

【案件焦点】

伪造部分股东签字的公司决议是否必然导致决议不成立。

【法院裁判要旨】

福建省厦门市思明区人民法院经审理认为：《最高人民法院关于适用〈中华人民共和国公司法〉若干问题的规定（四）》第五条明确规定，股东会决议不成立的情形包括公司未召开会议、会议未对决议事项进行表决、出席会议的人数或者股东所持表决权不符合公司法或者公司章程规定、会议的表决结果未达到公司法或者公司章程规定的通过比例的等导致决议不成立的情形。由此可见，不成立之诉审查的是会议是否召开、是否进行表决，出席人数或表决权是否符合规定、表决结果是否达到通过比例等。判断股东会决议是否成立的标准在于公司的意思是否形成，公司是否作出了意思表示，而公司意思是否作出关键看是否召开了股东会，是否形成了根据法律或章程约定法定多数表决权人的共同意思。

本案中，建筑材料公司于2018年10月11日作出的第一份《股东会决议》及《股权转让协议》将公司股东由郑某、石甲、杨某强变更为庄某名、石乙，庄某名、石乙分别持有公司51%、49%的股权。虽然上述《股东会决议》及《股权转让协议》因郑某未签字已被法院确认不成立，即庄某名未成功受让郑某40%的股权，但当日庄某名、石乙仍分别持有公司11%、49%的股权，二人作为公司股东有权召开股东会。根据公司章程的规定，股东会会议作出人事任免决议，代表二分之一以上表决权的股东通过即可，庄某名、石乙合计持有公司60%的股权，在召开股东会后有权作出人事任免决议，故讼争《股东会决议》的作出系庄某名、石乙的共同真实意思表示，且内容符合法律及章程规定，不存在公司未召开会议、会议未表决、表决不符合章程规定等决议不成立的情形。综上，郑某主张人事任免决议不成立、应恢复办理变更登记的诉讼请求，缺乏事实及法律依据。

福建省厦门市思明区人民法院作出如下判决：

驳回郑某的全部诉讼请求。

郑某不服一审判决，提起上诉。

福建省厦门市中级人民法院作出如下判决：

驳回上诉，维持原判。

【法官后语】

伪造部分股东签字的公司决议是否必然导致决议不成立？审理过程中存在以下观点：第一种观点认为，伪造其他股东签字的违法行为侵害其他股东的权利，违反了法律的强制性规定，应当认定为无效。第二种观点认为，伪造股东签字的行为属于严重程序瑕疵，符合《最高人民法院关于适用〈中华人民共和国公司法〉若干问题的规定（四）》（以下简称《公司法解释（四）》）第五条规定的情形，应当认定为不成立。第三种观点认为，伪造部分股东签字的公司决议表决比例已经通过公司章程规定的比例，决议成立。笔者同意第三种观点。

一、公司决议成立要件为具备团体法人的真实意思表示

民事法律行为是指民事主体通过意思表示设立、变更、终止民事法律关系的行为。民事法律行为的成立，是其发生法律效力的前提和基础，民事法律行为只有先成立，才会产生效力发生与否的问题。《中华人民共和国民法典》（以下简称《民法典》）第一百三十四条第一款规定“民事法律行为可以基于双方或者多方的意思表示一致成立，也可以基于单方的意思表示成立”。由此可见，民事法律行为的成立要件是该行为系民事主体的真实意思表示。

公司作为民事主体之一，其作为团体法人具有独立的权利能力和行为能力，通过内部程序形成的公司决议即为公司意志的体现。公司的决议行为导致公司

内部管理及公司外部民事法律关系的设立、变更及终止，因此本质上公司决议行为也是一种民事法律行为。关于公司决议的成立要件，《民法典》施行前大多是依据《公司法解释（四）》第五条的规定：股东会或者股东大会、董事会决议存在下列情形之一，当事人主张决议不成立的，人民法院应当予以支持：（一）公司未召开会议的，但依据公司法第三十七条第二款或者公司章程规定可以不召开股东会或者股东大会而直接作出决定，并由全体股东在决定文件上签名、盖章的除外；（二）会议未对决议事项进行表决的；（三）出席会议的人数或者股东所持表决权不符合公司法或者公司章程规定的；（四）会议的表决结果未达到公司法或者公司章程规定的通过比例的；（五）导致决议不成立的其他情形。上述条文采用负面清单方式对公司决议不成立的情形进行规定，但公司决议成立要件又并非局限于上述规定的 5 种情形之外的情况，而是应当具备民事法律行为成立的本质。因此，《民法典》第一百三十四条第二款明确规定“法人、非法人组织依照法律或者章程规定的议事方式和表决程序作出决议的，该决议行为成立”。从正面明确了公司决议成立的要件，即法人、非法人组织作为团体法人，有其内部的意思表示程序，只要是依照法律或者章程规定的议事方式和表决程序作出决议即为团体法人的真实意思表示，决议行为即成立。可以说，公司决议成立与否的前提条件与民事法律行为的成立要件一样，要体现公司作为团体法人的真实意思表示。

二、伪造股东签字的公司决议性质认定分歧

关于本案审理过程中出现的审理分歧，笔者认为：第一种观点混淆了股东个人意思与公司意思。伪造部分股东签字的公司决议对于股东个人来说不代表其个人意志，对于股东个人而言是无效的。但是股东意志并非等同于公司意志，公司决议行为不仅包括股东个体意思，还包括全体股东个体意思通过表决行为结合而成的公司意思，公司意志是可能与个别股东意志相悖的。在股东会决议的形成过程中，股东个人意思表示只是股东会决议的构成要素，但是该意思表示的作出并不能直接引起公司民事权利和民事义务的发生、变更和消灭。因此，不能绝对地认为伪造股东签字的公司决议就必然无效。第二种、第三种观点是以公司决议程序瑕疵的严重与否来区别公司决议的成立与可撤销，忽略了公司决议作为民事法律行为成立的基础在于是否形成了真实的公司意思表示。

本案中，案涉公司决议满足成立的下列要件：（1）公司股东会实际召开。虽然根据法律及本案公司章程规定，股东会会议应当通知全体股东参加，本次股东会伪造郑某签字，显然没有通知郑某，存在召集程序瑕疵，但召集程序存在瑕疵属于决议可撤销情形，并不属于公司决议不成立的情形。（2）本次决议表决的参加比例符合公司章程规定。即使伪造未出席股东的签字，参与会议的另外两名股东的持股比例为60%，对更换法定代表人的决议事项进行表决符合公司章程规定的决议通过比例，已经形成公司的真实意思表示，公司决议已成立。（3）从瑕疵治愈的角度来说，本案中股东会未通知郑某且伪造其签字，郑某可以申请撤销该决议，根据《公司法解释（四）》第四条的规定，股东请求撤销股东会或者股东大会、董事会决议，符合《中华人民共和国公司法》第二十二条第二款规定的，人民法院应当予以支持，但会议召集程序或者表决方式仅有轻微瑕疵，且对决议未产生实质影响的，人民法院不予支持。即使本次决议重新召开，郑某持反对意见，本次决议仍然会以超过60%的表决比例获得通过，对本次决议并无实质影响。从经济诉讼角度，没有必要认定不成立后再重复作出同一份公司决议。因此，公司决议上的部分签名系伪造，且被伪造签名的股东或者董事不予认可，在去除伪造签名后通过比例符合公司法或者公司章程的规定的，该决议已事实上代表公司的真实意志，公司决议已实际成立，不属于公司决议不成立的情形。

编写人：福建省厦门市思明区人民法院　刘新平　陈远治

21

抽逃全部出资的股东对其他股东所作的除名决议无效

——吴某彪诉环保公司公司决议效力确认案

【案件基本信息】

1. 裁判书字号

广东省东莞市中级人民法院（2020）粤19民终11525号民事判决书

2. 案由：公司决议效力确认纠纷

3. 当事人

原告（被上诉人）：吴某彪

被告（被上诉人）：环保公司

第三人（上诉人）：余某英

【基本案情】

环保公司是有限责任公司，成立于2013年8月5日，注册资本为1000万元，其中原告吴某彪认缴出资额为600万元，持股比例60%；第三人余某英认缴出资额为400万元，持股比例40%。环保公司注册成立后，吴某彪及余某英均抽逃了全部出资额。2018年9月12日，环保公司对余某英提起返还全部出资款及利息的民事诉讼，经另案生效判决认定，余某英负有履行返还出资款的义务，环保公司依法向法院申请强制执行，但因余某英查无可供执行财产，法院于2019年10月11日裁定终结该次执行。吴某彪主张，因余某英抽逃全部出资，且经催告后不履行返还出资款义务，应视为余某英未实际履行公司出资义务。2020年5月25日，环保公司依据《最高人民法院关于适用〈中华人民共和国公司法〉若干问题的规定（三）》第十七条之规定，就余某英未履行公司出资义务股东除名一事召开了临时股东会决议，吴某彪与余某英出席了会议，余某英不同意将自己除名，且主张吴某彪自己亦抽逃了全部出资，故吴某彪无权将自己除名。吴某彪认为余某英不具有表决权，故吴某彪作为持有公司60%股权的大股东，通过会议表决同意对余某英进行除名。吴某彪主张，环保公司应当履行决议内容，对余某英进行除名，但环保公司至今未向相关行政职能机关申请办理股东变更登记手续，故诉请法院请求：1. 确认环保公司于2020年5月25日召开的股东会会议作出的股东决议合法有效；2. 判令余某英协助环保公司立即向行政职能机关申请办理企业股东变更登记手续。

【案件焦点】

抽逃全部出资的股东能否通过股东会议方式对其他抽逃全部出资的股东予以除名。

【法院裁判要旨】

广东省东莞市第三人民法院经审理认为：余某英抽逃出资的事实，已经经过生效判决的认定。至于吴某彪是否实缴出资，不在本案的审理范围之内。余某英未依照生效法律文书所确定的义务履行出资义务，故环保公司有权以股东会决议的形式解除余某英的股东资格。余某英作为被除名股东，与股东会决议事项有特别利害关系，环保公司未赋予余某英表决权，并不违反法律规定。因此，案涉股东会决议有效。

广东省东莞市第三人民法院作出如下判决：

一、确认环保公司于2020年5月25日召开的股东会会议作出的股东决议合法有效；

二、余某英应于判决发生法律效力之日起十五日内协助环保公司到东莞市市场监督管理局进行相应的股东除名登记。

余某英不服一审判决，提起上诉。广东省东莞市中级人民法院经审理认为：《最高人民法院关于适用〈中华人民共和国公司法〉若干问题的规定（三）》第十七条赋予的是守约股东对未履行出资义务或者抽逃全部出资的股东的除名权，基于违约方的行为已严重损害公司利益和股东权益，故不应赋予违约方对未履行出资义务或者抽逃全部出资股东的除名权。本案中，吴某彪同样存在抽逃全部出资的情形，就股东内部而言，并不存在其股东合法利益受损一说，因此吴某彪不能对此进行救济，否则将违背权利与义务相一致、公平诚信的法律原则，即吴某彪无权通过召开股东会的形式，决议解除余某英的股东资格，环保公司于2020 年 5 月 25 日召开的股东会所作出的股东会决议无效，原审法院对此处理有误，二审法院予以纠正。

广东省东莞市中级人民法院作出如下判决：

一、撤销广东省东莞市第三人民法院民事判决；

二、驳回吴某彪的全部诉讼请求。

【法官后语】

《最高人民法院关于适用〈中华人民共和国公司法〉若干问题的规定（三）》第十七条第一款规定："有限责任公司的股东未履行出资义务或者抽逃全部出资，经公司催告缴纳或者返还，其在合理期间内仍未缴纳或者返还出资，公司以股东会决议解除该股东的股东资格，该股东请求确认该解除行为无效的，人民法院不予支持。"该条规定了股东的除名制度。本案的争议焦点是，如果作出决议的股东本身也是抽逃全部出资的股东，其能否通过股东会议方式对其他抽逃全部出资的股东予以除名。对此，分析如下：

1. 表决权排除制度。

对于未履行出资义务或抽逃全部出资的股东能否对其他股东行使除名权的问题，其实质在于未履行出资义务或抽逃全部出资的股东是否享有股东大会、股东会或董事会的表决权。这涉及公司法的表决权排除制度。表决权排除，又称表决权回避，是指当某一股东与股东大会或股东会、董事会讨论的决议事项有特别的利害关系时，该股东不得就其持有的股份行使表决权的制度。设立表决权排除规则的意义，主要在于防止控股股东滥用资本多数决规则，损害公司利益和少数股东利益。《中华人民共和国公司法》对表决权例外的规定也很有限，一是在第十六条中规定，公司为公司股东或者实际控制人提供担保的，必须经股东（大）会决议，该股东或该受实际控制人控制的股东不得参加表决。二是在第九十条中规定，股份有限公司的创立大会对公司筹办情况和创立的审核和决议，应由出席会议的认股人所持表决权过半数通过，这实际排除了发起人股东的表决权。

2. 被除名股东不享有表决权。

对于因股东未履行出资义务或抽逃全部出资而被公司股东会除名的决议，可以适用表决权排除，被除名股东对该股东会决议没有表决权，目的是防止被除名的大股东滥用资本多数决规则阻止通过对其的除名决议，避免《最高人民法院关于适用〈中华人民共和国公司法〉若干问题的规定（三）》第十七条被虚置。

3. 未履行出资义务或抽逃全部出资的股东，不能对其他股东行使除名表决权。

公司是股东之间、股东与公司之间以及公司与政府之间达成的契约结合体。股东履行出资义务是履行对其他股东以及对公司的契约义务，在公司的存续过程中，股东应始终恪守出资义务的全面实际履行，否则构成对其他守约出资股东合理期待的破坏，进而构成对公司契约的违反。股东未履行出资义务或抽逃全部出资，损害的不仅仅是公司本身的利益，导致公司资本及偿债能力下降，影响公司经营，同时也损害了公司其他守约股东的合理利益，违背了法律权利与法律义务相统一的基本原则。基于不诚信股东的违约行为已严重危害公司的经营和其他股东的共同利益，背离了契约订立的目的和初衷，故《最高人民法院关于适用〈中华人民共和国公司法〉若干问题的规定（三）》第十七条赋予守约股东解除彼此间的合同，让违约股东退出公司的权利。这既体现了法律对违约方的惩罚和制裁，又彰显了对守约方的救济和保护。由此可见，《最高人民法院关于适用〈中华人民共和国公司法〉若干问题的规定（三）》第十七条规定的除名权仅掌握在守约方手中，违约方并不享有解除权。

未履行出资义务或抽逃全部出资的股东不享有其他守约股东对自己除名决议的表决权，同理类推，其他未履行出资义务或抽逃全部出资的股东亦不享有将他人除名的表决权。本案中，环保公司为吴某彪和余某英设立的有限责任公司，吴某彪占60%股份，余某英占40%股份，两人均抽逃了全部出资，至今未返还给公司。双方均存在违约的情况下，吴某彪以多数股份股东身份提起股东会决议除名余某英，不具有合法正当性。若司法确认该股东会决议有效，则背离了股东除名制度的立法初衷，损害的是公司及债权人的利益。所以本案二审法院认为吴某彪提起股东会决议将余某英除名，该股东会决议无效。如果未出资股东希望对其他未出资股东行使股东除名权，应当补足出资后再按照司法解释的规定，行使除名权。

编写人：广东省东莞市中级人民法院　陈美苑

22

修改公司印章管理制度属于公司董事会决议职权范围，不属于股东会决议范围

——关某棠、聂某銮诉房地产公司公司决议效力确认案

【案件基本信息】

1. 裁判书字号

广东省中山市中级人民法院（2021）粤20民终5625号民事判决书

2. 案由：公司决议效力确认纠纷

3. 当事人

原告（被上诉人）：关某棠、聂某銮

被告（上诉人）：房地产公司

第三人：张某威、杨某波

【基本案情】

房地产公司成立于2007年4月23日，登记注册资本为1000万元，现登记企业类型为自然人投资或控股有限责任公司，经营范围为房地产开发。该公司现登记股东包括关某棠、聂某銮、张某威，关某棠认缴出资290万元占29%股权，聂某銮认缴出资200万元占20%股权，张某威认缴出资510万元占51%股权。工商登记资料显示：自2014年6月16日起，张某威、关某棠、聂某銮一直担任房地产公司董事。自2021年2月24日起至今，张某威任董事长兼经理，聂某銮任董事，杨某波任董事，汪力任监事。

2016年1月1日，房地产公司及其股东订立《房地产公司章程》（以下简称公司章程），主要内容如下：4. 公司的机构及其产生办法、职权、议事规则：①公司股东会由全体股东组成，股东会是公司的最高权力机构。②第十九条：股东会行使下列职权：决定公司经营方针和投资计划；选举和更换非由职工代表担任的董事、监事，决定董事、监事的报酬事项；审议批准董事会的工作报告；审议批准监事的工作报告；审议批准公司的年度财务预算方案、决算方案；审议批准公司的利润分配方案和弥补亏损方案；对公司增加或者减少注册资本作出决议；对发行公司债券作出决议；对公司合并、分立、解散、清算或者变更公司形式作出决议；修改公司章程。对前述所列事项股东以书面形式一致表示同意的，可以不召开股东会会议，直接作出决定，并由全体股东在决定文件上签名、盖章……⑥第二十四条：公司设董事会，成员三人，由股东会选举产生，董事每届任期三年，任期届满，可以连选连任。⑦第二十五条：董事会对股东会负责，行使下列职权。负责召集和主持股东会，并向股东会报告工作；执行股东会的决议；决定公司的经营计划和投资方案；制订公司的年度财务预算方案、决算方案；制订公司的利润分配方案和弥补亏损方案；指定公司的增加或减少注册资本以及发行公司债券的方案；制订公司合并、分立、解散或者变更公司形式的方案；决定公司内部管理机构的设置；聘任或者解聘公司经理及决定其报酬事项，并根据经理的提名决定聘任或者解聘公司副经理、财务负责人及其报酬事项；制定公司的基本管理制度。

2020年10月31日，张某威通过微信聊天群向关某棠、聂某銮发出提议召集召开临时股东会会议通知。张某威在通知书上明确召开临时股东会原因包括：①关某棠、聂某銮拒绝出席2020年10月27日召开的临时股东会会议；②关某棠于2020年10月29日召开董事会未事先通知张某威，聂某銮、关某棠通过暂停张某威副总经理职务并由聂某銮出任总经理的董事会决议，张某威对董事会决议不予认可。张某威提议关某棠在接到通知后15日内召开临时股东会会议，并提出表决《免除关某棠公司董事职务、选举杨某波为公司董事》《房地产公司印章管理规定》，并标明若逾期不召集的，张某威将自行召集召开。印章管理规定包含四章共17条，其主要内容规定包括公章、财务专用章、法人私章在内的公司印章由大股东归口统一管理。

关某棠于2020年11月4日回复：……最后，印章管理规定违背股东会和董事会决议，且印章管理事项属于公司日常经营管理事项，依照公司章程属于董事会职责范围，不属于股东会直接决定事项。

2020年12月23日，房地产公司临时股东会召开，张某威再次提出前述两项议题进行审议表决，关某棠、聂某銮一方则提出程序不合法、离场不参与表决。后经表决，前述两项议题由张某威表决同意通过，关某棠、聂某銮未参与表决，同意者股权占房地产公司股权的51%。同日，张某威以出席股东名义签发《房地产公司股东会决议》，股东会决议记载出席会议人员张某威、关某棠、聂某銮，代表公司股东100%表决权，经公司股东表决权51%同意通过前述两项议题，即《免除关某棠公司董事职务、选举杨某波为公司董事》《房地产公司印章管理规定》。随后，张某威、杨某波在前述地点继续召开房地产公司董事会会议，张某威、杨某波表决通过董事会决议，同意选举张某威任董事长，同意通过印章管理规定。2020年12月25日，张某威签署《告知函》两份，告知房地产公司股东及董事，2020年12月23日的临时股东会经张某威51%表决权通过并作出前述股东会决议及董事会决议。关某棠、聂某銮则于2021年2月4日向一审法院提起公司决议无效之诉。

【案件焦点】

1. 房地产公司 2020 年 1 月 13 日股东会决议是否有效；2. 修改公司印章管理制度是属于公司董事会决议职权范围，还是属于股东会决议范围。

【法院裁判要旨】

广东省中山市第二人民法院经审理认为：《最高人民法院关于适用〈中华人民共和国公司法〉若干问题的规定（四）》第一条规定，公司股东、董事、监事等请求确认股东会或者股东大会、董事会决议无效或者不成立的，人民法院应当依法予以受理。本案中，因关某棠、聂某銮现分别持有房地产公司股权 29%、20%，故上述两人有权提起公司决议效力确认之诉。

《中华人民共和国公司法》第二十二条第一款规定，公司股东会或者股东大会、董事会的决议内容违反法律、行政法规的无效。由此可见，法院对于股东会决议的审查属于内容合法性的审查，而不包括合理性的审查，股东会决议是股东多数决形成的法律行为，属于私法自治的范畴，只要不违反法律、行政法规的强制性规定，司法不应干预。本案中，张某威持有房地产公司 51%的股权，其有权召集其余股东召开临时股东会。张某威于 2020 年 12 月 3 日通知关某棠、聂某銮在 2020 年 12 月 23 日召开临时股东会并表决相关议题符合法律法规及公司章程的规定，关某棠、聂某銮是否出席及表决等情形并非认定临时股东会召开违反程序的依据。虽然本院查明 2020 年 12 月 23 日召开的临时股东会符合法律法规及公司章程规定的程序，但关某棠、聂某銮仍可就股东会决议内容是否违反法律、行政法规的规定提出效力确认之诉。

2020 年 12 月 23 日，临时股东会决议包括撤换公司董事及公司印章管理规定两项议题《免除关某棠公司董事职务、选举杨某波为公司董事》《房地产公司印章管理规定》，并由张某威以其持有 51%表决权同意通过。一审法院审查后认定，前述两项决议均违反法律、行政法规以及公司章程的规定，应属无效。具体事实理由分析如下：

首先，2014 年 6 月 16 日至 2020 年 12 月 23 日，关某棠、聂某銮一直系房地产公司股东并担任董事，案涉临时股东会召开前的董事会于 2020 年 3 月 17

日成立并确定由关某棠出任董事长、张某威退任，公司章程、股东会决议、董事会决议确定董事任期自 2020 年 3 月 17 日决议作出之日起计算，因此关某棠董事职务不应在任期届满前随意解除。经查，张某威提出免除关某棠董事职务议题时未出示确凿依据，庭审中仅表示关某棠有未完成融资承诺、协调债权人关系、管理混乱等情形，但张某威未就前述说法提供充分有效证据证明，关某棠亦不予确认。即便上述情形有发生，但公司章程未订明股东会可依上述情形免除董事资格，且不符合《中华人民共和国公司法》第一百四十六条、第一百四十七条所规定的高管人员资格禁止情形或出现董事、监事、高管人员违背义务的情形，故张某威提出免除关某棠董事职务议题缺乏合法性依据。同时，张某威提议选举杨某波担任公司董事职务，但杨某波未持有房地产公司股权及参与经营，履历显示杨某波从事教育领域而从未涉足房地产行业经营，房地产公司未变更其经营范围或调整经营计划，同时，关某棠、聂某銮等股东与杨某波无交集且缺乏信赖利益，张某威强行提议选举杨某波作为董事并无合理依据。因此，张某威提议撤换董事缺乏事实及法律依据。

其次，《中华人民共和国公司法》第二十条第一款规定，公司股东应当遵守法律、行政法规和公司章程，依法行使股东权利，不得滥用股东权利损害公司或者其他股东的利益；不得滥用公司法人独立地位和股东有限责任损害公司债权人的利益。本案中，张某威持有房地产公司 51%控制性股权，依表决权比例其可以随时表决通过其自身认可议题，故张某威必须依法行使股东权利，不得滥用股东权利损害公司或其他股东利益，否则其提出并表决通过的股东会决议无效。关某棠、聂某銮因房地产公司被张某威等人涉嫌挪用资金一事报案，公安机关自 2020 年 8 月起立案侦查且对张某威采取刑事强制措施，公安机关现尚未侦查终结，但张某威自 2020 年 10 月起多次提出召开股东会作出撤换公司董事及公司印章管理规定并于 2020 年 12 月 23 日强行表决通过前述议题，关某棠、聂某銮一方一直明确反对召开股东会及临时股东会，显然，张某威有剥夺或排除其他股东应有的知情、参与、监督、质询等股东权利的情形，已构成滥用股东权利的情形，故房地产公司表决通过撤换董事的决议无效。

最后，印章管理规定属房地产公司经营管理的基本制度，依法律、法规及公司章程规定，印章管理制度的制定、实施及监督均应由房地产公司董事会及领导公司管理人员负责，房地产公司股东会没有法定及约定职权制定、实施印章管理规定。此外，张某威提出的印章管理规定内容记载大股东对印章统一归口管理，剥夺董事会、公司管理人员对印章管理应有的法定权力。因此，前述决议因超越股东会法定及约定职权而无效，同时亦证实张某威滥用大股东权利的事实。

广东省中山市第二人民法院作出如下判决：

确认房地产公司于 2020 年 12 月 23 日召开临时股东会表决形成的两项决议（《免除关某棠公司董事职务、选举杨某波为公司董事》《房地产公司印章管理规定》）均无效。

房地产公司不服一审判决，提出上诉。广东省中山市中级人民法院经审理认为：本案系公司决议纠纷，争议焦点为上诉人房地产公司 2020 年 1 月 13 日股东会决议是否有效。根据《中华人民共和国公司法》第二十二条的规定，公司股东会或者股东大会、董事会的决议内容违反法律、行政法规的无效。股东会或者股东大会、董事会的会议召集程序、表决方式违反法律、行政法规或者公司章程，或者决议内容违反公司章程的，股东可以自决议作出之日起六十日内，请求人民法院撤销。由此可见，判断股东会决议效力的依据，系股东会决议的内容是否违反法律、行政法规的规定，关于案涉股东会的表决方式问题。案涉股东会决议事项系改选董事，该事项并不在《中华人民共和国公司法》及房地产公司章程规定的需要具有 2/3 表决权的股东表决通过的事项中。股东会决议按照资本多数决的原则以具有多数表决权的股东意志形成决议符合《中华人民共和国公司法》及公司治理的一般制度。张某威持有房地产公司 51%的股权，依法行使表决权，符合法律及公司章程的规定，关某棠、聂某銮指称张某威涉嫌犯罪与其滥用股东权利的事实之间并不存在直接关联关系，关某棠、聂某銮亦未能证明张某威存在滥用“资本多数决”情形。根据《最高人民法院关于适用〈中华人民共和国公司法〉若干问题的规定（五）》第三条第一款

"董事任期届满前被股东会或者股东大会有效决议解除职务，其主张解除不发生法律效力的，人民法院不予支持"之规定，董事任期届满前公司可以解除其职务。故一审法院认为关某棠董事职务不应在任期届满前随意解除，公司章程未订明股东会可依上述情形免除董事资格……张某威提出免除关某棠董事职务议题缺乏合法性依据的理由，与《最高人民法院关于适用〈中华人民共和国公司法〉若干问题的规定（五）》第三条之规定相悖，本院对此予以纠正。一审法院认为，张某威提议选举杨某波担任公司董事职务，但杨某波未持有房地产公司股权及参与经营，履历显示杨某波从事教育领域而从未涉足房地产行业经营，房地产公司未变更其经营范围或调整经营计划，同时，关某棠、聂某銮等股东与杨某波无交集且缺乏信赖利益，张某威强行提议选举杨某波作为董事并无合理依据。对此，本院认为，房地产公司章程并未对董事任职经历要求作特殊规定，选举杨某波为房地产公司董事亦未违反法律、行政法规禁止性规定，故一审判决认定《免除关某棠公司董事职务、选举杨某波为公司董事》无效有误，本院予以纠正。

关于案涉议题二《房地产公司印章管理规定》的决议效力问题。股东会为公司的权力机构，董事会、监事会为公司的经营管理职能机构。公司法对公司组织机构之间职权的划分，构成公司组织机构分权制衡的法律框架。股东会的权力源自法律和公司章程的规定，除法律规定的法定职权外，公司可以根据经营管理的需要通过公司章程的规定授予股东会其他职权，即股东会无权在法律法规和公司章程的规定之外行使权力，股东会不能越权行使法律和公司章程授予董事会等法定职能机构的职权，否则可能构成滥用权力。案涉议题二《房地产公司印章管理规定》属于公司基本管理制度，属于公司章程规定的董事会行使职权，该议题涉及需要修改公司章程才能成立，根据房地产公司的公司章程第二十一条的规定，修改公司章程的决议必须经代表三分之二以上的股东通过，而同意该议题的股东所持有的股权仅为51%，明显违反了公司章程规定及《中华人民共和国公司法》关于修改公司章程的法律规定，故案涉决议中关于《房地产公司印章管理规定》内容，因违反法律强制性规定，应属无效。房地产公司该项上诉主张理由不成立，本院不予支持。

综上所述，房地产公司的上诉请求部分成立，一审判决认定事实清楚，但适用法律不当，处理结果部分不妥，本院依法予以改判。

广东省中山市中级人民法院作出如下判决：

一、变更广东省中山市第二人民法院判决主文为确认上诉人房地产公司于2020年12月23日召开临时股东会表决形成的《房地产公司印章管理规定》决议无效；

二、驳回被上诉人关某棠、聂某銮的其他诉讼请求。

【法官后语】

本案一个重要争点在于公司印章管理制度属于股东会职权范围还是董事会职权范围，股东会可否直接决议修改公司印章管理规定，由于公司印章系代表公司对外形象的表象，故该争点的实质是公司股东之间对于公司控制权的争夺。

通说认为，公司法为私法，意思自治原则是私法理论的基石。为鼓励公司自治，公司法重视公司章程与股东协议的效力，在不违反强制法、诚实信用、公序良俗的原则下，赋予公司股东更多的自主权。公司法首先也是一部组织法，股东会为公司的权力机构，董事会、监事会为公司的经营管理职能机构。公司法对公司组织机构之间职权的划分，构成公司组织机构分权制衡的法律框架。股东会的权力源自法律和公司章程的规定，除法律规定的法定职权外，公司可以根据经营管理的需要通过公司章程的规定授予股东会其他职权，即股东会无权在法律法规和公司章程的规定之外行使权力，股东会不能越权行使法律和公司章程授予董事会等法定职能机构的职权，否则可能构成滥用权力。

一般来说，公司法关于董事会与股东会职权划分原则是，涉及公司及股东利益的重大事项，诸如公司经营方针、投资计划以及合并、分立、变更公司形式、解散等，由股东会决议；对于公司内部管理、基本制度以及重要人员的管理等具体实施经营计划和经营管理的事项，则由董事会决议。案涉议题二《房地产公司印章管理规定》属于公司基本管理制度，也是公司日常经营管理事项，属于公司章程规定的董事会行使职权，也不违反法律规定，上诉人认为股东会系公司最高权力机关，《房地产公司印章管理规定》属于公司经营管理的基本制度，法律及公司章程规定，董事会对股东会负责，股东会才是公司最高权力机构，因此制定《房地产公司印章管理规定》等公司基本制度的权利系股东会授权董事会行使，并非法定权利。股东会作为委托人，理应享有制定《房地产公司印章管理规定》等公司基本制度的权利，更拥有对印章实施管理的权利。上诉人观点的实质是将印章管理等公司基本管理制度纳入股东会审查范围，既与公司章程规定不符，也与公司法立法精神相悖，更不符合公司经营管理的实践。

由于该议题涉及需要修改公司章程才能成立，根据房地产公司的公司章程第二十一条的规定，修改公司章程的决议必须经代表三分之二以上的股东通过，而同意该议题的股东所持有的股权仅为51%，明显违反了公司章程规定及《中华人民共和国公司法》关于修改公司章程的法律规定，故案涉决议中关于《房地产公司印章管理规定》内容，因违反法律强制性规定，应属无效。

编写人：广东省中山市中级人民法院　李世寅

23

代理人未经明确授权实施自己代理行为，召开股东会变更股权及增资，应认定自己代理行为与股东会决议无效

——刘某诉科技发展公司公司决议效力确认案

【案件基本信息】

1. 裁判书字号

北京市第三中级人民法院（2021）京03民终11683号民事判决书

2. 案由：公司决议效力确认纠纷

3. 当事人

原告（被上诉人）：刘某

被告（上诉人）：科技发展公司

第三人（上诉人）：罗某鸣

【基本案情】

科技发展公司成立于2000年1月27日。案涉增资前，公司注册资本为5000万元，刘某实缴出资4100万元，占注册资本总额的82%。刘某在监狱服刑期间，于2018年12月27日签署《委托协议》，约定刘某将科技发展公司82%股权对应表决权委托给罗某鸣行使。后罗某鸣通过增资的方式获取刘某对科技发展公司的控股权。2019年8月1日，罗某鸣自行召开科技发展公司第一次股东会会议，以刘某名义表决“同意公司增加新股东罗某鸣；同意修改公司章程”，并在决议“股东亲笔签字”处代表刘某签署“刘某（罗某鸣代）”。同日，罗某鸣自行召开第二次股东会会议，以刘某名义表决“同意注册资本变更为12000万元，变更后出资情况为：股东罗某鸣出资7000万元，股东刘某出资4100万元，股东刘某元出资900万元；同意公司经营期限变更为长期；同意变更后的公司由罗某鸣、刘某、刘某元组成新的股东会；同意修改公司章程”，并在决议“股东亲笔签字”处自行签署“罗某鸣”、代表刘某签署“刘某（罗某鸣代）”。2019年8月5日，北京市平谷区市场监督管理局依据罗某鸣签署的科技发展公司2019年第一次股东会决议及2019年第二次股东会决议，为科技发展公司办理了投资人（股东）及注册资本变更登记。至此，罗某鸣在未实缴出资的情况下，取代刘某成为科技发展公司工商登记的控股股东，持有科技发展公司58.33%股权，刘某持股比例由82%变至34.17%。刘某起诉请求确认科技发展公司两次股东会决议无效，撤销科技发展公司增加注册资本7000万元、增加罗某鸣为股东的变更登记，恢复至原有注册资本及股权结构。

【案件焦点】

1. 罗某鸣的行为是否构成自己代理；2. 罗某鸣的代理行为否有效；3. 涉

案两次股东会决议的效力。

【法院裁判要旨】

北京市平谷区人民法院经审理后认为：自己代理，是代理人以被代理人名义与自己实施民事法律行为的代理活动。代理人应在代理权限内实施民事法律行为，代替被代理人行使民事权利和承担民事义务，保护被代理人的合法民事权益。代理人利用代理权进行损害被代理人利益的民事活动属于滥用代理权的无效行为。结合相关法律规定及代理制度的宗旨，代理人须履行以下义务：（1）代理人必须为被代理人的利益实施代理行为；（2）必须亲自实施代理行为；（3）必须在代理权限范围内行使代理权；（4）必须谨慎、勤勉、忠实地行使代理权，履行报告义务和保密义务。罗某鸣接受刘某委托授权提议召集、主持股东会后，却以被代理人刘某名义将罗某鸣选任为科技发展公司控股股东，不仅稀释了刘某的股权，损害了刘某的优先认缴权，而且将刘某的实缴出资改为未实缴出资。此外，科技发展公司的工商登记变更在前，罗某鸣于2019年8月8日会见刘某在后，罗某鸣亦未如实披露科技发展公司已经完成工商登记变更和自己成为控股股东的事实。刘某于监狱中委托授权事宜，涉及其重大财产利益变更，应较一般授权事宜有更为明确的意思表示，对有关财产变更情况亦应完全知晓变动状况及法律后果。罗某鸣未经刘某明确授权，在未支付合理对价及实际出资的情况下，以自己的名义成为公司控股股东，也未如实将处理代理事务的重要情况向刘某报告，以使刘某知晓有关公司控制事务的进展和利益的损益情况，造成罗某鸣作为代理人通过认缴出资获取公司实际控制权获利而刘某权益受损的后果。罗某鸣与刘某显然存在利益冲突，且涉案代理行为并不属于对被代理人单纯有益的行为，刘某以实际行为表示未追认罗某鸣的前述代理行为。

北京市平谷区人民法院作出如下判决：

一、确认科技发展公司2019年8月1日第一次股东会决议无效；

二、确认科技发展公司2019年8月1日第二次股东会决议中除“同意公司经营期限变更为长期”以外的其他内容无效；

三、科技发展公司于判决生效后十日内向公司登记机关申请撤销依据上述两次股东会决议中的无效内容作出的工商变更登记；

四、驳回刘某的其他诉讼请求。

科技发展公司、罗某鸣不服一审判决，提出上诉。

北京市第三中级人民法院作出如下判决：

驳回上诉，维持原判。

【法官后语】

《中华人民共和国民法典》承继了自己代理规则。本案中，是否适用该规则，判断罗某鸣于2019年8月1日两次召开股东会作出的决议是否有效，关键在于判断罗某鸣是否未经刘某许可，实施自己代理行为成为新股东并增资获取公司控制权，其行为是否侵害刘某的合法权益。

第一，刘某是否许可罗某鸣以自己名义成为股东并增资。刘某虽向罗某鸣出具概括授权协议，但该协议载明刘某委托罗某鸣代为实施的事项包括提议、召集、主持股东会及行使表决权等。结合前述表述及刘某受羁押时召开股东会决议变更罗某鸣为公司董事等行为，均表明刘某的真实意思表示是罗某鸣代其行使管理公司而非罗某鸣以自己名义成为公司股东并获得实际控制权。案涉股权变更情况存在较大利益，在无刘某明确许可罗某鸣成为公司控股股东的情况下，不宜认定刘某许可罗某鸣实施自己代理行为。

第二，关于罗某鸣是否实施了自己代理行为。公司作为一种法律拟制的人格，自身无法表达意思和实施行为，必须依赖于内部的组织机构才能正常运作。因此其将自己增加为公司股东并实施增资扩股行为，实际发生于其与刘某及其他股东之间，法院在审查有关获取股东身份及增资行为过程中，应着重考虑新股东与原股东之间的权利义务变更这一标准。本案中，罗某鸣作为刘某的代理人，代刘某行使股东表决权，结果将自己作为新股东加入科技发展公司，得到了该公司实际控制权，其行为构成自己代理。

第三，本案相关自己代理行为的性质。罗某鸣实施了自己代理行为，该行为违反了告知义务、忠实义务及诚实信用原则。首先，罗某鸣在履行代理行为过程中，对有关公司股权变更这一重大事项，有义务将有关重要事实如实告诉刘某。罗某鸣未尽到提醒和告知义务，对刘某的知情权造成损害，并因此导致刘某无法及时做出选择的后果，刘某有理由要求罗某鸣承担相应责任。其次，罗某鸣将自己变更为公司股东并在未实际出资情况下增资获取公司控制权，稀释了其他股东的股权，客观上造成罗某鸣受益而刘某的权益受损，该行为系对代理人忠实义务的违反。最后，罗某鸣的行为亦是对民事法律规定诚信原则的违反。通过对罗某鸣行为的判断，刘某与罗某鸣建立委托关系的基础在于通过罗某鸣行使对案涉公司的管理控制权，罗某鸣超越代理权限使自己获益，违背了刘某的意志与双方约定，明显违反诚实、善意的民法基本原则。

第四，自己代理行为的法律后果。刘某向罗某鸣出具的概括授权，并不包含同意罗某鸣将自己增加为公司股东和增资扩股，刘某后又通过诉讼方式明确表达了拒绝同意罗某鸣召开股东会作出的前述决议。因此，在刘某明确反对的情况下，可以认定罗某鸣的自己代理行为违反了告知义务及忠实义务，属滥用代理权而应归于无效。

编写人：北京市第三中级人民法院　胡新华　乔文鑫

24

公司法意义上公司决议的识别与认定

——毕某诉建筑工程公司公司决议效力确认案

【案件基本信息】

1. 裁判书字号

北京市平谷区人民法院（2021）京0117民初6934号民事裁定书

2. 案由：公司决议效力确认纠纷

3. 当事人

原告：毕某

被告：建筑工程公司

第三人：Z 公司、王某

【基本案情】

建筑工程公司于 2020 年 6 月 28 日变更为现名，股东为毕某、Z 公司，毕某持有 49%的股权，Z 公司持有 51%的股权。建筑工程公司尚在筹备过程中，尚未开展经营业务，公司的公章、执照等均由毕某保管。2021 年 4 月，因与 Z 公司产生劳动争议，毕某向北京朝阳区劳动仲裁委员会提起劳动仲裁。北京朝阳区劳动仲裁委员会要求建筑工程公司参加仲裁，在劳动仲裁案件开庭时，毕某发现建筑工程公司委托诉讼代理人出示的授权委托书上加盖的建筑工程公司公章并非毕某所持的公司公章。毕某提出质疑并到市场监督管理部门查询相关情况，经查询发现建筑工程公司于 2021 年 7 月 12 日向市场监督管理局提交《增、减、换、发证照申请书》及《情况说明》《关于营业执照遗失的情况说明》，申请补发营业执照并被核准。毕某认为建筑工程公司及 Z 公司未依法、依章程召开股东会作出决议，两份情况说明上毕某的签名系伪造，Z 公司用伪造的文件向市场监督管理部门申请补发证照并私刻了建筑工程公司的公章。故毕某诉至法院，要求确认建筑工程公司于 2021 年 7 月 12 日以股东会决议形式作出并向北京市平谷区市场监督管理局提交的《情况说明》《关于营业执照遗失的情况说明》两份文件不成立。

【案件焦点】

建筑工程公司向市场监督管理部门提交的《情况说明》及《关于营业执照遗失的情况说明》是否属于公司法意义上的公司决议。

【法院裁判要旨】

北京市平谷区人民法院经审理认为：本案所涉建筑工程公司出具的两份说明材料中，《情况说明》载明，“由于本企业公章和执照正、副本同时丢失，现已于……报纸上公告作废，故无法按照登记要求在本次补照登记文件上加盖本企业公章。因无法加盖公章而引起的一切法律责任由全体股东负责。特此说明”；《关于营业执照遗失的情况说明》载明，“因工作人员保管不当，建筑工程公司丢失营业执照正、副本一份……遗失证照确系无法找回……刊登遗失公告，现特向登记机关申请补发营业执照正、副本一份。特此说明”。根据上述内容可知，上述两份说明材料系建筑工程公司为补办公司营业执照正、副本而向市场监督管理部门提交的申请文件、材料，其从形式及内容上均不属于公司法所规定的对内产生效力的公司股东会决议，出具该内容的情况说明亦非公司股东会决议的事项，毕某主张上述两份材料属于股东会决议缺乏事实和法律依据。

人民法院民事案件受理范围应是平等主体之间的民事法律关系，当事人提起的民事诉讼应当符合法律规定的起诉条件。毕某于本案起诉中所称的两份说明材料，系公司登记机关在处理公司补发营业执照申请过程中由申请人提交的申请文件、材料，其主张上述两份说明材料系不成立的股东会决议，实质上是对公司登记机关作出补发建筑工程公司营业执照的行政行为的依据有异议。毕某与建筑工程公司之间并未形成民事法律关系，其起诉不属于人民法院受理民事诉讼的范围。

北京市平谷区人民法院依照《中华人民共和国民事诉讼法》第一百一十九条、第一百五十四条第一款，《最高人民法院关于适用〈中华人民共和国民事诉讼法〉的解释》第二百零八条第三款之规定，作出如下裁定：

驳回毕某的起诉。

判决后，双方当事人均未上诉，本判决现已生效。

【法官后语】

公司法意义上的公司决议是指公司决议机关按照法律法规或公司章程规定的权限、召集程序、表决方式等，审议相关事项，表决形成的公司独立意志，一般以记录文件的形式予以体现。公司决议是公司对其事务所形成的决定，是公司的意思表示，但并非所有的公司机关作出的意思表示都能成为公司决议。识别公司法意义上合法有效的公司决议应从以下几个方面进行：

第一，决议是否由公司的决议机构作出。公司的决议机构包括股东会、股东大会、董事会。有限公司、股份有限公司的最高权力机关、主要决议机构是股东（大）会，董事会也是公司决议机构，但决议事项不同。中外合资企业、中外合作企业的最高权力机构、决议机构是董事会。当然，有的公司在章程中规定将董事会作为最高权力机构，这也并不违反法律法规。第二，公司决议事项是否体现“商”行为特征。《中华人民共和国公司法》（以下简称《公司法》）第三十七条规定了股东会行使决定公司的经营方针和投资计划、选举和更换非由职工代表担任的董事、监事等十一项职权；第四十六条规定了董事会行使决定公司的经营计划和投资方案、决定聘任或者解聘公司经理及其报酬事项等十一项职权。公司决议内容应符合上述规定或公司章程约定。有些公司作出的文件载明内容既包括公司事务，又包括与公司经营无关的事项，在这里需要明确的是，记录公司商行为之外的内容不应认定为公司决议的范畴。第三，公司决议事项是否反映公司独立意志。公司决议是通过公司决议机构形成团体意志，从而调整公司内外部法律关系，对内关系着公司治理的有序性，对外牵制着外部法律行为的效力。公司独立、自主作出的法律行为，由此导致外部法律关系变动，公司需要承担相应的法律后果。如果公司作出的文件，其从形式及内容上均不属于公司法所规定的对内、对外产生效力的公司决议，不应将相关文件认定为公司决议。第四，公司决议是否符合法律规定和章程约定。根据《公司法》及相关司法解释的规定，公司决议效力瑕疵分为三类，决议可撤销、决议无效、决议不成立。需要特别指出的是，根据《公司法》第四十三条的规定，股东会的议事方式和表决程序，除本法有规定的外，由公司章程规定。由此可见，章程是公司的“行动纲领”，在不违反法律法规的情况下，公司章程可以对公司决议机构的议事方式和表决程序等，作出自己的特殊规定。

本案中，所涉建筑工程公司出具的两份说明材料，从其内容可见，系建筑工程公司为补办公司营业执照正、副本而向市场监督管理部门提交的申请文件、材料，并不体现“商”的行为特征，且出具该内容的情况说明亦非公司股东会决议的事项，其从形式及内容上均不属于公司法所规定的对内产生效力的公司股东会决议，毕某主张上述两份材料属于股东会决议缺乏事实和法律依据。

毕某在本案中主张说明材料系不成立的股东会决议，实质上是对公司登记机关作出补发建筑工程公司营业执照的行政行为的依据有异议。人民法院民事案件受理范围应是平等主体之间的民事法律关系，当事人提起的民事诉讼应当符合法律规定的起诉条件。毕某与建筑工程公司之间并未形成民事法律关系，其起诉不属于人民法院受理民事诉讼的范围。故法院裁定驳回毕某的起诉。

编写人：北京市平谷区人民法院　王宏

25

股权让与担保法律关系中，担保权人是否有权以股东身份召开股东会的认定

——张某诉房地产开发公司公司决议效力确认案

【案件基本信息】

1. 裁判书字号

北京市第一中级人民法院（2021）京01民终176号民事判决书

2. 案由：公司决议效力确认纠纷

3. 当事人

原告（被上诉人）：张某

被告（被上诉人）：房地产开发公司

第三人（上诉人）：国际信托公司

第三人（被上诉人）：物业管理公司

【基本案情】

北京房地产开发公司于2009年9月14日成立，注册资本2000万元。发起人股东为沈某、卢某、柳某。现工商登记的股东为国际信托公司（持股99%）、

北京物业管理公司物业管理公司（持股0.5%）、李某（持股0.5%）。

2011年4月15日，物业管理公司与国际信托公司、房地产开发公司签订《合作协议》等，约定：国际信托公司以设立信托计划的形式对房地产开发公司进行股权投资，期限为24个月，信托计划所募集的资金专项用于国际信托公司受让物业管理公司持有的房地产开发公司98%的股权，并对房地产开发公司进行注资，房地产开发公司获得国际信托公司的投资后，将该笔款项专项用于房地产开发公司享有土地使用权的土地项目开发。信托计划期满前，国际信托公司有权要求物业管理公司以约定价格（股权转让价款=优先级信托资金总额+优先级受益人的预期收益+未支付的本信托计划应当承担的各项信托费用总额）回购房地产开发公司的股权。如发生国际信托公司未能按照约定的价格转让房地产开发公司的股权等情形，则国际信托公司有权行使如下一项或多项权利，物业管理公司及项目公司应无条件同意并予以配合……根据项目公司的公司章程，行使股东权利解散和清算项目公司。2011年5月27日，国际信托公司向房地产开发公司支付注资款2亿元，房地产开发公司出具了收据。同日，房地产开发公司作为授权人出具《特别授权一》载明，鉴于：事实一、国际信托公司已成为房地产开发公司99%的新股东，在物业管理公司与国际信托公司关于房地产开发公司之《合作协议》等项协议签订时，为了规避金融监管机构的限制又能促成国际信托公司实现放贷盈利的目的，房地产开发公司原股东仅在国际信托公司口头承诺的情况下就表现了极大的诚意来满足国际信托公司的要求，故而房地产开发公司原股东借款的真实意图在上述协议中未能体现而显失公平，遵循诚实信用风险共担、利益共享的法定公平原则，国际信托公司兑现其在上述协议谈判时对房地产开发公司原股东的口头承诺……

2013年5月23日，物业管理公司与国际信托公司、房地产开发公司签订《合作协议之补充协议》，物业管理公司与国际信托公司签订《股权收购协议之补充协议》，约定将信托计划延期24个月至2015年5月26日。2013年5月26日，物业管理公司与国际信托公司签订《债权债务确认协议》约定将信托计划再次延期至2016年5月27日。2013年6月9日，国际信托公司申请公证处对

《股权收购协议》及其补充协议公证并赋予强制执行效力。应国际信托公司的申请，公证处于2017年2月13日出具《执行证书》，内容为：一、被执行人：债务人物业管理公司、担保人房地产开发公司；二、执行标的：应付未付的股权回购价款210700931.51元。此后，国际信托公司又于北京市第二中级人民法院起诉物业管理公司、房地产开发公司股权转让纠纷一案，要求物业管理公司向其支付剩余股权收购款及实现债权的费用。北京市第二中级人民法院作出（2017）京02民初360号民事判决，判令物业管理公司向国际信托公司给付截至2017年8月31日的股权收购款139934888.1元。

张某称其曾于开会时间到达开会地点欲参加股东会，但未能进入会议室。本案证人唐某称，其是因与张某洽谈房地产开发公司项目融资一事与张某结识，开会当日其与张某一同到达开会地点，但因国际信托公司的人员称张某不是股东，亦无李某出具的授权，故不让其参加股东会。涉案决议载明，房地产开发公司于2017年1月3日召开股东会，参会人员仅有国际信托公司，会议形成决议如下：（1）免去李某同志原执行董事、法定代表人职务，任命刘某同志为公司执行董事、法定代表人，任期三年；（2）免去卢某同志原监事职务，任命李某同志为公司监事，任期三年；（3）办理补办公章，营业执照事宜。仅有国际信托公司于该决议落款“股东会成员签名”处加盖公章。

【案件焦点】

1. 涉案协议的当事人之间是否属于股权让与担保法律关系；2. 股权让与担保法律关系中担保权人是否有权以股东身份召开股东会。

【法院裁判要旨】

北京市海淀区人民法院经审理认为：从国际信托公司与物业管理公司、房地产开发公司签订的信托计划相关协议看，国际信托公司设立信托计划募集信托资金，以入股房地产开发公司的形式向房地产开发公司的房地产开发项目投资，并约定国际信托公司有权于信托计划期满前要求房地产开发公司股东物业管理公司回购股权，继而收回信托资金并获取溢价收益。故国际信托公司实际是以其受让的股权作为其到期收回信托资金及收益的担保。经国际信托公司确认的《特别授权一》中亦阐明了国际信托公司与物业管理公司之间“名股实债”法律关系的实质，签订信托计划相关协议的真实意图是物业管理公司为房地产开发公司房地产开发项目引资，国际信托公司投入资金获取收益，因此国际信托公司与物业管理公司之间的股权转让实为股权让与担保的法律关系。

股权让与担保就更具其特殊性，因为股权为兼具财产权和人身权属性的复合型权利。公司股东可就其享有的股权参与公司分红，亦通过其股东表决权参与公司的经营管理。而股权让与担保的债权人以受让或增资的方式取得股权，是期待以股权价值担保其债权未来可以实现，债权人并非以成为公司股东，参与管理、获取分红为目的。因此，债权人虽在形式上为公司名义股东，但其并不享有股东的实质性权利。但本案的特殊之处在于，《合作协议》及其补充协议赋予了国际信托公司在信托计划期满，其未能全额收回信托资金、收益及相关费用时，可以行使向第三人转让股权、提议召开股东会重新选举董事、作出降价销售房地产开发公司资产的股东会决议并分配销售收入、分配房地产开发公司税后利润或解散、清算房地产开发公司的股东权利。但该项约定也是以国际信托公司的信托资金不受减损、保证信托资产完整性为目的而签订，仅有在国际信托公司到期不能全额收回信托资金时才能行使如上权利。此与通常情况下，股东应享有的各项权利有实质性区别，范围较小，使用条件也被限定。

本案中，在物业管理公司到期未能全额支付股权收购款项，信托计划于2013年、2015年两次延期时，并申请公证处出具公证债权文书赋予《债权债务确认协议》以强制执行效力。故在国际信托公司与物业管理公司签订《债权债务确认协议》时，即明确了其与物业管理公司之间以回购股权形式收回信托资金的债权债务关系，确定了债权债务的承受主体以及债务金额。在此情况下，国际信托公司作为房地产开发公司的名义股东、实际投资人仅对物业管理公司享有债权，仅能要求物业管理公司按照《债权债务确认协议》的约定履行债务，即国际信托公司以其行为放弃了《合作协议》及其补充协议赋予其在限定条件下可以行使的股东权利，不能再通过行使股东权利更换公司高管、处置公司财产甚至解散、清算公司，否则就是对其债权的双重受偿，对房地产开发公司原股东张某、物业管理公司亦显示公平。

因此，国际信托公司作为物业管理公司的债权人、名义股东，既无权召集召开房地产开发公司股东会，也无权参与表决，上述情形符合《中华人民共和国公司法》及相关司法解释规定的公司决议不成立的法定情形，故本院确认涉案决议不成立。

北京市海淀区人民法院依照《中华人民共和国民法总则》第一百三十四条，《最高人民法院关于适用〈中华人民共和国公司法〉若干问题的规定（三）》第二十四条，《最高人民法院关于适用〈中华人民共和国公司法〉若干问题的规定（四）》第一条、第五条，《中华人民共和国民事诉讼法》第六十四条第一款，《最高人民法院关于适用〈中华人民共和国民事诉讼法〉的解释》第九十条、第九十三条第一款第五项之规定，作出如下判决：

确认涉案决议不成立。

国际信托公司不服一审判决，提出上诉。北京市第一中级人民法院同意一审法院的裁判意见，作出如下判决：

驳回上诉，维持原判。

【法官后语】

本案涉及的法律问题主要为：股权转让与股权让与担保法律关系如何区分以及股权让与担保中担保权人是否享有以股东身份召开股东会的权利。近年来，为降低增信与融资成本，股权让与担保以其特有的优势在商事活动中日益受到青睐，公司股东以其名下的股份作为担保与债权人签订协议，并在工商登记机关进行股东变更。让与担保是指债务人或者第三人为担保债务人的债务，将担保物的财产权利移转于担保权人，使担保权人在不超过担保目的的范围内取得担保标的的财产权，于债务清偿后，标的物返还担保人，债务不履行时，担保权人可就担保标的受偿的非典型担保①。若以股权作为让与担保之标的，则为股权让与担保。《最高人民法院关于适用〈中华人民共和国民法典〉有关担保制度的解释》第六十九条②是关于股权让与担保的规定。因公司法上的股权兼具人身属性和财产属性，故在股权让与担保制度中呈现出不同于一般担保物的更为复杂的问题，具体表现为司法实践中常见的两类纠纷：一是关于融资合同性质及效力的问题，原告（股权转让方）起诉要求被告（股权受让方）支付股权转让款履行股权转让协议，而被告抗辩双方之间是股权让与担保的关系，要求驳回原告的诉讼请求；二是股东身份的争议，投资人（股权受让方）是股东，还是融资人（股权转让方）是股东？名义股东是否可以召开股东会、是否需要履行公司股东出资不实责任、对外是否需要承担公司债务等问题。而解决第二类纠纷的前提还是要回归第一类问题即厘清涉案协议的法律性质。

一、股权让与担保之法律构成要件

在司法实践中，双方通常签订的协议名称为股权转让协议，而并非股权让与担保协议，但是股权转让与股权让与担保的法律后果大相径庭。股权让与担保协议属于《中华人民共和国民法典》第三百八十八条第一款所指的“其他具有担保功能的合同”。笔者认为，所谓股权让与担保，是担保人为担保债权实现，将目标公司股权让与债权人，待债务清偿后股权转回让与担保人，若债务期限届满未获清偿，让与担保权人可就该股权优先受偿。股权让与担保常见的两种形式：(1) 狭义让与担保。当事人订立担保合同，通过股权让与对债权进行担保。形式上是担保，借贷是主法律行为，股权让与担保是从法律行为。(2) 卖渡担保。当事人订立股权转让合同，通过附清偿、回购等条款的股权转让对债权进行担保。形式上是买卖，由转让与回购两个环节构成完整的担保行为。司法实践中认定某一合同是否构成股权让与担保协议，大多从合同约定的

① 谢在全：《民法物权论（下册）》，中国政法大学出版社2011年版，第1100页。

② 《最高人民法院关于适用〈中华人民共和国民法典〉有关担保制度的解释》第六十九条：股东以将其股权转移至债权人名下的方式为债务履行提供担保，公司或者公司的债权人以股东未履行或者未全面履行出资义务、抽逃出资等为由，请求作为名义股东的债权人与股东承担连带责任的，人民法院不予支持。

权利义务、合同实际履行情况、当事人的利益状况、权利移转的目的与交易结构、股东权利行使等方面进行分析判断。笔者认为，股权让与担保具有以下法律特征：

（一）股权让与担保之前提——存在合法有效的债权

股权让与担保作为一种特殊的担保形式，仍要受担保从属性这一根本原则的限制。若不存在被担保的主债权，则不构成股权让与担保。当事人在合同中明确约定股权转让系为担保某项债权之履行，是担保目的最典型的体现，此种情形下当事人先签订借款合同，之后或同时签订股权让与担保合同；若当事人并未明确约定担保之主债权，则还需要通过当事人之间的利益状况，如是否存在与转让价款相同或以转让价款体现的主债权，时间上是否存在相关联之其他交易以及当事人事后的实际履行情况等因素综合判断股权是否为担保债权之目的而转让。关于此种情形，《全国民商事审判工作会议纪要》第八十九条将营业信托纠纷与“明股实债”进行区分，该条第二款认为，当事人在相关合同中同时约定采用信托公司受让目标公司股权、向目标公司增资方式并以相应股权担保债权实现的，应当认定在当事人之间成立让与担保法律关系。此种主债权就比较隐蔽，是通过信托公司的投资款来体现的。

（二）股权让与担保之外观——股权转让与回转

完整的股权让与担保模式包含债务人对外转让股权与回收股权的双向交易。依据合同效力和物权效力的二分法，双方当事人出于真实意思表示，未违反法律、行政法规的强制性规定则股权让与担保合同有效，但股权让与担保要想具有对抗第三人的物权效力，当事人必须在法定的登记机构依法进行登记，以此消除隐性担保进而保障双方当事人合法利益，而公司内部股东名册的变更并非必要履行的程序。与此相区别，公司法上的股权转让则有更为严苛的程序，即包括公司内部的股东名册及公司登记机关的股东登记，具体表现为三个效力的层次：一为合同生效约束合同相对方；二为记载于股东名册约束公司和其他股东；三为在工商行政机关登记为股东取得对抗第三人的效力。

当合同约定的债务到期被清偿，让与股权应当返还原股东，因此合同通常会约定股权回转的条款，比如，约定当债权获清偿时债权人应将股权无偿转回，或债务清偿后原股东有权以零对价或极低价款回购股权，或股权转让附解除条件等。此外，司法实践中当事人约定在一定期间后债务人应以本金加利息（溢价款）回购股权，根据相关法律规定①，此种交易中转让、回购为手段，担保是实质目的，债务人支付本金加利息（溢价款）也是履行债务的一种方式。

（3）股权让与担保之目的——担保债权实现

商事主体为降低融资成本，在无房产等实物抵押完成典型担保的情况下，如果具备良好的信用，那么债权人仍然接受以其股权作为担保财产，商事实践催生了股权让与担保制度的产生。股权让与担保的设立是为了担保债权的实现，移转股权仅为手段。在合同履行过程中，如果债务人清偿债务则股权仍要回归原股东，如果债务人到期未偿还债务，则债权人对已经登记的股权有权优先受偿。公司法上的股权转让目的明确就是交易双方单纯的股权交易，一方将持有的目标公司股权出让给另一方，另一方支付对价。其有更为严苛的程序，具体表现为公司法的相关规定，股东向股东以外的人转让股权，应当经其他股东过半数同意。经股东同意转让的股权，在同等条件下，其他股东有优先购买权。如果公司章程对股权转让另有规定的还应该遵守章程的约定。

二、股东资格的认定及其权利行使和义务承担

当债权人受让股份且在工商登记机关记载为股东后对外即产生公示效力。此时债权人作为股东是否与公司法上的股东性质相同，其在目标公司享有哪些权利，需要承担何种义务等在司法裁判中为争议的焦点。司法实践中有以下三种观点。

观点一以"所有权构成论"为基础，认可超越担保目的的手段，支持让与担保权人取得担保物所有权。股权让与担保中的股权转让既有"让与"之名，

---

①《最高人民法院关于适用〈中华人民共和国民法典〉有关担保制度的解释》第六十八条第三款：债务人与债权人约定将财产转移至债权人名下，在一定期间后再由债务人或者其指定的第三人以交易本金加上溢价款回购，债务人到期不履行回购义务，财产归债权人所有的，人民法院应当参照第二款规定处理。回购对象自始不存在的，人民法院应当依照民法典第一百四十六条第二款的规定，按照其实际构成的法律关系处理。

又有“让与”之实。股权转让合同有效，并满足股权转让的实质要件和形式要件在法律上发生股权移转的结果，债权人得以取得股东资格。法律上股权让与担保中的“让与”与普通股权转让并无不同，在结果上完整地发生股权归属于受让人。无论对内还是对外，股权均应归属于债权人，其有权实际参与目标公司的管理。根据商法交易中的公示与外观主义原则，第三人凭借对登记内容信赖，一般可以合理地相信登记的股东就是真实的股权人，可以要求其在未出资范围内对债权人未获清偿之债权承担补充赔偿责任。比如，“赵某强与驾驶员培训公司股东知情权纠纷案”① 中，目标公司以股权让与担保中的债权人非为公司股东，不享有股东权利为由拒绝查阅公司账册，法院依据登记肯定了股权让与担保中债权人的股东身份，认为其有权依照法律规定行使股东知情权，可以依法查阅公司账册了解公司的经营情况。“资产管理公司、林某立执行异议之诉案”② 中，二审法院并未支持债权人基于让与担保享有股权而并非目标公司股东的抗辩，而是要求其作为股东承担补足出资的义务。

观点二以“担保权构成论”为基础，强调担保目的要素，主张让与担保人仅取得担保权。股权让与担保的股东身份登记仅具有在担保范围内对抗其他担保权人之意义，不具有确认股东资格或产生人身权益的功能。现行股东登记制度在事实及规范上均未赋予股东登记以股权“权利基础”之功能，且公司股东信息对交易相对人而言原则上也不具有据以判断交易是否进行的价值。原股东仍须承担出资责任的，法律不需要保护第三人对外部登记的信赖，外观主义主

---

① 参见江苏省徐州市铜山区人民法院（2018）苏0312民初2223号民事判决书，载中国裁判文书网，https：//wenshu. court. gov. cn/website/wenshu/181107ANFZ0BXSK4/index. html?docId=2hBPLhgZtbzdtS5E8mJvEZCPSEZ5OXm41vFZ5DhscQJslydB+MbpMfUKq3u+IEo4w4OaGAbnG2A8A8lfcm2NXSN05NRB6QgWvb77MR4zDn7p0vh5l4PiBKHHvhQOUL+I，最后访问时间：2023年2月10日。

② 参见福建省泉州市中级人民法院（2019）闽05民终396号民事判决书，载中国裁判文书网，https：//wenshu. court. gov. cn/website/wenshu/181107ANFZ0BXSK4/index. html? docId=YOsPjbH46Z8ahBL2gImV2m7xn/lWLPibWQU9p789HbOP+4Q2RqW6wvUKq3u+IEo4w4OaGAbnG2A8A8lfcm2NXSN05NRB6QgWvb77MR4zDn4ySjJPCDWHO7x/N8ByAROz，最后访问时间：2023年2月10日。

要适用于交易行为、权利变动的领域，在承担出资瑕疵责任这一问题上原则仍应遵循实质标准。

观点三以当事人意思自治为基础。债权人的股东资格体现为形式上享有股权，其股权行使受股权让与担保合同及担保目的的制约。当事人基于让与担保交易合同的约定，对股权权利行使作出交易安排。此种交易安排，可以是完全的形式上转让，也可以是完全的实质性转让，还可以是股东权利的分割行使，担保权人对重大资产处置、对外担保等影响股权价值或者担保目的实现的事项享有表决权，包括日常管理在内的其他股东权利由债务人享有。当事人违反约定行使股东权利的，应承担相应的违约责任。比如，“电子科技公司诉投资公司合同纠纷案”① 中，当事人即约定乙方作为甲方股东权利仅限于预约房屋的经营、管理及收益，不参与甲方日常经营管理，不承担甲方资产贬损或其他方面的风险和责任，放弃在甲方除预约房屋外的收益分配，放弃《中华人民共和国公司法》赋予股东的实质性法定权利。“赵某某、投资公司诉张某某确认合同无效纠纷案”② 中，法院认为在担保权存续期间，赵某某只能根据约定在有限范围内行使股权。若赵某某滥用股权，则构成违约，应对违约造成的损失进行赔偿。

笔者认为，对于股东资格及其权利行使和义务承担的认定应以担保权构造论为基本观点，并在股东权利义务判定中综合考量各方利益平衡问题。首先，从股权让与担保的目的看，股权让与是担保债权的实现，该目的通过转让股权的财产权即可达到。以股权形式上转让设定的股权担保权，债权人仅为附条件支配财产权益的名义股东，原则上不产生股权人身权的移转，股东的人身权仍

---

① 参见最高人民法院（2018）最高法民再455号民事判决书，载中国裁判文书网，https://wenshu.court.gov.cn/website/wenshu/181107ANFZ0BXSK4/index.html?docId=2BtuR8jdEu0LMyuivYSwPdRUVv7CzrU1qBn7krxrl0ge1gOwBdEaovUKq3u+IEo4w4OaGAbnG2A8A8lfcm2NXSN05NRB6QgWvb77MR4zDn7u9XeB5wTFbzBKLuzuj4/h，最后访问时间：2023年2月10日。

② 参见最高人民法院（2017）最高法民再136号民事判决书，载中国裁判文书网，https://wenshu.court.gov.cn/website/wenshu/181107ANFZ0BXSK4/index.html?docId=RMsHL+R1VwuPk4A9gWVAqGYF3h+nwo2TovJD3UZWO5bJg7wcyS31uvUKq3u+IEo4w4OaGAbnG2A8A8lfcm2NXSN05NRB6QgWvb77MR4zDn6FvadQqf25giEZ/qcjr7yV，最后访问时间：2023年2月10日。

然保留在债务人（实际股东）处。其次，如果当事人就股权人身权益的归属作了约定、债务人向公司披露股权让与担保的事实、债权人确实行使股东权利，则此时的名义股东行使权利应该受到股权让与担保合同和公司意志的双重限制，名义股东仅可在担保的范围内优先受偿，除非有合同约定并经公司同意，否则名义股东不能向公司行使股东权利。再次，如果当事人就股东权利行使并无特别约定。此时，担保权人作为名义股东，仅在担保权存续期间暂时性、在不超过担保之目的范围内享有股权，如“置业公司、马某军金融借款合同纠纷案”[1]中，法院认为担保权人可参加标的公司的股东会议，作为担保权人、名义股东对其出借给标的公司的4亿元资金进行监督和控制。最后，商事外观主义在股权让与担保中名义股东是否应履行出资义务应排除适用，因为出资瑕疵的过错责任在于债务人（出让人），让与担保权人的连带责任有违公平正义。

三、回归本案：涉案协议是否构成股权让与担保及国际信托公司的股东资格认定

（一）国际信托公司与物业管理公司构成股权让与担保法律关系

国际信托公司起诉的事实依据系2011年4月15其与物业管理公司、房地产开发公司签订系列协议中的约定：如发生国际信托公司未能按照约定的价格转让房地产开发公司的股权等情形，则国际信托公司有权行使如下一项或多项权利，物业管理公司及项目公司应无条件同意并予以配合……根据项目公司的公司章程，行使股东权利解散和清算项目公司。国际信托公司是否能够行使股东权利解散公司，并非单纯依据一个协议约定能够判定。需要认定国际信托公司与物业管理公司之间是否构成股权让与担保法律关系。根据前文关于股权让与担保法律构成要件的论述可以一一进行分析。第一，双方之间是否存在合法有效的债权。从国际信托公司与物业管理公司、房地产开发公司签订的信托计

---

① 参见最高人民法院（2018）最高法民申4165号民事裁定书，载中国裁判文书网，https：//wenshu.court.gov.cn/website/wenshu/181107ANFZ0BXSK4/index.html？docId = nOE3NrYf+UYEbodikBelU10MPIp29CwLLC9VpFbLyqh+YF0FkmAwMPUKq3u+IEo4w4OaGAbnG2A8A8lfcm2NXSN05NRB6QgWvb77MR4zDn6DJjl6G9AosRP6xM7vplWL，最后访问时间：2023年2月10日。

划相关协议看，国际信托公司设立信托计划募集信托资金，以入股房地产开发公司的形式向房地产开发公司的房地产开发项目投资。2011年5月27日，国际信托公司向房地产开发公司支付注资款2亿元。此处的2亿元将构成国际信托公司持有的合法有效债权。第二，是否存在股权转让与回转。国际信托公司注资后，取得房地产开发公司99%的股权，协议约定国际信托公司有权于信托计划期满前要求房地产开发公司股东物业管理公司回购股权，继而收回信托资金并获取溢价收益。故本案也满足股权让与担保的外观形式。第三，股权让与的目的是否是担保债权。《特别授权一》载明：为了规避金融监管机构的限制又能促成国际信托公司实现放贷盈利的目的，房地产开发公司原股东仅在国际信托公司口头承诺的情况下就表现了极大的诚意来满足国际信托公司的要求，故而房地产开发公司原股东借款的真实意图在上述协议中未能体现而显失公平，遵循诚实信用风险共担利益共享的法定公平原则，国际信托公司兑现其在上述协议谈判时对房地产开发公司原股东的口头承诺。经法院认定《特别授权一》经国际信托公司认可，其实质阐明了国际信托公司与物业管理公司之间“名股实债”法律关系的实质，签订信托计划相关协议的真实意图是物业管理公司为房地产开发公司房地产开发项目引资，国际信托公司投入资金获取收益。综上，国际信托公司与物业管理公司之间的股权转让实为股权让与担保的法律关系。

（二）国际信托公司无权以股东身份召开房地产开发公司股东会

正如前文所述，物业管理公司以股权形式转让设定的股权担保权，国际信托公司仅为附条件支配财产权益的名义股东，原则上不产生股权人身权的移转，股东的人身权仍然保留在物业管理公司等原股东处。本案中，双方在协议中约定了债务到期物业管理公司未履行回购义务的，国际信托公司有权行使一定的股东人身权利。但是正如本案一审、二审法院认定的，本案特殊之处在于债务到期后，国际信托公司并未就担保的股权主张优先受偿，而是另行与物业管理公司签订补充协议确定双方的债权债务关系，并就该确定的债权于公证处确认具有强制执行力，且国际信托公司已经向法院申请对房地产开发公司就涉案债权申请强制执行。一审、二审法院从双方当事人利益平衡、国际信托公司不能双重受益及国际信托公司通过后续协议放弃已取得的股东人身权利出发，认定国际信托公司不具备公司法上股东的资格，进而认定本案符合《最高人民法院关于适用〈中华人民共和国公司法〉若干问题的规定（四）》第五条规定的股东会决议不成立的情形。

四、结语

涉及股权让与担保中与股东权利义务有关的诉讼，应从以下方面考虑：(1) 当事人之间符合让与担保基本架构的股权交易安排，构成股权让与担保。(2) 股权经工商变更登记过户至其名下的担保权人，具备名义股东的法律地位，在担保目的范围之内享有股东权利，其债权届期未获清偿的，可就股权优先受偿。(3) 让与股权仅为股权财产权，如无相关约定，名义股东对内不享有股东人身权利，对外不承担股东义务。

编写人：北京市通州区人民法院　刘文　刘斐洁

26

表决结果未达到法定或章定通过比例，应主张决议不成立，请求撤销公司决议不予支持

——甲投资公司、乙投资公司诉铜业公司公司决议撤销案

【案件基本信息】

1. 裁判书字号

青海省高级人民法院（2021）青民终281号民事判决书

2. 案由：公司决议撤销纠纷

3. 当事人

原告（被上诉人）：甲投资公司、乙投资公司

被告（上诉人）：铜业公司

第三人：丙投资公司

【基本案情】

2020年10月19日，铜业公司就关停矿山、矿区生态环境保护治理召开2020年第一次临时股东会会议，表决七项议案：（一）关于审议《确认铜业公司铜矿政策性关停后员工安置情况》的议案；（二）关于审议《确认铜业公司资产处置情况》的议案；（三）关于审议《A铜矿等三矿区生态恢复治理情况》的议案；（四）关于审议《确认A铜矿四个探矿权补偿金额》的议案；（五）关于审议《签署铜业公司A铜矿采矿权补偿金额事项》的议案……对第一至五项议案，丙投资公司投同意票占51%表决权，甲投资公司、乙投资公司投反对票占49%表决权。甲投资公司、乙投资公司认为股东会表决的第一至五项议案，涉及公司资产出售、停止经营及进行实质性清算等是对公司造成重大影响的事项，按照公司章程规定，应当经代表三分之二以上表决权的股东表决同意方可通过，遂请求撤销股东会决议。

【案件焦点】

甲投资公司主张撤销公司决议的诉讼请求能否成立。

【法院裁判要旨】

青海省海南藏族自治州中级人民法院经审理后认为：公司法和公司章程规定，股东会决议表决可以分两种：普通决议表决和特别决议表决。股东会就公司重大事项作出的决议，必须经代表三分之二以上表决权的股东通过。本案中，铜业公司生产经营的外部条件发生重大变化，铜业公司运营方式由自营管理调整为对外承包经营，属变更公司形式，应属重大事项，应当经代表三分之二以上表决权的股东表决通过，因此，本案股东会临时决议表决的议案结果并未达到公司法和公司章程规定的通过比例，应予撤销，遂判决撤销2020年10月19日被告铜业公司召开第一次临时股东会表决的七项议案。

青海省海南藏族自治州中级人民法院根据《中华人民共和国公司法》第二十二条第二款之规定，作出如下判决：

撤销2020年10月19日被告铜业公司召开第一次临时股东会表决的七项议案。

铜业公司不服一审判决，提起上诉。青海省高级人民法院经审理后认为：首先，公司决议是一种法律行为，认定公司决议可撤销的前提是决议已有效成立。决议可撤销和决议不成立分属于两个不同的案由，亦适用不同的法律。本案中甲投资公司、乙投资公司认为股东会决议中的议案内容均属于必须经特别决议表决通过的事项，依据《最高人民法院关于适用〈中华人民共和国公司法〉若干问题的规定（四）》第五条第四项的规定，应主张决议不成立，现甲投资公司、乙投资公司主张撤销股东会决议不符合法律规定，二审期间向其释明后，其坚持主张撤销决议，故对其要求撤销股东会决议的诉讼请求不予支持。其次，案涉股东会会议表决的议案中，其中议案一至四内容均系已经履行完毕的事项，股东对已经履行完毕的决议提起撤销之诉没有意义，若股东认为其利益受到侵害，可以提起诉讼，请求赔偿损失。目前，甲投资公司已另案提起损害公司利益责任纠纷。再者，案涉股东会决议名称虽为《铜业公司2020年第一次临时股东会会议决议》，但从其载明内容看，该决议中仅对提交审议的议案的同意票数和反对票数进行了客观表述，没有形成表决结果，未形成有效的股东会决议，不具备撤销条件。

青海省高级人民法院依照《中华人民共和国民事诉讼法》第一百七十七条第一款第二项规定，作出如下判决：

一、撤销青海省海南藏族自治州中级人民法院民事判决；

二、驳回甲投资公司、乙投资公司的诉讼请求。

【法官后语】

公司决议行为是一种民事法律行为。法律行为的成立和生效是两个不同的概念，因此，公司决议的成立和生效理应与法律行为成立和生效的理论相吻合。当法律行为欠缺成立要件时，法律行为不成立；同理，当公司决议欠缺成立要件时，应为“决议不成立”。认定公司决议可撤销的前提是决议已有效成立，对于决议不成立的情形，如果认定为可撤销，存在逻辑上的矛盾。决议可撤销和决议不成立的根本区别在于制度价值不同。决议成立与否是事实判断问题，决议的效力是法律价值判断问题，如果一项决议缺乏基本的成立要件，无所谓效力评价。决议可撤销和决议不成立分属于两个不同的案由，亦适用不同的法律。《中华人民共和国公司法》第二十二条第一款、第二款规定："公司股东会或者股东大会、董事会的决议内容违反法律、行政法规的无效。股东会或者股东大会、董事会的会议召集程序、表决方式违反法律、行政法规或者公司章程，或者决议内容违反公司章程的，股东可以自决议作出之日起六十日内，请求人民法院撤销。"该条针对瑕疵决议的救济仅规定了决议无效和可撤销之诉，未涵盖决议不成立的情形，为此《最高人民法院关于适用〈中华人民共和国公司法〉若干问题的规定（四）》第五条规定了五种决议不成立的情形："（一）公司未召开会议的，但依据公司法第三十七条第二款或者公司章程规定可以不召开股东会或者股东大会而直接作出决定，并由全体股东在决定文件上签名、盖章的除外；（二）会议未对决议事项进行表决的；（三）出席会议的人数或者股东所持表决权不符合公司法或者公司章程规定的；（四）会议的表决结果未达到公司法或者公司章程规定的通过比例的；（五）导致决议不成立的其他情形。"前两项为根本未开会、未表决，理论上称为决议不存在的情形；第三项至第四项虽然开会，但出席会议的人数或者股东所持表决权不符合公司法或者公司章程的规定，或者会议的表决结果未达到法律或者公司章程规定的通过比例，理论上称为未形成有效决议，表明决议的意思表示没有形成，未形成团体意思，相当于股东会未作出任何意思表示，决议不成立。本案中甲投资公司、乙投资公司认为股东会决议中的议案内容均属于必须经特别决议表决通过的事项，均应经三分之二以上表决权通过，依据《最高人民法院关于适用〈中华人民共和国公司法〉若干问题的规定（四）》第五条的规定，应主张决议不成立，其请求撤销股东会决议不符合法律规定。

另，甲投资公司、乙投资公司诉求撤销的股东会决议虽对相关议案进行了表决，但决议中仅对提交审议的七个议案的同意和反对票数进行了客观表述，没有形成表决结果，未形成有效的股东会决议，不具备撤销条件且股东会会议表决的议案中有些内容系已经履行完毕的事项，股东对已经履行完毕的决议提起撤销之诉没有意义，若股东认为其利益受到侵害，可以提起诉讼，请求赔偿损失。一审法院以主张决议不成立的事由判决撤销股东会决议，适用法律有误。二审期间经向当事人释明后，其坚持主张撤销决议，故二审撤销原判，改判驳回了原告要求撤销股东会决议的诉讼请求。

编写人：青海省高级人民法院　陈玉静

六、公司设立纠纷

27

股东在公司设立中垫付的公司设立费用是否属于履行公司股东出资义务

——黄某虎诉甲新材料公司等公司设立案

【案件基本信息】

1. 裁判书字号

福建省泉州市中级人民法院（2021）闽05民终1948号民事裁定书

2. 案由：公司设立纠纷

3. 当事人

原告（被上诉人）：黄某虎

被告（上诉人）：甲新材料公司

被告：黄某楚、乙新材料公司

【基本案情】

黄某虎、黄某楚、乙新材料公司经协商一致，决定共同发起成立新公司甲新材料公司。在设立公司过程中，黄某虎以公司名义签订房屋租赁合同并支付租金人民币468000元、支付环评费用人民币15000元，后办理营业执照和刻章支付费用人民币2000元，共计人民币485000元，该款项已由黄某虎先行垫付。

黄某虎、黄某楚、乙新材料公司在《公司章程》中明确规定认缴时间为 2070 年 4 月 23 日前。公司成立后，黄某虎向公司及其他股东催讨，均未果。

【案件焦点】

1. 公司成立后，股东此前在公司设立中垫付的公司设立费用是否属于履行公司股东出资义务；2. 股东认缴出资期限未到期的情况下，是否应对公司债务承担相应责任。

【法院裁判要旨】

福建省南安市人民法院经审理认为：设立中公司，是指自发起人签订发起人协议或者达成发起合意时起，至设立登记完成前，尚未取得法人资格的主体。设立中公司虽然不具有独立法人人格，但是已经具备了一定的权利能力和行为能力，可以以自己的名义对外进行民事活动。设立中公司与正式成立后的公司系同一人格，发起人以设立中公司名义签订的合同，按照合同的相对性和名义主义原则，权利义务应当归属于设立中公司，黄某虎在设立甲新材料公司过程中垫付公司设立必要费用人民币 485000 元，公司设立后，黄某虎有权要求甲新材料公司向其支付该款项，故黄某虎要求甲新材料公司向其支付人民币 485000 元，于法有据，予以支持。黄某虎要求甲新材料公司支付自起诉之日起至实际偿清款项之日止按全国银行间同业拆借中心公布的贷款市场报价利率的 1.5 倍计算利息，鉴于黄某虎垫付款项期间确有存在利息损失，故利息自 2020 年 10 月 26 日起至实际偿清款项之日止按照全国银行间同业拆借中心发布的贷款市场报价利率的标准计算为妥。黄某虎主张黄某楚、乙新材料公司对上述款项承担连带清偿责任，甲新材料公司现状态为存续中，公司现有承租厂房尚未利用，并不排除继续经营的可能，亦未做任何清算行为，且黄某虎、黄某楚、乙新材料公司在《甲新材料公司章程》中明确约定认缴时间为 2070 年 4 月 23 日前，该约定系三方真实意思表示，并不违反法律规定，故对黄某虎要求黄某楚、乙新材料公司承担连带责任的主张不予采纳，该请求于法无据，不予支持。黄某楚、乙新材料公司主张各方约定由黄某虎作为甲新材料公司设立初期的出资方，黄某虎出资300万元，占股20%，以黄某楚为代表负责业务订单，乙新材料公司负责熔喷布设备研发生产及熔喷布生产所需的原料供应，并采取订单滚动投入后续设备采购，设备款付清后归还投资款的形式合作，但提供的证据不足以证明其主张，故不予采信。黄某楚、乙新材料公司主张黄某虎垫付的款项应予以抵扣认缴出资，根据《中华人民共和国公司法》第二十八条“股东应当按期足额缴纳公司章程中规定的各自所认缴的出资额。股东以货币出资的，应当将货币出资足额存入有限责任公司在银行开设的账户……”的规定，鉴于并无证据证明各方约定由黄某虎负责公司设立前期出资以及将黄某虎垫付的公司设立费用抵扣认缴金额，且黄某虎对此予以否认，故各方认缴出资应以存入《甲新材料公司章程》在银行开始的账户并根据《甲新材料公司章程》第十一条约定由公司签发出资证明书为准，故对该主张不予采纳。

福建省南安市人法院根据《中华人民共和国民法总则》第七十五条、《中华人民共和国公司法》第二十八条、《最高人民法院关于适用〈中华人民共和国公司法〉若干问题的规定（三）》第三条、《中华人民共和国民事诉讼法》第六十四条及《最高人民法院关于适用〈中华人民共和国民事诉讼法〉的解释》第九十条之规定，作出如下判决：

一、被告甲新材料公司应于本判决生效后十日内支付原告黄某虎款项人民币485000元及利息（利息自2020年10月26日起至实际偿清款项之日止按同期全国银行间同业拆借中心公布的贷款市场报价利率计算）；

二、驳回原告黄某虎的其他诉讼请求。

甲新材料公司不服判决一审，提起上诉。福建省泉州市中级人民法院经审理认为：公司设立费用与股东认缴出资在法律上是两种完全不同的概念，除非公司章程规定或当事人自行另作约定，而本案没有此种例外情形。黄某虎所付出的款项均为设立甲新材料公司的费用，其依据我国相关法律规定请求甲新材料公司承担责任，理据充分。甲新材料公司上诉主张上述款项应予以抵扣黄某虎作为股东的认缴出资，既无法律依据，也没有事实依据，不能成立，本院予以驳回。

福建省泉州市中级人民法院依照《中华人民共和国民事诉讼法》第一百七十条第一款第一项之规定，作出如下判决：

驳回上诉，维持原判。

【法官后语】

一、公司成立后，股东此前在公司设立中以公司名义签订合同而垫付的公司设立费用是否属于履行公司股东出资义务

笔者认为，除公司章程规定或当事人自行另作约定外，公司设立费用不能作为股东出资，二者应系独立的法律关系。

关于公司设立费用，是指发起人确定发起成立公司起至公司设立登记完成前，为了具备公司成立的法定条件，对外签订合同以购买或租用场地、办公用品等的费用。虽然设立中公司尚未取得法人资格的主体，但是已经具备了一定的权利能力和行为能力，可以以自己的名义对外进行民事活动。鉴于设立中的公司与正式成立后的公司系同一人格，发起人（公司成立后的股东）以设立中公司名义签订合同，按照合同的相对性和名义主义原则，权利义务应归属于设立中公司，设立公司的过程中垫付公司设立必要费用，属于设立公司费用，公司正式成立后，该费用应由公司承担，该费用属于公司对外债务。

关于股东出资义务，是指股东根据协议的约定以及法律和公司章程的规定向公司交付货币或履行其他给付义务。根据《中华人民共和国公司法》第二十八条“股东应当按期足额缴纳公司章程中规定的各自所认缴的出资额。股东以货币出资的，应当将货币出资足额存入有限责任公司在银行开设的账户；以非货币财产出资的，应当依法办理其财产权的转移手续。股东不按照前款规定缴纳出资的，除应当向公司足额缴纳外，还应当向已按期足额缴纳出资的股东承担违约责任”、第三十一条“有限责任公司成立后，应当向股东签发出资证明书……出资证明书由公司盖章”可知，股东以货币出资的，应严格按照程序，并且以公司章程、协议为基础予以履行，其更侧重于股东关于公司内部的对内责任。

而公司章程是公司成立的基础性法律文件，依法制定的章程作为公司的自

治性规范，也是确定股东权利与义务最主要的法律依据。对内约束公司和股东，对外具有公示作用，公司股东可自主约定认缴出资额、出资方式、出资期限等，并记载于章程，只要是经全体股东制定并通过的公司章程中明确记载的事项，均被公司法认可并有效。如股东之间未通过协议或载入公司章程的形式，明确约定设立公司费用可作为股东出资的形式之一，则设立公司费用应认定为公司对股东个人的债务。

在公司法中公司财产与股东出资以外的个人财产是分离的，即股东同时亦可以是公司的债权人。由此，不能简单地把股东垫付的公司设立费用与股东出资混同。本案中，在各股东未协商一致，亦未在公司章程中明确约定的情况下，黄某虎在公司设立过程中垫付的款项，应系公司对于其个人债务。

二、股东认缴出资期限未到期的情况下，是否应对公司债务承担相应责任

根据公司法的规定，公司债权人请求未履行或者未全面履行出资义务的股东在未出资本息范围内对公司债务不能清偿的部分承担补充赔偿责任的，人民法院应予支持。这一规定既保障了公司债权人的债权得以实现，同时也明确了公司及股东承担债务的范围和顺序。从承担责任范围来看，公司债务全部由公司承担，未履行或者未全面履行出资义务的股东在未出资本息范围内承担补充赔偿责任；从承担责任顺序上看，公司债务首先由公司承担，只有在公司明确无法清偿的情况下，“未履行或者未全面履行出资义务的股东”才承担补充责任。

而在现行公司资本认缴制下，公司股东依法享有出资期限利益。公司章程既是股东认缴出资额的依据，也是确定股东出资期限的依据。公司章程中规定的股东出资期限往往是缴纳出资的最晚日期，股东的出资义务只是暂缓，并非永久免除，公司可根据自身经营情况，制订相应的经营方案，对内是股东内部协议，充分体现了意思自治，对外予以公示，以供权利人评估发生经济行为的风险。且通过《中华人民共和国公司法》第二十八条“股东应当按期足额缴纳公司章程中规定的各自所认缴的出资额”的规定，进一步通过法律明确赋予公司股东出资期限利益，允许公司各股东按照章程规定的出资期限缴纳出资，股

东的出资期限利益，是公司资本认缴制的核心要义，系公司各股东的法定权利，故除法律另有规定外，在公司章程规定的认缴出资期限未到期情况下，公司债务应优先由公司自行承担。

笔者认为，在认缴制下，股东的出资义务只是暂缓，并非永久免除，在经法院确认公司确无偿还债务能力或股东实施消极履行出资义务的行为时，股东出资的认缴期限可予以加速到期，以切实保障债权人的利益。

综上，审判实践中，应针对具体案件正确理解公司设立过程中对内对外的各种法律关系。在当前公司资本认缴制下，公司法及相关司法解释，既保证了公司债权人的合法权益得以实现，亦兼顾了公司股东出资期限等利益，有利于激发经济健康、快速发展。

编写人：福建省南安市人民法院　王正平　孙承海

七、损害公司利益责任纠纷

28

监事诉讼主体及控股股东关联交易损害公司利益责任的认定

——节能公司诉方某应、粮油公司损害公司利益责任案

【案件基本信息】

1. 裁判书字号

河南省郑州市中级人民法院（2021）豫01民终4901号民事判决书

2. 案由：损害公司利益责任纠纷

3. 当事人

原告（被上诉人）：节能公司

被告（上诉人）：方某应

被告：粮油公司

【基本案情】

节能公司成立于2012年3月27日，注册资本为200万元，股东为付某晓与方某应，付某晓实缴出资80万元，出资比例占40%，方某应实缴出资120万元，出资比例占60%，付某晓任监事，方某应任执行董事兼总经理。

2018年1月10日，粮油公司作为乙方与饲料蛋白公司作为甲方签订《饲料蛋白公司4000T/D大豆加工生产线节能改造项目合同书》，合同主要约定：项目名称4000T/D大豆加工生产线节能改造项目，项目内容节能改造项目设备

供货，合同总价款人民币385万元，乙方负责办理将货物运抵甲方指定的交货地点，一切运输事项及相关费用应包括在合同总价中。另查明，粮油公司自有设备销售价为90万元。

2018年1月14日，节能公司作为供方与粮油公司作为需方签订《工矿产品购销合同》一份，合同主要约定：节能公司为粮油公司提供设备，数量共计127件，总金额141.453505万元，交货地点单位名称为饲料蛋白公司，节能公司与粮油公司分别在合同上加盖公章。

方某应提交购买设备购销合同共计11份，采购设备与上述《工矿产品购销合同》中约定的设备一致，合同总采购价格为137.5815万元。

节能公司的公章由方某应保管，方某应亦是粮油公司的股东并任监事。

【案件焦点】

1. 付某晓是否有权代表节能公司提起诉讼；2. 方某应代节能公司与粮油公司签订《工矿产品购销合同》的行为是否构成关联交易；3.《工矿产品购销合同》签订及履行是否损害节能公司利益。

【法院裁判要旨】

河南省郑州市金水区人民法院经审理认为：关于监事代表诉讼问题。《中华人民共和国公司法》第一百四十九条、第一百五十一条及《最高人民法院关于适用〈中华人民共和国公司法〉若干问题的规定（四）》第二十三条规定：高级管理人员执行公司职务时违反法律、行政法规或者公司章程的规定，给公司造成损失的，有限责任公司的股东，可以书面请求监事向人民法院提起诉讼，此时应当列公司为原告，监事代表公司进行诉讼。本案中，付某晓是节能公司的股东，同时任节能公司的监事，付某晓有权代表节能公司提起方某应损害公司利益的诉讼。

关于节能公司与粮油公司的交易是否构成关联交易问题。本案中，方某应作为节能公司的控股股东及法定代表人，未经股东会同意代表节能公司与粮油公司签订《工矿产品购销合同》，将节能公司的设备出售给粮油公司，因方某应同时为粮油公司的股东和董事，此交易系关联交易。

关于《工矿产品购销合同》签订及履行是否损害节能公司利益问题。粮油公司与饲料蛋白公司签订的《节能改造项目合同书》节能公司提供设备售价295万元（385万-90万元），而节能公司与粮油公司签订的《工矿产品购销合同》设备销售金额141.453505万元，该关联交易造成节能公司利益损失为153.546495万元（295万-141.45354万元）。故判令方某应向节能公司赔付损失153.546495万元。

河南省郑州市金水区人民法院依照《中华人民共和国公司法》第二十一条、第一百四十九条、第一百五十一条，《中华人民共和国民事诉讼法》第六十四条之规定，作出如下判决：

一、被告方某应于本判决生效后十日内赔偿原告节能公司的损失1535464.95元；

二、驳回原告节能公司的其他诉讼请求。

方某应不服一审判决，提起上诉。河南省郑州市中级人民法院经审理查明的事实与一审法院查明的事实一致，并同意一审法院的裁判意见。

河南省郑州市中级人民法院依照《中华人民共和国民事诉讼法》第一百七十条第一款第一项之规定，作出如下判决：

驳回上诉，维持原判。

【法官后语】

《中华人民共和国公司法》第二十一条规定，公司的控股股东、实际控制人、董事、监事、高级管理人员利用其关联关系损害公司利益，给公司造成损失的，应当承担赔偿责任。关联交易损害责任是一种侵权责任而非违约责任，应当符合侵权的构成要件，所以对关联交易损害责任的认定标准可以分为以下四个方面：（1）损害公司利益的主体是否为控股股东、实际控制人、董事、监事、高级管理人员五类人；（2）关联方是否进行了关联交易；（3）关联方对公司的利益造成了损害；（4）公司所受利益损害与关联交易具有因果关系。

关于关联交易损害责任，本案有三个亮点：

一、诉讼主体的认定

公司在日常经营活动中出现关联交易损害公司利益情形的，可以采取两种救济途径：公司直接诉讼和股东代表诉讼，以维护公司的合法利益。本案亮点在于，因节能公司无法主动提起诉讼，付某晓以监事身份代表公司对该公司执行董事兼总经理提起代表诉讼，要求其对关联交易给公司造成的损失承担赔偿责任。本案从《中华人民共和国公司法》第一百四十九条、第一百五十一条及《最高人民法院关于适用〈中华人民共和国公司法〉若干问题的规定（四）》第二十三条体系解释角度出发，确认监事代表诉讼主体适格。

二、关联交易的判断

存在关联关系是认定关联交易的前提。实践中交易相对方是行为人实际控制的其他企业，应认定为具有关联关系。本案中，方某应系节能公司的控股股东、执行董事兼总经理，又是粮油公司的股东兼监事，存在关联关系。

关联交易应从实体和程序两个方面审查。在程序审查方面，法院应审查关联交易是否已向公司披露，是否符合法律法规或公司章程的规定。在实体审查方面，价格应当公允，原则上不得偏离市场独立第三方的价格或收费标准等交易条件。需要注意的是，虽然公司内部决策程序能够为关联交易的正当性提供一定支撑，但仍应对关联交易是否具有公允性进行实质性审查。如关联交易损害公司利益，被告仅以该交易已经履行信息披露、经股东会或股东大会同意等法律法规或公司章程规定的程序为由抗辩的，法院不予支持。本案中，方某应未经股东会同意代表节能公司与粮油公司签订《工矿产品购销合同》，将节能公司设备低价出售给粮油公司，损害了节能公司的利益。

三、公司损害的确定

关于非正当关联交易的公司损害确定，通常是非正当关联交易价格与已查明公允交易价格之间的差额，该差额可以是直接经济损失，也可以是本应经营获得的利润。本案中，依据节能公司提供设备售价295万元，与《工矿产品购销合同》设备销售金额141.453505万元的差额，确定该关联交易造成节能公司利益损失为153.546495万元。方某应提出设备采购价格137.5815万元低于出售给粮油公司的价格141.453505万元，没有利用关联关系损害节能公司利益的诉求，不予支持。

综上，商事交易中，公司控股股东等公司高管利用关联交易损害公司利益的情况时有发生，严重破坏公平公正的市场交易秩序。本案通过支持监事代表诉讼，强化控股股东、公司高管的责任，对关联交易进行规制，有力保护了市场主体的合法权益，维护了公平诚信的市场交易秩序。

编写人：河南省郑州市金水区人民法院　郭宇燕

29

董监高不对公司的正常经营亏损承担赔偿责任

——沈某等诉邵某、闻某损害公司利益责任案

【案件基本信息】

1. 裁判书字号

北京市第一中级人民法院（2021）京01民终1766号民事判决书

2. 案由：损害公司利益责任纠纷

3. 当事人

原告（上诉人）：沈某、曹某、张某

被告（被上诉人）：邵某、闻某

第三人：技术公司

【基本案情】

技术公司系一家有限责任公司，法定代表人为邵某，股东为沈某、曹某、张某和软件公司。该公司执行董事为邵某，监事为闻某。

2014年技术公司与某公司签订《技术转让合同》，受让“二维码防伪标签”技术的专利权，转让价款总额为680万元。技术公司的三份专利查询信息显示：申请人为技术公司、发明人为沈某的三项专利处于未缴年费滞纳金的状态，部分专利失效。沈某等人主张，技术公司受让该专利时的价款为人民币680万元，但截至起诉时该专利估值仅剩约633203.5元，减损幅度为90.69%，该专利价值严重减损。

技术公司2015—2018年的资产负债表显示，2015年12月31日至2018年6月30日，技术公司的资产期末余额减少将近600万元。

沈某等三人主张，因邵某、闻某怠于履行职责，导致技术公司遭受严重财产损失包括专利失效、专利价值减损、账面资产减损等直接经济损失，以及研发支出资本化、公司发展前景、公司商誉减损等间接损失，损失酌定为600万元。沈某等三人代表技术公司提起股东代表诉讼，要求邵某、闻某为给技术公司造成的600万元损失承担赔偿责任。因被告邵某、闻某分别为公司执行董事和监事，故可豁免前置程序。

邵某、闻某辩称，技术公司资产负债表显示的资产减少，并非技术公司的财产损失。专利价值的减损是一个市场化的结果，与邵某、闻某无因果关系。沈某等人主张邵某、闻某违反《中华人民共和国公司法》的规定给技术公司造成严重财产损失，但未能举出任何证据。

【案件焦点】

邵某、闻某是否违反忠实勤勉义务，并导致技术公司利益受损。

【法院裁判要旨】

北京市海淀区人民法院经审理后认为：当事人对自己提出的主张，有责任提供证据。本案中，沈某等三人主张邵某、闻某损害了技术公司的利益，应当举证证明邵某、闻某违反了忠实勤勉义务并对此具有主观过错，使技术公司的利益遭受了实际损失，且邵某、闻某所实施的行为或不作为与技术公司所遭受的损失具有因果关系。沈某等三人提交的证据不足以证明其主张，故对沈某等三人的诉讼请求不予支持。

北京市海淀区人民法院依据《中华人民共和国公司法》第一百四十七条、第一百四十九条、第一百五十一条，《中华人民共和国民事诉讼法》第六十四条，《最高人民法院关于适用〈中华人民共和国民事诉讼法〉的解释》第九十条之规定，作出如下判决：

驳回原告沈某、曹某、张某的全部诉讼请求。

沈某、曹某、张某不服一审判决，提起上诉。北京市第一中级人民法院经审理认为：《中华人民共和国公司法》第一百四十七条规定："董事、监事、高级管理人员应当遵守法律、行政法规和公司章程，对公司负有忠实义务和勤勉义务。董事、监事、高级管理人员不得利用职权收受贿赂或者其他非法收入，不得侵占公司的财产。"第一百四十九条规定："董事、监事、高级管理人员执行公司职务时违反法律、行政法规或者公司章程的规定，给公司造成损失的，应当承担赔偿责任。"

依据前述法律规定，即使邵某、闻某确存在在执行公司职务时违反法律、行政法规或公司章程规定之行为，也应在确定该行为给公司造成实际损失，且该损失与邵某、闻某未尽到忠实勤勉义务具有因果关系时，其才应当承担相应的赔偿责任。关于技术公司所遭受的利益损失数额，公司所属专利权的维护管理、账目资产减损、财务账目与实际不符等情况仅能体现公司的经营现状，但该现状并不等同于技术公司的利益受到损害。现沈某等人既未提举证据明确技术公司的利益受到损害及损害的具体金额，亦未举证证明该利益损失系邵某、闻某未尽到忠实勤勉义务所导致的必然后果，理应承担举证不能之法律后果。

北京市第一中级人民法院依照《中华人民共和国民事诉讼法》第一百七十条第一款第一项之规定，作出如下判决：

驳回上诉，维持原判。

【法官后语】

本案为股东代表公司起诉董事、监事，主张其违反勤勉义务从而损害公司利益的典型案件，该类案件中存在两个审查难点：第一，董监高的勤勉义务如何认定；第二，公司损失如何确定。

1. 董监高勤勉义务的认定。

《中华人民共和国公司法》第一百四十七条对于董监高的勤勉义务只作了原则性规定，未进行列举式规定，故实践中，董监高勤勉义务的内容多来源于公司章程、内部规章制度以及与公司签订的合同，使得勤勉义务兼具法定性与约定性的法律特征。

勤勉义务即董监高对公司应尽的注意义务，从司法实践来看，可将董监高的注意义务的一般标准概括为三个方面：(1) 善意；(2) 应当尽相似位置的普通谨慎人在类似情况下应尽到的注意；(3) 须合理地相信其行为是为了公司的最佳利益。

关于善意。因善意是对行为人主观方面的考察，一般情况下难以证明，但是如果董监高在执行公司职务时违反法律、行政法规或者公司章程的规定，不知法不能成为正当的免责事由，故笔者认为此时可直接推定其主观方面为恶意。

关于注意。通常情况下法官是以一般理性人谨慎行事的标准对董监高的注意义务进行衡量。在具体案件中，法官也应结合公司章程协议的约定、公司所营业务、被告在公司的地位、职权与职责以及公司的规模等因素来综合判断注意义务的范围和程度。

关于是否为了公司最佳利益。这一标准涉及商业判断规则，司法一般不作介入和评价，更大限度上该标准可作为一种反向判断标准，产生举证责任转移的效果，如在董监高做出的行为明显不利于公司最佳利益时，此时其须举证证明自己行为的正当性。

本案中，三原告称两被告怠于履行职责违反了勤勉义务，但是并无证据证明两被告具有高于一般理性人的注意义务，如具有公司经营管理以及运维知识产权的专业知识，故在未违反强制性规定的情况下，不能认定两被告未尽到勤勉义务。

2. 损失的确定：公司正常经营亏损不等于董监高给公司造成的损失。

损害公司利益责任纠纷的后面，往往都隐藏着股东对公司控制权的争夺，双方各执一词、真假难辨。故在案卷累牍的书面证据之后，法官应使用穿透式思维，正视此类案件具有特殊侵权纠纷的法律关系性质，从侵权事实、损害结果、事实与结果之间的因果关系、主观过错这四个方面进行审查，妥善用好“三段论”逻辑规则，准确作出责任认定。

《中华人民共和国公司法》第一百四十九条中“给公司造成损失的”，其中损失系指因董监高的积极侵权行为或消极不作为给公司造成的实际损失（一般不包括预期损失）。故在认定公司损失时，首先要考察是否存在实际损失，而后考察董监高的行为与损害结果之间是否存在因果关系。一般情况下，原告须明确具体的损失金额并提供相应的证据予以支持，而不能简单酌定。

本案中，原告方所称公司未来前景不明而潜在的预期损失，非实际损失；其主张的公司账面金额减少、专利贬值虽可以量化为一定的金额，但是其提交的证据不能证明是因两被告的行为造成的上述公司资产的价值贬损。原告主张的上述损失均系公司正常经营中可能会遇到的经营风险，董监高在对公司的经营管理和监督上尽到了一般注意义务后，对上述风险的产生不具有可预见性，不具有主观过错，亦不具有因果关系，故不对上述风险承担责任。公司的正常经营亏损并非《中华人民共和国公司法》第一百四十九条规定的公司损失，故法院驳回了原告的诉讼请求。

编写人：北京市海淀区人民法院　邓可人

30

对公司机构提起损害公司利益诉讼无期待可能性的，股东可以自己名义直接提起代表诉讼

——检测认证公司诉徐某维等损害公司利益责任案

【案件基本信息】

1. 裁判书字号

天津市第一中级人民法院（2021）津01民终8128号民事判决书

2. 案由：损害公司利益责任纠纷

3. 当事人

原告（被上诉人）：检测认证公司

被告（上诉人）：徐某维

被告：甲科技公司、侯某研

第三人：乙科技公司

【基本案情】

乙科技公司于2014年3月25日成立，成立初期注册资金为5000万元。股东为侯某研、徐某维、侯某，其中侯某研出资额2500万元、徐某维出资额2499万元、侯某出资额1万元，持股比例依次为50%、49.98%、0.02%，执行董事为侯某研，监事为徐某维。2014年8月，检测认证公司曾为乙科技公司股东，各股东持股比例变更为侯某研47.17%、徐某维47.15%、侯某0.02%、检测认证公司5.66%。

2014年7月21日，检测认证公司向乙科技公司开立账户转账300万元，备注用途为投资款。同日，乙科技公司该账户向甲科技公司转账100万元，业务

委托单载明用途为往来款，转账后甲科技公司收款账户余额为1000874.93元。2014年7月25日，甲科技公司收款账户分16次向部某变个人账户汇款共80万元；2014年7月27日，该账户分4次向侯某研个人账户转款共20万元。

甲科技公司和乙科技公司之间不存在业务关系，除涉案100万元外，无其他资金往来。

2014年6月至10月，甲科技公司时任股东胡某多次向侯某研银行账户汇款，其中2014年7月21日前，汇款共计77万元；2014年7月25日，胡某向侯某研汇款20万元。2014年6月30日至11月14日，侯某研向胡某出具五组借条和收条，载明2014年6月30日为10万元、2014年7月1日为25万元、2014年7月26日为55万元、2014年7月31日为200万元、2014年11月14日为310万元。

2018年5月15日，检测认证公司以乙科技公司注册地址为邮寄地址，向乙科技公司企业登记信息中公示的执行董事徐某平和监事陈某军寄送了《关于向贸易公司及乙科技公司股东徐某维、侯某研依法提起诉讼的请求书》，投递结果为原址查无此人。甲科技公司、徐某维、侯某研对邮寄单据的真实性认可，但认为检测认证公司没有履行股东代表诉讼的前置程序。

【案件焦点】

1. 检测认证公司提起的股东代表诉讼是否符合法定程序；2. 侯某研、徐某维是否存在损害公司利益行为。

【法院裁判要旨】

天津市和平区人民法院经审理认为：检测认证公司作为乙科技公司股东提起股东代表之诉，于法有据。其一，检测认证公司将书面请求书分别以邮寄的形式寄送给乙科技公司执行董事徐某平和监事陈某军，邮寄地址为乙科技公司地址，已尽到其作为股东能采取的一般途径；其二，乙科技公司的公司章程规定执行董事和监事均由股东会选举产生，股东会会议由股东按照出资比例行使表决权，本案被告徐某维、侯某研持股比例达94.32%，均为公司控股股东，其选任的执行董事和监事难以具备独立性；其三，乙科技公司在答辩中表示执行董事徐某平不参与公司经营，责权利与其无关。综上，即便检测认证公司履行该前置程序，在控股股东为本案被告徐某维和侯某研的情况下，根本不存在公司有关机关提起诉讼的可能性，故检测认证公司有权以自己的名义为了公司的利益直接向人民法院提起诉讼。

甲科技公司提出系侯某研与其股东胡某存在借款关系收取讼争款项，并提供侯某研出具的借条、收条及个人银行账户交易明细。结合讼争款项的去向，甲科技公司提供的证据具有高度的盖然性，故确认被告侯某研将讼争款项转至被告甲科技公司的行为，属挪用公司资金的行为，违反了《中华人民共和国公司法》第一百四十八条第一款第一项的规定。根据《中华人民共和国公司法》的规定，被告侯某研应将讼争款项偿还给第三人乙科技公司。

天津市和平区人民法院作出如下判决：

侯某研偿付乙科技公司 100 万元，徐某维承担补充赔偿责任。

徐某维不服一审判决，提起上诉。天津市第一中级人民法院同意一审法院的裁判意见。

【法官后语】

本案为股东代表诉讼，首先需要确认的是原告检测认证公司的诉讼主体资格，其能否以自己的名义向法院提起诉讼，涉及前置程序的履行问题。

1. 股东代表诉讼的前置程序及其完成标准。

《中华人民共和国公司法》第一百五十一条规定了公司权益受损的股东救济途径：董事、高管或者监事给公司造成损失的，有限公司的股东、符合条件的股份公司股东可以书面请求监事会（监事）、董事会（执行董事）提起诉讼；相关机构收到股东书面请求后拒绝提起诉讼，或者自收到请求之日起三十日内未提起诉讼，或者情况紧急、不立即提起诉讼将会使公司利益受到难以弥补的损害的，股东有权为了公司的利益以自己的名义直接提起诉讼。他人侵犯公司合法权益，给公司造成损失的，上述股东可以依照前述规定向法院提起诉讼。由股东直接就公司遭受损害提起诉讼是为了保护公司利益以及内在包含的股东利益，在诉讼主体方面做出的例外安排，而前置程序可以起到提示、督促公司机构履职的作用。

依照上述规定，股东应当向公司机构提出书面申请，因接收对象是公司的组成部分，那么自然应当向公司该机构所在地址送达，对于未设董事会、监事会的有限公司，应向公司住所地送达，而非必须向执行董事、监事的居住地送达。如果公司已实际停止经营的，可向公司注册地址送达。采取邮寄方式的，自签收或邮件退回之日为完成书面申请之日。这对于并不参与公司经营的股东顺利行使股东救济权利十分重要，否则，可能造成股东无法提起代表诉讼。

2. 控股股东为起诉对象等例外情形下略过前置程序的合理性。

《中华人民共和国公司法》第一百五十一条只规定了股东在特殊紧急情况下可以不经前置程序直接起诉，但并非完全排除了除紧急情况外股东直接起诉的可能性。比如，当小股东申请起诉的对象是能够支配公司董事会、监事会的控股股东时，公司小股东与公司的执行董事、监事及控股股东的利益主张相悖，准备提起诉讼的股东已无申请成功的期待可能性，无法达到督促监事、董事提起诉讼的立法目的，若仍然坚持“（提起诉讼的股东）书面请求监事会或者监事，董事会或者执行董事提起诉讼”的前置程序，既不利于公司利益的保护，亦有悖于设立股东代表诉讼的立法初衷。此时，小股东应可以不经前置程序而直接提起股东代表诉讼。

对该种略过前置程序的认可与《中华人民共和国公司法》第一百五十一条的规定并不相悖。恰当的解释是：履行该前置程序的前提是股东对公司机构接受申请进而提起诉讼具有期待可能性，如果根本没有期待可能性，就可视为公司机构拒绝提起诉讼，股东便可以自己的名义提起诉讼。故，该种认定并未突破法律规定。

至于股东无期待可能性的判断，不宜认定过宽，一般仅限于（1）有限公司中股东人数较少，公司的董事会、监事会同时受大股东控制，而被控损害公司利益的主体恰是大股东，或者（2）被控损害公司利益的主体同时包括占半数以上的董事会成员（执行董事）和监事会成员（监事）两种情形。

本案的判决从申请起诉书完成送达以及即便未提出申请也可直接起诉两个角度完成对原告具备起诉资格的双重认证，完全符合股东代表诉讼的制度初衷。

编写人：天津市和平区人民法院　冯震　贾丽娜

31

股东在非紧急情况下提起代表诉讼必须履行前置程序

——饶某伟诉范某霞、甲文化发展公司损害公司利益责任案

【案件基本信息】

1. 裁判书字号

广东省清远市中级人民法院（2021）粤18民终2571号民事裁定书

2. 案由：损害公司利益责任纠纷

3. 当事人

原告（上诉人）：饶某伟

被告（被上诉人）：范某霞、甲文化发展公司

第三人：乙文化发展公司

【基本案情】

乙文化发展公司是于2018年10月9日注册成立的有限责任公司（自然人投资或控股），股东包括饶某伟、范某霞，分别持股60%、40%，范某霞担任法定代表人兼执行董事。乙文化发展公司设监事一人，经公司股东会选举，由谢某杰担任监事职务。

2020年3月29日，范某霞在《清远日报》刊登公告，内容为："乙文化发展公司遗失由清远市市场监督管理局于2019年10月30日核发的《营业执照》正、副本，并遗失公司公章和发票专用章各一枚，现声明作废。"次日，范某

霞重新领取了乙文化发展公司的公章及发票专用章。2020 年 4 月 3 日，乙文化发展公司通过招商银行账户向甲文化发展公司转账支付了 145000 元。

饶某伟认为乙文化发展公司的公章及发票专用章一直由其保管，但范某霞利用法定代表人职务便利，虚构遗失事实重新申领公司公章及发票专用章，并与甲文化发展公司恶意串通，损害了乙文化发展公司的财产利益 145000 元。饶某伟于 2020 年 7 月 30 日向微信号为“xie××jie××”的微信用户谢某杰发送提起诉讼的请求，但该微信用户超过三十日未作回复。为此，饶某伟向法院提起股东代表诉讼，要求范某霞、甲文化发展公司共同向乙文化发展公司赔偿 145000 元及利息。

【案件焦点】

1. 饶某伟是否已书面请求监事提起诉讼；2. 饶某伟能否直接提起股东代表诉讼。

【法院裁判要旨】

广东省清远市清城区人民法院经审理认为：根据《中华人民共和国公司法》第一百五十一条第一款、第二款之规定：“董事、高级管理人员有本法第一百四十九条规定的情形的，有限责任公司的股东、股份有限公司连续一百八十日以上单独或者合计持有公司百分之一以上股份的股东，可以书面请求监事会或者不设监事会的有限责任公司的监事向人民法院提起诉讼；监事有本法第一百四十九条规定的情形的，前述股东可以书面请求董事会或者不设董事会的有限责任公司的执行董事向人民法院提起诉讼。监事会、不设监事会的有限责任公司的监事，或者董事会、执行董事收到前款规定的股东书面请求后拒绝提起诉讼，或者自收到请求之日起三十日内未提起诉讼，或者情况紧急、不立即提起诉讼将会使公司利益受到难以弥补的损害的，前款规定的股东有权为了公司的利益以自己的名义直接向人民法院提起诉讼。”股东提起代表诉讼必须履行前置程序。该前置程序是一项法定的强制性义务，除非存在情况紧急、不立即诉讼公司将会受到不可弥补的损害时，才可免除。

乙文化发展公司为不设监事会的有限责任公司，监事为谢某杰。饶某伟以股东身份代表公司提起诉讼，应先书面请求监事谢某杰向法院提起诉讼，但饶某伟仅向微信用户“xie××jie××”发送提起诉讼请求的信息，该微信用户未作任何回应，无法证明该微信用户为监事谢某杰及其已收到该请求。饶某伟也未举证证明存在豁免前置程序的情形。因此，饶某伟直接向法院起诉，于法无据。

广东省清远市清城区人民法院依照《中华人民共和国公司法》第一百五十一条，《中华人民共和国民事诉讼法》第一百一十九条第一款第四项之规定，作出如下裁定：

驳回饶某伟的诉讼请求。

饶某伟不服一审裁定，提起上诉。广东省清远市中级人民法院经审理认为：饶某伟未能提供证据证实本案存在豁免前置程序的情形，其应先书面请求监事谢某杰向法院提起诉讼。饶某伟可在完成法律规定的前置程序后，再行主张权利。

广东省清远市中级人民法院依照《中华人民共和国民事诉讼法》第一百七十条第一款第一项、第一百七十一条、第一百七十五条之规定，作出如下裁定：

驳回上诉，维持原裁定。

【法官后语】

股东代表诉讼，是指当公司怠于通过诉讼追究公司有关机关成员责任或实现其他权利时，由具备法定资格的股东为了维护公司利益，并出于追究这些成员责任或实现这些权利之目的，依据法定程序代表公司提起诉讼，而胜诉之利益归于公司。为了确保董事、监事、高级管理人员在违反法律、行政法规或者公司章程规定，给公司造成损失后得到追究，更有力地保护公司和股东的利益，《中华人民共和国公司法》设立了股东代表诉讼制度。

《中华人民共和国公司法》第一百五十一条虽赋予具备法定资格的股东行使股东代表诉讼的权利，但也规定了诉讼前置程序，即“竭尽公司内部救济”规则，股东在提起诉讼之前，必须先书面请求监事会或监事向法院提起诉讼；如果是监事侵害公司权益，则向董事会或执行董事提出上述请求。监事会、监事、董事会、执行董事收到前述书面请求后拒绝提起诉讼，或者自收到请求之日起三十日内未提起诉讼。符合上述两个条件时，股东方可以自己的名义提起代表诉讼。

前置程序的设立有助于公司内部机关正常行使职能，维护公司治理结构正常运行。但是，该项前置程序针对的是公司治理的一般情况，如果机械地理解和适用股东代表诉讼前置程序的规定，可能会导致公司利益持续受损却得不到有效救济，违背了我国设立股东代表诉讼制度的初衷。为此，最高人民法院在2019年发布的《全国法院民商事审判工作会议纪要》第二十五条明确了豁免前置程序的情形，股东在紧急情况下可直接提起代表诉讼。例如，存在公司内部治理结构缺陷或失灵，公司有关机关根本不存在提起诉讼的可能性，或公司财产即将被转移、权利的行使期间或者诉讼时效即将超过等例外情形时，应免除股东代表诉讼前置程序的义务。

履行前置程序是股东提起代表诉讼的前提，对于具体案件中是否存在可以豁免前置程序的例外情形，应当由作为原告的股东负举证责任。本案中，饶某伟作为乙文化发展公司的股东，在其没有履行先诉请求的前置程序或举证证明存在豁免前置程序的情形下，直接向法院提起诉讼，不符合起诉的法定条件，法院应当不予受理，已经受理的，应当驳回起诉。

设立股东代表诉讼前置程序，可以给公司检查自己行为的机会，充分尊重公司自主意志以及防止股东滥用诉权、节约诉讼成本，维护公司的良好运营。当然，公司自治绝不是公司恣意，股东代表诉讼前置程序也绝不能成为大股东肆意侵害公司权益或小股东权益的“保护伞”，也不应当成为小股东寻求司法救济的“拦路虎”。法院在审理该类案件时应全盘考虑，精准把握立法本意，同时应避免前置程序过于僵化，充分发挥司法护航作用，共同营造优质营商环境，推动形成公平、开放、透明的市场规则。

编写人：广东省清远市清城区人民法院　胡容容

32

以股东申请无益为原则审查股东代位诉讼前置程序的豁免

——H公司诉房地产公司损害公司利益责任案

【案件基本信息】

1. 裁判书字号

福建省高级人民法院（2021）闽民终456号民事判决书

2. 案由：损害公司利益责任纠纷

3. 当事人

原告（被上诉人）：H公司

被告（上诉人）：房地产公司

第三人：置业公司

【基本案情】

H公司与房地产公司均为置业公司的股东，H公司持股比例为40%，房地产公司持股比例为60%。2018年10月11日，置业公司分别转账1600万元、8000万元、620万元至建设公司的银行账户。此后，置业公司作为甲方、房地产公司作为乙方，双方共同签订一份《借款协议》，协议约定：乙方向甲方申请借款10220万元，甲方于2018年10月11日将借款本金汇入乙方指定的中城建设公司账户，乙方指定公司收到该款项后，视同为乙方借款。甲乙双方确认，借款最长期限不得超过6个月。2019年7月2日，H公司向置业公司发出一份《律师函》，主张置业公司应要求房地产公司在5个工作日内归还所有逾期未归还的借款并支付相关逾期违约金，否则置业公司应当起诉相关借款方，并对借款方采取诉讼保全措施。2019年7月23日，置业公司向H公司发出一份《关于股东借款的回复》，称公司管理层将积极协调股东方寻求解决方案。2019年11月6日、2020年1月15日H公司分别向置业公司发出《要求尽快履行催款义务的函》及《关于要求立即追回欠款的函》，要求置业公司管理层积极向房地产公司追索借款。2020年7月15日，H公司分别向置业公司董事会及监事会各发出一份《律师函》，要求置业公司的董事会及监事会收到该函后督促公司董事会向房地产公司提起诉讼，归还讼争借款本息。

另查明，置业公司董事会成员有5名，即林某池、黄某红、王某元、刘某、童某，由王某元担任董事长。其中，林某池、黄某红由H公司委派，王某元、刘某、童某由房地产公司委派。置业公司的公司章程约定董事会是合营公司的最高权力机关，决定合营公司的一切重大事项。重大事项须经全体董事的2/3以上通过方可作出决议。

【案件焦点】

本案是否存在股东代表诉讼前置程序的豁免情形。

【法院裁判要旨】

福建省厦门市中级人民法院经审理认为：股东先行书面请求公司有关机关向人民法院提起诉讼，是股东代表诉讼的前置程序。一般情况下，股东没有履行前置程序的，应当驳回起诉。但是，该条前置程序针对公司治理的一般情况，即在股东向公司有关机关提出书面申请之时，存在公司有关机关提起诉讼的可能性。如果不存在这种可能性，则不应当以原告未履行前置程序为由驳回起诉。就本案而言，房地产公司不属于置业公司董事、监事或者高级管理人员，原告履行股东代表诉讼前置程序时应依据《最高人民法院关于适用〈中华人民共和国公司法〉若干问题的规定（四）》第二十三条规定向置业公司董事会提出，由董事长代表置业公司进行诉讼。原告于本案诉讼前曾向置业公司发出律师函，要求置业公司起诉房地产公司，但未明确针对置业公司的董事会提出先诉请求，也无法确认置业公司是否将律师函抄送至全体董事会成员。立案后原告又多次发函继续要求董事会代表置业公司提起诉讼，但因置业公司办公地址迁移、收件人联系方式为公司商事联络人电话等原因，该函件被拒收退回或由前台代收。应该讲，原告向置业公司的公司机关提出先诉请求的意思表示是明确的，但在实际履行过程中存有一定瑕疵。然而，该瑕疵不影响案涉实体争议的审理，原因在于本案应属于股东代表诉讼前置程序豁免的情形。理由如下：根据查明的事实，置业公司的董事会由王某元、林某池、黄某红、刘某、童某组成。而包括董事长王某元在内的三名董事均由房地产公司委派，与房地产公司具有直接利害关系。置业公司的公司章程和原、被告签订的《中外合资经营企业合同》规定，公司章程中规定重大事项由全体董事2/3以上通过，一般事项由出席董事会会议的董事简单过半数通过。董事长代表公司提起对大股东房地产公司的诉讼属于公司运营中非常规性的重大事项，而董事长王某元收到原告要求置业公司起诉的律师函后，仅回复将协调各方寻求解决方案，未同意直接起诉房地产公司要求还款。因此，在五人组成的董事会中有三名董事由房地产公司委派的情形下，基本不存在全体董事2/3以上或者简单过半数通过董事会决议对房地产公司提起诉讼的可能性，再要求原告完成对房地产公司提起股东代表诉讼的前置程序已无必要。据此，如再苛责原告未完备履行先诉请求的前置程序，则有悖于设立股东代表诉讼的立法初衷，更不利于公司利益的保护。

福建省厦门市中级人民法院依照《中华人民共和国合同法》第六十条、第九十九条、第一百零七条、第二百零六条，《最高人民法院关于审理民间借贷案件适用法律若干问题的规定》第二十九条，《中华人民共和国公司法》第一百五十一条，《最高人民法院关于适用〈中华人民共和国公司法〉若干问题的规定（四）》第二十三条第二款、第二十四条第一款、第二十六条，《中华人民共和国民事诉讼法》第五十六条第二款、第六十四条第一款、第一百四十四条之规定，作出如下判决：

一、被告房地产公司应于本判决生效之日起十日内偿还第三人置业公司借款本金1.022亿元及支付利息（利息分段计算：1. 以1.022亿元本金为基数，按照年利率15%，自2018年10月11日起计至2019年4月10日止；2. 以1.022亿元本金为基数，按照年利率24%，自2019年4月11日起计至款项实际

付清之日止);

二、第三人置业公司应于本判决生效之日起十日内支付原告H公司为实现第三人置业公司债权而支出的律师费70万元;

三、驳回原告H公司的其他诉讼请求。

房地产公司不服一审判决,提起上诉。

福建省高级人民法院作出如下判决:

驳回上诉,维持原判。

【法官后语】

是否属于股东代位诉讼前置程序的豁免情形,审理中需把握以下几点:

一是把握前置程序的立法本意和制度价值。公司意思自治是法人制度的重要核心,股东代表诉讼制度的建立则是超越了公司的独立人格,赋予了股东代行公司诉权的权利,在客观上限制了公司自身处分自己权利的自由。出于对公司自主意志的尊重,排除司法权不当干预、防止股东滥用诉讼权利,也为平衡公司自治与股东利益之间的价值冲突关系,我国设置了股东代表诉讼制度前置程序,给公司以自行矫正、自我治理的机会。

二是把握前置程序豁免的司法自由裁量范畴。法官对前置程序的性质和功能一定的自由裁量空间。由于股东代表诉讼的前置程序设置系为充分发挥公司的内部监督机制,是竭尽公司内部救济原则的体现,并非以阻碍股东自行诉讼为目的。故对于股东是否已经履行前置程序,其判断标准不能过于苛求。审判实践中,通过法官自由裁量权的运用,已经发展出多个可豁免前置程序的理由,主要包括:(1)原告兼有股东和监事双重身份,有权做出决议以公司名义提起诉讼,但因客观原因无法行使该权利;(2)侵权被告是公司绝大部分或所有的董事或监事,客观上不存在以公司名义起诉的可能;(3)被告系公司董事,但公司未设置监事或监事会,客观上不存在以公司名义起诉的可能;(4)公司陷入僵局,董事会与监事会等公司机关已停止运作;(5)公司处于破产清算阶段,其尚未成立清算组,亦无管理人,无法以公司名义起诉的;(6)公司处于破产清算阶段,出现清算组成员损害公司利益,无法以公司名义起诉等。法官须结合案件实际，对法定事由之外的特殊情形给予豁免行使自由裁量权。

三是把握“股东申请无益”这一前置程序豁免原则。所谓“股东申请无益”，是当公司董事会或监事会的所有成员都参与了侵害公司利益的非法交易并被股东确定为被告或者董事会、监事会成员与侵权股东具有利害关系，导致董事会或监事会存在的敌视态度将使股东的请求变为徒劳或无益情形。因此，法官有理由相信：代表公司的董事会、监事不会以公司名义起诉损害公司利益的自己，要求股东履行前置程序已不具有实际意义，而法律不应要求当事人徒为毫无意义之行为。由此可见，股东代位诉讼的前置程序针对的是公司治理形态通常情形，如确属股东申请无益，即客观事实能够证明公司监事（会）、董事会或执行董事不可能接受股东的上述申请，应当认为已经竭尽公司内部救济。此类情形在司法实践中越来越常见，《全国法院民商事审判工作会议纪要》第二十五条“正确适用前置程序”规定实质就是股东申请无益原则的司法适用。本案即“股东申请无益”典型情形之一，即多数成员与侵权股东具有利害关系，致使董事会不可能以公司名义对侵权股东提起诉讼。此时再要求H公司完成对房地产公司提起股东代表诉讼的前置程序已无必要，H公司可直接进入诉讼程序。但同时也要注意如董事会或监事会的一小部分成员是被告或者与侵权股东有利害关联，但其能力不足以动摇或控制董事会、监事会作出不起诉决定的，仍应要求股东履行竭尽公司内部救济的前置程序。

编写人：福建省厦门市中级人民法院　陈石

八、损害公司债权人利益责任纠纷

33

法人人格否认规则适用中股东对公司的过度控制的认定

——装饰涂料公司诉陈某任、杜某祥股东损害公司债权人利益责任案

【案件基本信息】

1. 裁判书字号

上海市第二中级人民法院（2020）沪02民终2001号民事裁定书

2. 案由：股东损害公司债权人利益责任纠纷

3. 当事人

原告（被上诉人）：装饰涂料公司

被告（上诉人）：陈某任

被告：杜某祥

【基本案情】

原告诉技术服务公司买卖合同纠纷一案，本院于2016年2月29日出具（2015）嘉民二（商）初字第998号民事判决书。该判决书载明：技术服务公司应于本判决生效之日起十日内支付原告货款1540467.50元；并支付原告自2015年4月14日起至实际支付之日止的逾期付款利息（以本金1540467.50元为基数，按中国人民银行同期贷款利率计算）；受理费19583.47元，由原告负担1217.73元，技术服务公司负担18365.74元。后因技术服务公司未履行判决

书确定的付款义务，原告向本院申请强制执行。执行中，本院对技术服务公司的财产进行了调查，除已从技术服务公司银行账户扣划的58.3万元外，并未查实技术服务公司有可供执行的财产，原告也未能提供技术服务公司可供执行的财产线索，故该案暂无执行条件。本院于2016年9月1日出具（2016）沪0114号执第5328号执行裁定书，裁定执行程序终结。

技术服务公司系成立于2001年9月3日的有限责任公司，注册资本50万元。股东为杜某祥（持股比例60%）、陈某任（持股比例40%），陈某任任公司执行董事、法定代表人，杜某祥任公司监事。原告就系争债权提起诉讼时，即2015年4月14日，技术服务公司在银行开立的账户中尚有余额5588068.98元。2015年4月28日至2016年4月1日，技术服务公司共向陈某任之妻王某英银行账户汇款30笔，金额合计150万元。2015年7月8日至2016年7月5日，技术服务公司共向陈某任之子陈某涛银行账户汇款68笔，金额合计328.5万元。

【案件焦点】

1. 股东对公司的过度支配与控制的行为是否严重损害公司债权人利益；2. 是否应突破公司的有限责任原则，要求该股东承担连带责任。

【法院裁判要旨】

上海市嘉定区人民法院经审理认为：《中华人民共和国公司法》第二十条第三款规定，公司股东滥用公司法人独立地位和股东有限责任，逃避债务，严重损害公司债权人利益的，应当对公司债务承担连带责任。本案中，技术服务公司拖欠原告的货款早于原告提起买卖合同诉讼时已经实际发生，此时，技术服务公司银行账户尚有余额5588068.98元，足以清偿上述债务。但此后，技术服务公司频繁向其股东陈某任的妻子、儿子的银行账户转账汇款，数额高达478.5万元，最终导致原告经诉讼确认的债权无法完全执行到位。该案诉讼中，陈某任无法就技术服务公司转账至王某英、陈某涛银行账户的款项的用途作出合理解释，故陈某任非法转移公司财产的行为属于股东对公司进行不正当支配和控制的情形，可以认定为股东滥用公司法人独立地位和股东有限责任的行为，陈某任应当对技术服务公司在（2015）嘉民二（商）初字第998号民事判决中尚未执行到位的欠款承担连带责任。杜某祥虽为技术服务公司大股东，但原告无证据证明杜某祥亦实施了滥用公司法人独立地位和股东有限责任损害公司债权人利益的行为，故对原告主张杜某祥承担责任的诉请，法院不予支持。

上海市嘉定区人民法院依照《中华人民共和国公司法》第二十条第三款之规定，作出如下判决：

一、被告陈某任应对技术服务公司在（2015）嘉民二（商）初字第998号民事判决书中未向原告装饰涂料公司清偿的债务承担连带清偿责任，并应于本判决生效之日起十日内向原告装饰涂料公司清偿；

二、驳回原告装饰涂料公司的其他诉讼请求。

陈某任不服一审判决，提起上诉。因未按期缴纳上诉费，故按撤诉处理。

【法官后语】

公司人格独立和股东有限责任是公司法的基本原则。公司股东应当遵守法律、行政法规和公司章程的规定，依法行使股东权利。如果公司股东滥用法人独立地位和公司有限责任来逃避债务，将会损害公司债权人的利益。此时公司债权人可以依据《中华人民共和国公司法》第二十条第三款的规定，突破股东有限责任的原则，要求公司承担责任的同时，让该股东承担连带责任。

适用公司法人人格否认规则时应同时满足下列条件：一是股东实施了滥用公司法人独立地位和股东有限责任的行为，常见情形有公司存在资本显著不足、股东与公司人格高度混同、股东对公司进行不正当支配和控制情形等；二是逃避债务，股东实施上述行为，最终导致公司财产大幅度减少，即使公司清算后也不足以清偿债权；三是严重损害公司债权人的利益，因股东实施了上述滥用行为，引发公司债权人利益严重受损的后果，实施行为与损害结果之间存在因果关系。

《中华人民共和国公司法》第二十条第三款在具体适用中需要法官结合案情自由裁量。根据相关实践经验来看，公司资本严重不足或者空壳，股东存在欺诈、过度控制公司或者像对待个人财产一样处置公司财产，是滥用公司独立人格和股东有限责任的主要事实要件，发生这些现象时应该适用公司法人格否认规则。可以认定构成过度支配与控制的基本表现是指公司的控制股东通过操纵公司的决策使得公司完全丧失独立性，沦为其逃避债务的工具，严重损害了债权人的利益，常见情形如关联公司之间利益输送，不正当的关联交易，抽逃公司资本，解散公司另设同类型公司来逃避债务等。究其本质，是公司已经丧失人格独立性，变成控股股东逃避债务和非法经营的工具，此时该滥用控制权的股东应对公司债务承担连带责任。根据上述裁判指引，本案陈某任虽非控股股东，但其系公司法定代表人和执行董事，在其无法对公司账户频繁向其配偶和直系亲属账户转款的行为做出合理解释，原告的合法债权又因此无法得到清偿时，法院可以依据法人人格否认规则认定其对公司债务承担连带责任。

法人人格否认规则是对法人制度的有益补充。该规则的设计理念是为个案中债权人权利实现提供司法救济，对失衡的公司利益关系进行事后规制，以实现公平、公正的价值目标。实践中，债权人的胜诉判决可能会因公司资不抵债而无法兑现。而同时，股东利用其对公司的不正当控制及支配，向自身或关联方输送利益，致使公司“形骸化”的现象也时有发生。本案审理中，法院审慎适用法人人格否认规则，在在案证据充分反映股东存在不正当控制和支配公司的情况下，否认公司独立人格，并判令实施滥用行为的积极股东对公司债务不能清偿部分向债权人承担连带责任，同时维护了消极股东的有限责任。

编写人：上海市嘉定区人民法院　张晓莉　苏明媚

34

股东怠于履行清算义务对债权人承担赔偿责任的前提条件

——林某祥诉黄某德、黄某泉股东损害公司债权人利益责任案

【案件基本信息】

1. 裁判书字号

福建省厦门市中级人民法院（2021）闽02民终3831号民事判决书

2. 案由：股东损害公司债权人利益责任纠纷

3. 当事人

原告（上诉人）：林某祥

被告（被上诉人）：黄某德、黄某泉

【基本案情】

工贸公司于1997年成立，注册资本为80万元，股东为黄某德、黄某泉，持股比例分别为81.25%、18.75%。2006年11月27日，厦门市中级人民法院就林某祥诉工贸公司、黄某德、郑某珍侵权纠纷一案作出（2006）厦民终字第2077号民事判决书，判决：一、维持厦门市思明区人民法院（2005）思民初字第4519号民事判决第一项“工贸公司、郑某珍应于本判决生效之日起30日内停止侵占案涉房产，并将该房产交还给林某祥使用”，第三项“驳回林某祥的其他诉讼请求”；二、变更第二项为“工贸公司应于本判决生效之日起10日内赔偿林某祥经济损失（自2001年2月8日起至实际退房之日止，按每月4208元计算）”；三、工贸公司应于本判决生效之日起10日内返还20年的使用费即租金264599元给林某祥。

该判决生效后，因工贸公司未履行判决，林某祥向厦门市思明区人民法院

申请强制执行，先后经福建省高级人民法院及南平市中级人民法院指定，最终由南平市顺昌县人民法院执行。2007年6月5日，南平市顺昌县人民法院以工贸公司暂无财产可供执行，且林某祥同意延期执行为由，作出（2007）顺执行字第114号裁定书，裁定：（2006）厦民终字第2077号民事判决书中止执行。

2005年12月23日，原厦门市工商行政管理局①以工贸公司未参加2002年及其后年度的企业年检，逾期年检时间为2年以上为由，吊销了工贸公司的营业执照。

【案件焦点】

股东怠于履行清算义务债权人是否能请求公司股东对公司债务承担赔偿责任。

【法院裁判要旨】

福建省厦门市海沧区人民法院经审理认为：依照《最高人民法院关于适用〈中华人民共和国公司法〉若干问题的规定（二）》第十八条第二款的规定："有限责任公司的股东、股份有限公司的董事和控股股东因怠于履行义务，导致公司主要财产、账册、重要文件等灭失，无法进行清算，债权人主张其对公司债务承担连带清偿责任的，人民法院应依法予以支持。"林某祥仅举证证明工贸公司股东在符合法定清算事由的情形下，怠于履行义务未及时组成清算组对公司进行清算，但未举证证明公司已经无法进行清算，也未举证证明其债权至今未能得到清偿与工贸公司股东黄某德、黄某泉怠于履行义务之间存在因果关系，故应承担举证不能的后果。现有证据无法证明黄某德、黄某泉怠于履行义务的行为给林某祥造成损失，林某祥请求黄某德、黄某泉对工贸公司在（2006）厦民终字第2077号民事判决书中应向林某祥承担的责任承担连带赔偿责任，缺乏事实和法律依据，不予支持。

福建省厦门市海沧区人民法院依照《中华人民共和国民事诉讼法》第六十

---

① 2018年3月，不再保留国家工商行政管理总局，组建国家市场监督管理总局。下文不再对此进行提示。

四条第一款、第一百四十四条之规定，作出如下判决：

驳回原告林某祥的诉讼请求。

林某祥不服一审判决，提起上诉。福建省厦门市中级人民法院经审理认为：林某祥没有证据证明工贸公司由于据以进行清算的财产、账册、重要文件等灭失，无法按照法律规定的程序对公司的债权债务进行正常的清理，造成公司的财产和负债范围无法确定，债权人的债权无法得到清偿的情形。

福建省厦门市中级人民法院依据《中华人民共和国民事诉讼法》第一百七十条第一款第一项之规定，作出如下判决：

驳回上诉，维持原判。

【法官后语】

并非股东未履行清算义务，就必然对公司债权人的债务承担连带责任，在适用《最高人民法院关于适用〈中华人民共和国公司法〉若干问题的规定（二）》（以下简称《公司法解释（二）》）第十八条的规定时，还应满足如下前提条件：

1. 具有怠于履行义务的行为。

有限责任公司股东的清算义务来源于《中华人民共和国公司法》第一百八十三条的规定，清算义务是法定义务，在存在法定的应当组成清算组的情形时，股东未履行法定义务的，即构成消极的侵害债权的行为。怠于履行清算义务包括两个层面，一是未在法定期限内成立清算组开始清算；二是虽成立清算组，但未及时开始清算，两种情况均构成怠于履行清算义务。

2. 存在无法清算或资产贬值的损害后果。

怠于履行义务应造成无法清算或资产贬值的后果，“无法进行清算”系指因公司据以进行清算主要财产、账册、重要文件等灭失，无法按照法定程序对公司的资产、债权债务进行全面、客观的清理和结算。公司股东未组成清算组清算，不代表无法清算，无法清算也不代表着可以不经清算程序，而仍应依法组成清算组，并由清算组出具清算报告并在清算报告中对此情形予以说明。本案中，工贸公司股东黄某德、黄某泉虽逾期未成立清算组，林某祥作为债权人有权申请法院指定有关人员组成清算组进行清算，但林某祥未曾申请清算，亦无证据表明公司已经无法清算，应承担举证不能的法律后果，而不能以股东未形成清算组清算即认定无法清算。

3. 行为和结果具有因果关系。

《公司法解释（二）》第十八条第二款直接规定因股东怠于履行义务，导致公司主要财产、账册、重要文件等灭失，无法进行清算，应“对公司债务承担连带清偿责任”，这是因为如果因股东怠于履行义务，导致公司主要财产、账册、重要文件等灭失，无法进行清算，则无法确定公司财产数额，也就无法确定股东怠于履行义务的行为给债权人造成的损害范围，故在此情况下对公司债务应承担赔偿责任。但是如果有证据证明，公司在应当清算之日即已经没有可供分配的资产，如在被吊销营业执照之前就已经无可分配资产，公司已经停止经营没有新增资产的，即使公司无法清算，债权人的损失也非因股东的行为造成，股东对债权人的损失不承担连带责任。

综上，在债权人主张股东承担清算侵权责任纠纷审理中，应注意区分债权无法清偿是公司不具有清偿能力还是股东怠于履行义务行为所致公司本身财产贬损而无法受偿的情形，不宜直接认定股东怠于履行义务即对公司债务的连带清偿责任。从利益平等保护角度上看，股东赔偿责任的设置是为了充分保护债权人利益，适用了公司法人人格否认理论，但在适用时应慎之又慎，应对行为与后果之间的因果关系进行审查，股东仅在其行为造成损失范围内承担责任，否则将架空股东有限责任这一公司法基本原则。2019年发布的《全国法院民商事审判工作会议纪要》整体内容以关注股东权益为导向，并重申了不应不适当地扩大了股东清算责任的要求。因此，在适用《公司法解释（二）》第十八条第二款规定时，应充分考虑股东合法权益，避免借保护债权人之名，行剥夺股东“有限责任”之实。在本案中，现有证据已经表明工贸公司经法院强制执行裁定认定该公司暂无财产可供执行，且债权人亦确认公司未继续经营无其他收入的情况下，作为债权受偿基础的公司财产处于无增减的状态，既没有证据证明已造成“无法清算”的损害结果，也没有证据证明股东怠于履行清算义务对债权人的债权造成损害，债权人请求股东对公司债务承担连带责任，缺乏事实和法律依据，不应予以支持。

编写人：福建省厦门市海沧区人民法院　张清姬　陈芳序

35

股东怠于履行清算义务与公司债权人损失之间因果关系的认定

——建筑设备租赁公司诉王某森等股东损害公司债权人利益责任案

【案件基本信息】

1. 裁判书字号

北京市第二中级人民法院（2021）京02民终11620号民事判决书

2. 案由：股东损害公司债权人利益责任纠纷

3. 当事人

原告（上诉人）：建筑设备租赁公司

被告（被上诉人）：王某森、汪某、唐某祥、金某东、古某明、陈某辉、蒋某强、周某银

第三人：建筑劳务公司

【基本案情】

建筑劳务公司成立于2002年7月23日，被告王某森、汪某、唐某祥、金某东、古某明、陈某辉、蒋某强、周某银系公司的股东。2010年12月8日，建筑劳务公司因未在法定期限内申报企业年度年检被重庆市工商行政管理局江津区分局吊销了营业执照。

原告与建筑劳务公司财产租赁合同纠纷一案，经北京市丰台区人民法院审

理并作出（2008）丰民初字第01994号民事判决书，判决建筑劳务公司给付原告租金244841.59元、违约金（以176786.91元基数，从2007年1月1日起，按每日万分之三计算至2007年12月31日），并负担案件代理费5754元。原告与建筑劳务公司租赁合同纠纷一案，经北京市丰台区人民法院审理并作出（2008）丰民初字第13668号民事判决书，判决建筑劳务公司返还原告钢管4413米、扣件9787个、横杆402.3米、立杆385.8米，支付租赁费19542.79元，并负担案件受理费1687元。判决书生效后，建筑劳务公司拒不履行，原告就上述两案依法向北京市丰台区人民法院申请强制执行。

在执行过程中，因建筑劳务公司无可供执行的财产，北京市丰台区人民法院作出执行裁定书，裁定两案终结本次执行程序。原告于2019年4月24日向重庆市江津区人民法院申请对建筑劳务公司进行强制清算，2019年12月23日，因未发现建筑劳务公司的财产、账册、重要文件，无法进行清算，重庆市江津区人民法院作出（2019）渝0116强清3号民事裁定书，裁定终结建筑劳务公司的强制清算程序。故原告诉至法院，请求判令：八被告共同给付原告对建筑劳务公司享有的租金及违约金、利息等。

【案件焦点】

有限责任公司股东作为清算义务人是否因怠于履行义务导致公司无法清算而对债权人主张的公司债务承担连带清偿责任。

【法院裁判要旨】

北京市丰台区人民法院经审理认为：根据《中华人民共和国民事诉讼法》的规定，当事人有答辩并对对方当事人提交的证据进行质证的权利，本案被告汪某、金某东、陈某辉、蒋某强、周某银，第三人建筑劳务公司经本院合法传唤，无正当理由拒不出庭应诉，视为其放弃了答辩和质证的权利。股东损害公司债权人利益责任纠纷是指公司股东因滥用公司法人独立地位和股东有限责任，逃避债务，严重损害公司债权人利益，对公司债务承担责任的商事纠纷。依据法律规定，有限责任公司股东应于公司被吊销营业执照之日起十五日内成立清算组进行清算。有限责任公司的股东、股份有限公司的董事和控股股东未在法定期限内成立清算组开始清算，或因怠于履行义务，导致公司主要财产、账册、重要文件等灭失，无法进行清算，债权人主张其对公司债务承担连带清偿责任的，人民法院应依法予以支持。王某森、汪某、唐某祥、金某东、古某明、陈某辉、蒋某强、周某银作为建筑劳务公司登记股东，自 2010 年 12 月 8 日公司被吊销营业执照至今，确实始终未组织对公司进行清算。现建筑设备租赁公司依据《最高人民法院关于适用〈中华人民共和国公司法〉若干问题的规定（二）》第十八条第二款提起诉讼，其法理基础为法人人格否定理论和侵害债权理论，法庭亦应查明是否实际履行清算义务与债权人损失之间是否存在因果关系。本案中，针对（2008）丰民初字第 01944 号与（2008）丰民初字第 13668 号生效民事判决书建筑劳务公司所负债务，法院已于 2008 年 9 月、2010 年 2 月分别作出民事裁定书，均已认定建筑劳务公司已无财产可供执行，并作出终结本次执行的裁定。此后，2010 年 12 月 8 日，建筑劳务公司营业执照被吊销。故在股东负有清算义务的时点，建筑劳务公司已失去偿债能力，其是否实际履行清算义务与债权人的损失之间已不存在因果关系，法院裁定无财产可供执行已构成法律推定的事实，故建筑设备租赁公司要求王某森等股东对建筑劳务公司债务承担连带清偿责任的请求，于法无据，本院不予支持。被告汪某、金某东、陈某辉、蒋某强、周某银，第三人建筑劳务公司经本院合法传唤，无正当理由拒不到庭参加诉讼，不影响本院在查明事实的基础上作出缺席判决。

北京市丰台区人民法院依照《中华人民共和国公司法》第二十条，《最高人民法院关于适用〈中华人民共和国公司法〉若干问题的规定（二）》第十八条，《中华人民共和国民事诉讼法》第一百四十四条之规定，作出如下判决：

驳回建筑设备租赁公司的诉讼请求。

建筑设备租赁公司不服一审判决，提起上诉。北京市第二中级人民法院同意一审法院的裁判意见，作出如下判决：

驳回上诉，维持原判。

【法官后语】

本案案由系股东损害公司债权人利益责任纠纷，需要解决的争议焦点是有限责任公司股东作为清算义务人是否因怠于履行义务导致公司无法清算而对债权人主张的公司债务承担连带清偿责任。本案是从有限责任公司清算义务人怠于清算民事责任承担的法理基础及构成要件入手来分析上述问题，并进一步论述本案在审理过程中法院对债权人以及清算义务人所作出的利益平衡。

一、有限责任公司清算义务人承担民事责任的法理分析

《最高人民法院关于适用〈中华人民共和国公司法〉若干问题的规定（二）》（以下简称《公司法解释（二）》）第十八条第二款规定了清算义务人因怠于履行义务导致无法清算的连带清偿责任。一种观点认为，该种连带清偿责任依据侵害债权理论形成，而另一种观点认为，第二款的理论与责任基础是公司法人人格否认制度。传统理论认为，债权侵权责任，是指债之关系以外的主体单独故意或者与当时债务人合意侵害债权人的债权，导致债权人财产受损后，为此所应承担的民事赔偿责任。法人人格否认制度适用的主体仅是公司股东，而无法涵盖董事们，并且该理论追究的是滥用公司控制权股东的责任。故笔者认为，坚持以法人人格否认制度作为第二款的理论依据，实则是承认了侵害债权的合理性，又同时赋予了同一法律条款两种理论基础和请求权依据，这将破坏法律平等的基本属性，是无法实现逻辑自洽的。

本案中，建筑设备租赁公司依据《公司法解释（二）》第十八条第二款提起诉讼的法理基础应是侵害债权理论。经法庭审理事实查明，王某森等股东作为建筑劳务公司登记股东，自2010年12月8日公司被吊销营业执照至今，确实始终未组织清算组对公司进行清算，因此该种赔偿责任的理论依据和责任基础对应的是不作为侵权，其法理基础应当是侵害债权理论。

二、清算义务人怠于清算承担连带清偿责任的构成要件

（一）清算义务人怠于履行清算义务，亦即清算义务人主观上存在不作为的过错

对于如何采取积极措施以及对积极措施的履行，笔者认为，清算组的成立

代表积极履行清算义务，而本案中，被告王某森等股东一直辩称其虽理论上是公司的清算义务人，但并非掌握公司的主要财产、账册、重要文件等，没有能力决定清算程序的启动和对公司主要财产、账册和重要文件进行妥善保管，但这并不是王某森等股东作为清算义务人的免责事由，因此，本案中的上述股东满足“怠于履行清算义务”的主观要件和侵权行为。

（二）清算义务人的行为造成了债权人的损害后果：无法清算

“无法清算”，是指因为公司进行清算的原始财务资料、主要有效资产或者其他重要的文件以丢失、损毁或者被藏匿等手段灭失，导致无法确定公司资产范围和对外债务明细，造成即使按照法定清算程序也只能造成公司财产分配不能局面，债权人的债权因此无法清偿。在本案中，建筑设备租赁公司曾在2019年对建筑劳务公司进行强制清算，重庆市江津区人民法院出具了民事裁定书，认为清算组在履职过程中发现建筑劳务公司现没有任何财产、账册、重要文件，致使无法清算，裁定终结建筑劳务公司强制清算程序。因此，法院从事实上自2010年12月8日建筑劳务公司被吊销营业执照至今，王某森等股东确实始终未组织对公司进行清算，以及从法律上认定上述强制清算民事裁定书认定的“无法清算”的法律效力，均能得出清算义务人未能履行清算义务对债权人产生的法律后果。

（三）清算义务人怠于履行清算义务的行为与债权人的损失之间具有法律上的因果关系

1. 法律推定股东是否实际履行清算义务与债权人的损失之间已不存在因果关系。

实践中，清算义务人往往提出公司债权人债权得不到清偿是因为公司本身经营不善、资不抵债的抗辩，从而否认损害后果与怠于履行清算义务间的因果关系。公司因市场风险导致的经营不善、资不抵债等给公司债权人造成的损害不同于资可抵债情形下因怠于履行清算义务导致无法清算而给债权人造成的损害，如果要求清算义务人对前者承担连带清偿责任会混淆破产清算与自行或强制清算的界限，不当扩大责任范围。因此，如果能证实公司在解散时已经无有效资产、资不抵债的，损害后果与怠于履行清算义务行为间的因果关系则被切断。本案中，针对2008年两份生效民事判决书建筑劳务公司所负债务，法院已于2008年9月、2010年2月分别作出两份执行裁定书，均已认定建筑劳务公司已无财产可供执行，并作出终结本次执行的裁定。此后，2010年12月8日，建筑劳务公司营业执照被吊销。故在股东负有清算义务的时点，建筑劳务公司已失去偿债能力，其是否实际履行清算义务与债权人的损失之间已不存在因果关系，法院裁定无财产可供执行已构成法律推定的事实，故建筑设备租赁公司要求王某某等股东对建筑劳务公司债务承担连带清偿责任的请求不能被支持。

2. 债权人对是否存在因果关系承担举证责任。

学界通说以及司法实践中均认为公司债权人应当对清算义务人怠于履行清算义务的行为以及无法清算、债权受到损害承担举证责任，清算义务人可以提出抗辩事由，法院对二者是否存在因果关系作出最后认定，该因果关系适用因果关系推定原则。本案中，债权人建筑设备租赁公司在一审、二审审理过程中，始终未提供证据证明王某森等建筑劳务公司股东在建筑劳务公司被吊销营业执照后至今未组织清算与其债权未得到清偿之间有因果关系，未尽到自身的举证责任。

三、本案的审理结果对债权人与清算义务人利益平衡的影响

在现代化的市场经济下，对于公司治理结构和管理运营，应基于影响公司利益和社会发展的多重因素进行利益的重大权衡，利益平衡意味着否定对某一方利益的过度保护，同时注意兼顾其他人的利益诉求。而清算义务人制度设立的立法目的是维护市场经济秩序，但司法实践中出现了“债权人职业化”的现象，进而职业债权人的概念在《全国法院民商事审判工作会议纪要》(以下简称《九民纪要》)，中首次出现，这一概念是指专门从事低价收购公司旧账然后通过诉讼等方式要求公司股东承担连带清偿责任的人员。事实上，法律实践中低价收购他人难以实现的债权凭证，而后通过非正当手段索要债务的情形时有发生，这一现象的出现破坏了股东有限责任和公司法人人格独立原则，导致股东

利益受损。因此厘清清算义务人连带责任认定标准，是寻求股东利益和债权人利益平衡点的重点。

《公司法解释（二）》在《九民纪要》出台之前，在公司解散清算和破产清算中均适用。《九民纪要》的出台，对有限公司股东承担清算赔偿责任进行了抑制，更好地保护了小股东的利益和平衡公司内外部利益关系。其中规定的清算义务人的救济手段主要是已经履行清算义务抗辩、未参与公司经营管理抗辩、因果关系抗辩和诉讼时效抗辩。本案就是基于因果关系推定原则，按照《九民纪要》的精神，对债权人请求清算义务人承担连带赔偿责任给予了否定评判，其中认定的逻辑规则是对清算义务人责任与债权人权利二者之间一次新的利益平衡。

编写人：北京市丰台区人民法院　倪燕　付晨晨

36

冒名股东连带清偿责任的判定规则

——甲广告公司诉董某丽等股东损害公司债权人利益责任案

【案件基本信息】

1. 裁判书字号

北京市高级人民法院（2021）京民再4号民事判决书

2. 案由：股东损害公司债权人利益责任纠纷

3. 当事人

原告（上诉人、再审被申请人）：甲广告公司

被告（再审申请人）：董某丽

被告（被上诉人）：高某英、王某冰

【基本案情】

甲广告公司与乙广告公司委托合同纠纷一案，北京市朝阳区人民法院经审理作出（2008）朝民初字第19472号民事判决书，判决乙广告公司于判决生效之日起十日内退还甲广告公司1715000元。判决生效后，乙广告公司不履行生效判决，甲广告公司向法院申请强制执行，因乙广告公司无可供执行的财产，北京市朝阳区人民法院于2017年7月25日作出（2011）朝执自第5902号执行裁定书，裁定终结本次执行程序。

乙广告公司成立于2000年9月18日，王某祥、董某丽系该公司股东。高某英系王某祥母亲，王某冰系王某祥之女。王某祥于2007年6月18日去世，高某英、王某冰继承王某祥的股东资格。2008年10月9日，乙广告公司被北京市工商局朝阳分局吊销了营业执照。根据乙广告公司的工商登记信息，董某丽与王某祥目前仍为乙广告公司股东。甲广告公司自认系推定高某英与王某冰已经继承了股东资格。乙广告公司营业执照吊销后，三被告未依法对公司进行清算，导致公司财产处于下落不明的状态，侵犯了债权人的合法权益，故诉至法院请求判令董某丽、高某英、王某冰对北京市朝阳区人民法院作出的（2008）朝民初字第19472号民事判决书确认的乙广告公司所欠甲广告公司的债务承担连带清偿责任。

另查明：2020年12月22日，北京市朝阳区市场监督管理局作出撤销登记决定书，决定撤销2003年11月6日乙广告公司设立登记中股东董某丽、监事董某丽的登记（备案）。后甲广告公司就此向北京市市场监督管理局申请行政复议。2021年6月1日，北京市市场监督管理局作出行政复议决定书，决定维持撤销登记决定书中关于撤销董某丽股东登记部分。

【案件焦点】

董某丽作为工商登记中的股东，其是否应承担连带清偿责任。

【法院裁判要旨】

北京市东城区人民法院经审理后认为：董某丽作为乙广告公司股东，在乙广告公司被工商机关吊销营业执照后，应依法按时进行清算，有序结束各种商事关系。董某丽至今未履行清算义务，乙广告公司处于主要财产、账册、重要文件下落不明、无法清算的状态。

北京市东城区人民法院作出如下判决：

一、董某丽对北京市朝阳区人民法院作出的（2008）朝民初字第19472号判决书所确认的北京某广告公司所负甲广告公司的债务承担连带清偿责任；

二、驳回甲广告公司的其他诉讼请求。

甲广告公司不服一审判决，提起上诉。北京市第二中级人民法院同意一审法院的裁判意见。

董某丽不服二审判决，申请再审。北京市高级人民法院经审理认为：本案系股东损害公司债权人利益责任纠纷。在此类纠纷中，义务人承担义务的首要前提是具有股东身份。在原审阶段，甲广告公司依据乙广告公司工商登记信息，认为董某丽作为乙广告公司股东并怠于履行清算义务，故乙广告公司以董某丽为被告，提起本案股东损害公司债权人利益责任纠纷诉讼。在再审阶段，董某丽提交新证据证明，北京市朝阳区市场监督管理局以撤销登记决定书，撤销2003年11月6日乙广告公司设立登记中股东董某丽、监事董某丽的登记（备案）。后经过行政复议程序，北京市市场监督管理局决定维持撤销登记决定书中关于撤销董某丽股东登记部分。现行政机关已撤销乙广告公司设立登记中股东董某丽的登记备案，则原审法院认定董某丽具有乙广告公司股东身份的基础即丧失。目前甲广告公司没有提交其他证据证明董某丽作为乙广告公司股东履行了出资义务、后续受让了股权或者行使过股东权利，如参加股东会会议、分取红利、选择管理者等。因此，根据现有证据，甲广告公司不能要求董某丽就乙广告公司的债务向甲广告公司承担连带清偿责任。

北京市高级人民法院作出如下判决：

一、撤销北京市第二中级人民法院民事判决以及北京市东城区人民法院民事判决；

二、驳回甲广告公司的诉讼请求。

【法官后语】

1. 股东清算义务的法律来源。

《中华人民共和国公司法》第二十条意在规制股东滥用股东权利、不履行义务的行为，且根据该法第一百八十条和第一百八十三条的规定，公司被依法吊销营业执照后，应当在15日内成立清算组开始清算，有限责任公司的清算组由股东组成，其有义务在法定期限内进行清算。另外，《最高人民法院关于适用〈中华人民共和国公司法〉若干问题的规定（二）》第十八条第二款规定有其严格的适用条件，即“怠于履行义务，导致公司主要财产、账册、重要文件等灭失，无法进行清算”。

本案中，甲广告公司依据乙广告公司的工商登记信息，认为董某丽为乙广告公司的股东，提起本案股东损害债权人利益责任纠纷，当事人主体适格。董某丽因不知情并未参与诉讼，在无相反证据予以反驳的情况下，原审法院根据工商登记信息认定董某丽为公司股东并对外承担清算义务并无不妥。

2. 冒名股东的判定。

根据《最高人民法院关于适用〈中华人民共和国公司法〉若干问题的规定（三）》第二十八条的规定，冒名登记即以根本不存在的人的名义出资登记，或者盗用他人的名义出资登记，被冒用名义人未签署过公司章程、未缴纳出资、未行使股权，从未有过成为股东的意思表示和外观行为，只是其名义被盗用并记载于有关的形式要件之中，其对自己名义被盗用一无所知。因此被冒名股东，不应承担因股东资格和权利而产生的相关法律责任。被冒名登记为股东的主体并非公司真实股东，不对公司债权人承担基于股东身份而产生的民事法律责任。被冒名登记的股东没有出资设立公司、参与经营管理、分享利润或承担风险的实际行为，且对被冒名登记为股东这一事实不知情更非出于自愿，也就是主观上没有设立、参与公司经营管理的意图，故不应认定为公司股东，因此不享有股东权利也不承担股东责任和义务。

本案中，董某丽在原审中因不知自己已被他人登记为乙广告公司股东而未主张权利；本案再审阶段，根据董某丽提交的新证据可知，北京市朝阳区市场监督管理局已撤销登记决定书，撤销2003年11月6日乙广告公司设立登记中股东董某丽、监事董某丽的登记（备案）。后经过行政复议程序予以维持。故董某丽自始都不是乙广告公司的股东，甲广告公司也未提交其他证据证明董某丽行使过股东权利。因此，董某丽被告主体不适格。

3. 登记公示公信效力与被冒名股东合法利益保护的平衡。

工商登记信息具有对外公示公信法律效力，足以使债权人依此产生信赖利益，法律应当对此予以保护。而被冒名股东的合法权益也应当受到关注并予以合理保护。外观主义虽为商事法律关系的基本原则，但在司法实践中不应偏颇地理解和运用。对外承担相应法律责任的前提必须是基于股东身份，而被冒名股东对外承担责任的基础条件丧失。在此情况下，股东身份的认定应不受商事外观主义原则的调整和限制，不宜单纯地采用商事外观主义原则进行认定。

因此，债权人信赖利益的保护与被冒名股东合法权益的享有应当结合具体案情进行综合平衡和考量，以维护法律的公平正义。

编写人：北京市高级人民法院　杜瀛

37

增资股东应就其增资瑕疵对增资前产生的公司债务承担补充赔偿责任

——化工公司诉周某文、王某平股东损害公司债权人利益责任案

【案件基本信息】

1. 裁判书字号

江苏省苏州市中级人民法院（2021）苏05民终5108号民事判决书

2. 案由：股东损害公司债权人利益责任纠纷

3. 当事人

原告（上诉人）：化工公司

被告（被上诉人）：周某文、王某平

【基本案情】

案外人电子科技公司成立于2009年11月25日，注册资本为180万元。2016年6月8日，电子科技公司决定增加公司注册资本500万元，周某文以货币方式于2019年6月30日前增加出资255万元，王某平以货币方式于2019年6月30日前增加出资245万元。2016年7月8日就上述增资事项完成了工商变更登记。周某文、王某平于2020年5月27日、5月28日，分别向电子科技公司出资了增资款。电子科技公司与电线电缆公司、罗某荣之间一直以来存在若干笔借款往来，增资款入账后随即被转出至电线电缆公司、罗某荣名下账户，备注用于归还借款。

2016年10月11日，江苏省太仓市人民法院立案受理化工公司起诉案外人电子科技公司买卖合同纠纷。化工公司以2015年4月至2015年12月向电子科技公司供应418350元涂料等产品，电子科技公司以结欠其325212元货款为由，要求电子科技公司支付货款325212元及利息损失。2016年11月16日，化工公司与电子科技公司达成调解协议。因电子科技公司未在生效法律文书确定的期限内向化工公司履行付款义务，化工公司向法院申请强制执行。因电子科技公司无可供执行的财产，法院于2017年5月31日裁定终结本次执行。后电子科技公司又于2017年12月28日至2020年8月8日向化工公司支付部分款项，就剩余未清偿部分债务，化工公司诉至法院，要求判令周某文在抽逃出资255万元本息范围内、王某平在抽逃出资245万元本息范围内，对电子科技公司所负债务向化工公司承担补充赔偿责任，周某文、王某平互相承担连带责任。

【案件焦点】

增资股东是否应就其增资瑕疵对增资前产生的公司债务承担补充赔偿责任。

【法院裁判要旨】

江苏省太仓市人民法院经审理认为：本案有两个争议焦点。一是债权人是否有权要求股东就增资瑕疵出资对增资前的债务承担补充赔偿责任；二是如果应当承担，根据现有证据能否认定两被告完成了增资义务；三是如果能够认定完成了增资义务，两被告是否存在抽逃出资的行为。

针对争议焦点一，《最高人民法院关于适用〈中华人民共和国公司法〉若干问题的规定（三）》第十三条第三款规定，并未区分债权人的债权形成于增资前后，而本案中原告要求两被告承担责任时，已超过两被告增资期限，增资款应当属于电子科技公司的合法财产，债权人有权要求股东就增资瑕疵出资对增资前的债务承担补充赔偿责任。

针对争议焦点二，虽增资款在当日即转出，但收款人均非两被告。从被告提供的资产负债表可以看出，电子科技公司也将2020年5月27日、5月28日两股东向公司支付500万元的凭证计入财务账册并计入公司实收资本，作为公司资产。则应当认定两被告实际缴纳增资，完成了增资义务。

针对争议焦点三，关于与电线电缆公司之间的借款关系，两被告提供了与电线电缆公司之间的借款合同、电线电缆公司支付给电子科技公司借款的转账凭证。两被告向公司支付增资款后，款项立即被转出，但收取款项的人并非两被告，也并无证据显示出资款付至公司后又回到了两被告处，原告主张两被告抽逃出资缺乏事实与法律依据，不应予以支持。

江苏省太仓市人民法院依照《中华人民共和国公司法》第三条、第二十八条，《最高人民法院关于适用〈中华人民共和国公司法〉若干问题的规定（三）》第十二条、第十三条第二款、第十四条，《中华人民共和国民事诉讼法》第六十四条第一款之规定，作出如下判决：

驳回原告化工公司的全部诉讼请求。

化工公司不服一审判决，提起上诉。江苏省苏州市中级人民法院同意一审法院的裁判意见。

江苏省苏州市中级人民法院依照《中华人民共和国民事诉讼法》第一百七

十条第一款第一项之规定，作出如下判决：

驳回上诉，维持原判。

【法官后语】

有限责任公司股东是否应当对公司增资前的债务承担增资瑕疵责任，在司法实践中存在两种观点①。究其原因，一是法律适用不同；二是法理基础不同；三是适用程序不同（出现在债权人单独起诉的审判程序或执行衍生的追加、变更当事人诉讼程序往往会得出不同结论）。本案中，两被告明确提出原告债权形成于增资前，无权对增资部分的出资行为要求股东承担责任。法院并未采纳该意见，而是根据《最高人民法院关于适用〈中华人民共和国公司法〉若干问题的规定（三）》（以下简称《公司法解释（三）》）第十三条第二款作出认定。从法理基础上分析，基于权利与义务相一致原则、公司人格独立的性质、侵权责任构成要件，股东有增资瑕疵行为的，应对增资前公司债务承担补充责任。

第一，基于权利与义务相一致原则，增资股东在因增资行为享有增资股权的同时，也应当承担与该股权相应的法律义务。成为股东从而享有股东权利的前提条件是履行出资义务。股东的出资义务，既包括公司设立时股东的出资义务，也包括公司增资时股东的出资义务。股东因出资享有股东权利，股东权利范围的大小与其出资额、出资比例相关。公司增加注册资本，使得股权权益发生改变，股东相应股权权益增加，即使《公司法解释（三）》第十七条对未尽出资义务股东的股东权利进行了部分限制，但限制均围绕资产收益权，相应的参与决策权、管理权并未受到限制，如认可股东就增资后增加的股东权利而否认相应义务，违反民法权利与义务相一致的基本原则。

第二，根据公司法人人格独立的基本制度设计，增资瑕疵股东亦应对增资

---

① 例如，在朱某芬诉黄某华、冯某案中，一审法院认为有限责任公司股东应当对公司增资前的债务承担增资瑕疵责任，但二审法院撤销了一审判决。参见江苏省高级人民法院（2019）苏民终1275号民事判决书，载中国裁判文书网，https：//wenshu.court.gov.cn/website/wenshu/181107ANFZ0BXSK4/index.html？docId=VQTcRSDTJBCS0eUEfdnbS783QIBnf0WL1rbpTpr1vOoH8C1dp0vKvfUKq3u+IEo4w4OaGAbnG2A8A8lfcm2NXSN05NRB6QgWvb77MR4zDn5cyYHBuHgdX+lElUEFMJnn，最后访问时间：2023年3月5日。

前形成的债务承担责任。《中华人民共和国民法典》第五十七条明确规定，法人是具有民事权利能力和民事行为能力，依法独立享有民事权利和承担民事义务的组织。法人的责任能力，对外是其依法对其财产行使占有、使用、收益和处分的权利，对内是公司不对股东债务承担责任，股东也不以其出资以外的财产对公司债务承担责任。增资瑕疵股东没有或没有完全履行增资义务，使本应成为公司注册资本的财产没有成为公司财产，或者履行方式、时间等存在瑕疵，造成公司财产损失，与发起人股东的瑕疵出资行为没有本质区别。如增资股东依法履行增资义务，其增资则成为公司合法财产，公司具有独立的处分权，以该财产履行公司义务属于公司独立法人资格的应有之义。将该义务形成的时间分为增资前与增资后，增资前的债务不应由增资财产履行，增资后的债务可以由增资财产履行，将产生人为割裂公司独立法人资格，即增资前的独立法人资格与增资后的独立法人资格不相同的法律后果。[①]

第三，从侵权责任构成要件方面来看，增资瑕疵股东亦应对增资前形成的公司债务承担责任。增资瑕疵股东对增资前公司债务是否应当承担责任，通常是在"股东损害公司债权人利益责任纠纷"、债权人基于基础债权并同时要求增资股东承担责任、执行不能时要求追加瑕疵出资股东为被执行人的案件中探讨。前两种情形对增资股东的责任认定要素实质一致，但执行程序中的处理要素常常与诉讼程序不一致，本文分别分析如下：

在"股东损害公司债权人利益责任纠纷"认定要素中，增资瑕疵股东应当对增资前公司债务承担责任。股东损害公司债权人利益责任纠纷案由项下的请

---

① 《中华人民共和国民法典》第六十条规定，法人以其全部财产独立承担民事责任。该条并没有用债权形成时间划分法人承担责任的财产范围。从债权人合理期待角度出发，其与公司建立民事法律关系时，公司的注册资本通常作为双方是否发生法律关系、确定双方权利义务范围的重要考量，但增加公司资产常常符合债权人期望且被社会鼓励，如果根据债权人合理期待原则，将增加的注册资本排除在增资前债权人受偿范围外，债权形成后公司通过盈利获得的财产是否也应当排除在受偿范围外？采用类比的方式，自然人的财产范围常常变化，如将债权形成时自然人的财产范围作为债务人合理期待的偿债范围，债务形成后债权人的收入与资产是否也不应成为债权人合理期待的范围？因此，如果从债权人合理期待角度出发，将股东的增资瑕疵从增资前债务的责任范围排除，将出现上述逻辑难以统一的后果。

求权基础规范为《中华人民共和国公司法》第二十条第三款、第六十三条关于一人有限公司股东责任的规定、《最高人民法院关于适用〈中华人民共和国公司法〉若干问题的规定（二）》（以下简称《公司法解释（二）》）与《公司法解释（三）》针对股东负有清算责任、未履行或未完全履行出资义务、抽逃出资等特别情形中债权人追究股东责任问题的具体规定。[①] 关于债权人请求权的法理基础，多数学者支持债权侵权理论，其认为，在股东未履行或未完全履行出资义务、增资义务时，债权人在相应行为范围内要求股东承担损害赔偿责任，并未给股东带来额外负担，也没有超过股东合理预期，因此，符合法律的价值判断。同时，从此类案件的管辖原则来看，“股东损害公司债权人利益责任纠纷”属于单一的损害赔偿之诉，属侵权案件，由侵权行为地或侵权结果发生地法院管辖。[②] 根据《公司法解释（三）》第十三条的规定，增资瑕疵股东对债权人未能获得清偿部分承担补充清偿责任构成要件，一是增资瑕疵股东实施了增资瑕疵行为；二是公司债权人债权未能获得全部清偿；三是增资瑕疵行为与债权人债权未能获得全部清偿间存在因果关系。前两个构成要件无须多言，之所以出现完全相反的认定结论，关键在于对因果关系的认定。笔者认为，债权形成后的增资财产也属于公司的合法财产，因瑕疵增资行为使本应增加的注册资本未能实际或足额增加，应按时增加的注册资本迟延增加，在债权人依法享有的债权持续存在、未获清偿的情况下，瑕疵增资行为因缩小了债权人实现债权的范围，与债权未获清偿间具有因果关系。如果否认此因果关系，则或限制了债权人的债权，或限制了公司的合法财产范围，缺乏法律与法理依据。

增资瑕疵股东是否对增资前债务承担增资瑕疵责任，笔者认为，执行程序

---

① 李洪灯等：《公司诉讼法律实务全解》，法律出版社2021年版，第598页。

② 参见广告公司诉朱某东、李某元股东损害公司债权人利益责任案，最高人民法院（2018）最高法民辖162号民事裁定书，载中国裁判文书网，https：//wenshu. court. gov. cn/website/wenshu/181107ANFZ0BXSK4/index. html？docId=y/aTDB1fzWo4Ro9g0D4H/14dqtVAHt08E8voUZtHPLbm3VhLRVmgWfUKq3u+IEo4w4OaGAbnG2A8A8lfcm2NXSN05NRB6QgWvb77MR4zDn40QtmW4ZjUlBXjKhBNah7j，最后访问时间：2023年2月10日。

中涉及此问题主要是基于追加、变更被执行人的申请，追加被执行人与是否承担补充责任实为依据不同法律规定在不同程序处理的不同问题，一个处理被执行人范围，另一个处理责任范围。突破执行依据的主体范围在执行规范化、文明化的执行制度背景下，本应采取审慎态度，而增资瑕疵股东补充责任是依法作出裁判，从程序上会给予股东充分的抗辩、举证、质证权利。因此，笔者认为，即使在执行程序要求追加瑕疵增资股东的请求未获支持，在符合《公司法解释（三）》第十三条第二款规定的情况下，债权人据此提出股东损害公司债权人利益责任之诉未必同样不获支持。

综上所述，公司是现代社会经济的细胞。公司制度是以股东的有限责任制为基本责任形式，但绝不是以牺牲公司债权人为代价的制度。当增资股东出现增资瑕疵行为时，未获清偿的债权人要求增资瑕疵股东在相应行为范围内承担补充清偿责任符合权利与义务相一致的民法基本原则，符合公司法人人格独立的基本制度设计，符合侵权责任的构成要件，是公司制度在消除股东有限责任和债权人权利保护失衡上的重要“平衡物”。故本案认定有限责任公司股东应当对公司增资前的债务承担增资瑕疵责任，作出了上述判决。

编写人：江苏省太仓市人民法院　李玲

38

债权人对导致债务人无法清算的主体提起个别清偿之诉的裁判路径

——高某玺诉蹇某华等股东损害公司债权人利益责任案

【案件基本信息】

1. 裁判书字号

重庆市第五中级人民法院（2021）渝05民申176号民事裁定书

2. 案由：股东损害公司债权人利益责任纠纷

3. 当事人

原告（再审申请人）：高某玺

被告（再审被申请人）：蹇某华、蹇某明、蹇某芬、蹇某、蹇某坤

【基本案情】

蹇某华、蹇某明、蹇某芬、蹇某、蹇某坤系食品公司的股东，其中蹇某为该公司法定代表人、执行董事，其他股东均为监事。

因食品公司未按规定接受企业年度检验，2001年8月15日，原重庆市江津工商行政管理局作出津工商（2001）个处字第05号行政处罚决定书，吊销其营业执照，要求股东按规定组成清算组负责债权债务的清理并停止一切生产经营活动。

后因债权转让，高某玺成为食品公司债权人。2019年11月8日，本院受理高某玺申请食品公司破产清算一案，并交由重庆市江津区人民法院审理。后该院作出（2020）渝0116破1号裁定书，其中确认高某玺享有普通债权4620234.59元。该院作出（2020）渝0116破1号之一裁定，认为“债务人财产不足以清偿

破产费用，符合宣告破产并终结破产程序条件，在食品公司解散后，公司股东怠于履行清算义务，公司主要财产、账册、重要文件等现已灭失，公司法定代表人在破产清算期间未能向管理人移交财产、账簿、文书等资料，致使管理人无法执行清算职务，若给债权人造成损害，有关权利人可向债务人的有关人员主张其承担相应民事责任"，并裁定宣告食品公司破产，终结食品公司破产程序。

高某玺根据《最高人民法院关于适用〈中华人民共和国公司法〉若干问题的规定（二）》（以下简称《公司法解释（二）》）第十八条第二款的规定，以五被申请人作为食品公司的股东，在食品公司被吊销营业执照后，未成立清算组，怠于履行食品公司清算义务，导致食品公司主要财产、账册、重要文件等灭失，无法进行清算，应当对食品公司的债务承担连带清偿责任为由，请求五被申请人共同支付（2020）渝 0116 破 1 号民事裁定所确认的高某玺对食品公司的债权 4620234. 59 元。

【案件焦点】

债务人被人民法院裁定宣告破产后，因债务人股东怠于履行清算义务，导致其主要财产、账册等重要文件灭失而无法清算，给债权人造成损害的，债权人应如何选择救济途径。

【法院裁判要旨】

重庆市江津区人民法院经审理认为：食品公司系经破产清算程序，对三家债权人均负有破产债务，原告现依据破产终结裁定载明的"无法清算"事实，只能依法适用《最高人民法院关于债权人对人员下落不明或者财产状况不清的债务人申请破产清算案件如何处理的批复》（以下简称《批复》）中的规定，代表全体债权人向食品公司有关人员主张赔偿责任，因此获得的赔偿须归入食品公司破产财产，原告提出的诉请不当。

重庆市江津区人民法院依照《中华人民共和国企业破产法》第七条、第十五条、第一百二十五条，《最高人民法院关于债权人对人员下落不明或者财产状况不清的债务人申请破产清算案件如何处理的批复》之规定，作出如下判决：

驳回高某玺的诉讼请求。

高某玺不服一审判决，申请再审。重庆市第五中级人民法院经再审审查认为：《公司法解释（二）》第十八条规定的主要是强制清算中相关主体的责任，该责任来自公司法明确规定的清算义务，并以公司资大于债为前提假设。而《批复》规定的是债务人相关人员不履行《中华人民共和国企业破产法》（以下简称《企业破产法》）规定的配合清算义务，以及由此根据《企业破产法》应当承担的责任，而非公司法及其司法解释规定的不及时履行解散后的清算义务而应对公司债务承担的责任。本案中，食品公司财产不足以清偿破产费用，已经资不抵债，被宣告破产并终结破产程序，故本案只能适用《批复》中的规定请求相关人员承担相应民事责任。高某玺所称的五被申请人怠于履行食品公司清算义务的行为，实则是指前述依法负有清算责任的人未依照《企业破产法》第七条第三款的规定及时履行破产申请义务，导致食品公司主要财产、账册、重要文件等灭失，致使管理人无法执行清算职务，给其造成损害。高某玺所诉的被申请人行为符合前述《批复》第三款规定的情形。《批复》中规定的“有关权利人起诉请求其承担相应民事责任”，系指管理人请求上述主体承担相应损害赔偿责任并将因此获得的赔偿归入债务人财产，若管理人未主张上述赔偿，个别债权人可以代表全体债权人提起上述诉讼。故高某玺在主张赔偿责任时，只能代表全体债权人提起诉讼，请求将因此获得的赔偿归入债务人财产，而非归入个别债权人，以实现对债权人利益的公平保护。而本案高某玺的起诉符合《中华人民共和国民事诉讼法》第一百一十九条规定的起诉条件，只是其起诉要求五被申请人共同向其支付已被确认的债权这一诉请不当，一审判决驳回其诉讼请求并无不当。

重庆市第五中级人民法院依照《中华人民共和国民事诉讼法》第二百零四条第一款，《最高人民法院关于适用〈中华人民共和国民事诉讼法〉的解释》第三百九十五条第二款之规定，裁定如下：

驳回高某玺的再审申请。

【法官后语】

《公司法解释（二）》第十八条第二款与《批复》，均规定了债务人相关人员因怠于履行义务，导致公司无法进行清算的责任承担问题，但二者的适用前提、责任主体、责任承担方式均存在一定差异，容易混淆。若当事人法律依据及诉讼请求选择不当而无法达到其诉讼目的，在此情况下，人民法院一般会根据不同情况，裁定驳回起诉或判决驳回诉讼请求。

（一）驳回起诉与驳回诉讼请求的区别

在民事诉讼中，“裁定驳回起诉”和“判决驳回诉讼请求”是当事人所提诉讼无法得到支持情形下的两种裁判后果。但在司法实践中，部分当事人时常会混淆两种裁判方式。

驳回起诉系人民法院在案件立案受理后，发现该案不符合起诉条件、不属于人民法院主管或者受诉法院管辖的，依据民事程序法的规定，对该案从程序法层面所作出的处理结果，驳回起诉采取的是裁定形式。

而驳回诉讼请求系人民法院经审理认为当事人的诉讼请求不能成立或欠缺诉讼保护要件，从实体法层面作出的对其请求不予保护的处理结果，驳回诉讼请求采取的是判决形式。

综上，裁定驳回起诉解决的是诉讼程序中的诉权问题，判决驳回诉讼请求解决的是实体请求权问题。

（二）无法清算的责任承担及债权人权利保护路径的选择

清算包括解散清算、强制清算和破产清算。不同情形下无法清算所适用的法律规范不同，责任主体及相应法律后果也有所不同。准确把握不同情形下无法清算的法律适用，才能准确引导债权人选择权利救济的路径。

《公司法解释（二）》第十八条第二款规定：“有限责任公司的股东、股份有限公司的董事和控股股东因怠于履行义务，导致公司主要财产、账册、重要文件等灭失，无法进行清算，债权人主张其对公司债务承担连带清偿责任的，人民法院应依法予以支持。”《批复》规定：“债务人的有关人员不履行法定义务，人民法院可依据有关法律规定追究其相应法律责任；其行为导致无法清算或者造成损失，有关权利人起诉请求其承担相应民事责任的，人民法院应依法予以支持。”

(1) 责任主体不同

《公司法解释（二）》第十八条第二款规定的责任主体是怠于履行义务的有限责任公司的股东、股份有限公司的董事和控股股东。而《批复》规定的责任主体是不履行法定义务的债务人的相关人员，《全国法院民商事审判工作会议纪要》(以下简称《九民纪要》）第一百一十八条对前述《批复》中规定的“债务人的有关人员不履行法定义务”作了进一步明确，即指债务人的法定代表人、财务管理人员和其他经营管理人员不履行《企业破产法》第十五条规定的配合清算义务，或者债务人的法定代表人或者实际控制人不配合清算义务。

(2) 法律适用语境不同

《公司法解释（二）》第十八条第二款和《批复》中均对有关人员不履行或怠于履行法定义务导致公司无法清算是否应承担责任进行了明确，即权利人通过民事诉讼向责任人主张权利的，人民法院应予支持。但二者在适用前提上又有所差异，适用《公司法解释（二）》第十八条第二款规定的前提是推定公司资产能够清偿全部债务，即债权人本来可以在公司解散后通过清算获得足额清偿，该条规定系建立在有关公司解散清算或强制清算基础之上。

解散清算是指公司在其发生解散事由后，清算义务人自行对公司各项事务进行清理结算，一般情况下，其债务能够完全得以清偿。强制清算是指发生解散清算事由后，在公司清算义务人不自行组织清算的情况下，人民法院根据债权人或公司股东的申请，由法院指定清算组进行的清算。

而《批复》主要解决的是债权人对人员下落不明或者财产状况不清的债务人申请破产清算案件如何处理的问题，故在破产清算中相关主体的责任承担问题也应适用《企业破产法》及相关司法解释的规定，故《批复》中的规定是建立在公司破产清算基础之上。破产清算是指在公司资不抵债时，由人民法院选定的破产管理人对公司进行的清算。破产清算与解散清算具有不同的功能和适用条件，破产清算较之解散清算而言，公权力的介入程度更深，制度规范更完备，外部监督更全面，能够最大限度地保障债权人得到公平受偿。

(3) 责任后果不同

根据《公司法解释（二）》第十八条第二款的规定，有限责任公司的股东、股份有限公司的董事和控股股东因怠于履行义务，导致公司主要财产、账册、重要文件等灭失，无法进行清算的，债权人可以主张其对公司债务承担连带清偿责任，换言之，债权人可以起诉请求被告对其个别清偿。若债权人本来可在公司解散后通过清算获得足额清偿，但由于清算义务人未依法及时履行清算义务而导致债权损失，根据侵权责任理论，债权人可向负有清算义务的主体要求其承担连带赔偿责任，即清算义务主体对全部债务负责，无债务履行顺序之分。

而根据《九民纪要》第一百一十八条的规定，上述《批复》中规定的“有关权利人起诉请求其承担相应民事责任”，系指管理人请求上述主体承担相应损害赔偿责任并将因此获得的赔偿归入债务人财产。管理人未主张上述赔偿，个别债权人可以代表全体债权人提起上述诉讼。通过该规定可以看出，《批复》规定的是管理人可以主张将赔偿归入债务人财产，或在管理人未主张赔偿的情况下，个别债权人也可以代表全体债权人提起诉讼，但所主张的赔偿也应是归入债务人的财产，而非个别受偿。公司股东等人于破产清算程序中怠于履行配合清算义务导致债务人无法清算的赔偿亦应归入债务人财产用于破产清偿，债权人无权在破产清算程序终结后二年内提起个别清偿之诉，而应按照《企业破产法》第一百二十三条第一款规定按照破产财产分配方案受偿。之所以规定按照《企业破产法》的规定进行分配受偿，是因为《企业破产法》在债务人破产财产范围认定问题上的态度比较宽松，能够尽可能地将债务人的各类财产纳入破产财产中，从而最大限度地实现债权人利益。应从破产申请受理时债务人所拥有的全部财产到破产申请受理后至破产程序终结前债务人所取得的财产，均应归入债务人破产财产用于破产清偿。

综上，《九民纪要》第一百一十八条之所以规定人民法院在适用《批复》的规定，判定债务人相关人员承担责任时，应当依照《企业破产法》的相关规定来确定相关主体的义务内容和责任范围，不得根据《公司法解释（二）》第十八条第二款的规定来判定相关主体的责任，就是考虑到不同情形下的清算义务不同，如《公司法》第一百八十三条规定了公司应当在解散事由出现之日起15日内成立清算组开始清算，《公司法解释（二）》第十八条则规定了相关主体未依法成立清算组清算导致公司财产减损时应向债权人承担的责任，但《企业破产法》采取的是破产申请主义，并未规定债务人的相关主体在债务人符合破产原因时负有申请破产清算的义务，也未规定上述主体未及时申请破产而应向债权人承担的责任。因债务人破产原因复杂，债务人相关主体不配合清算义务与债务人破产之间并非因果关系，若不区分公司资产能否清偿公司全部债务而适用《公司法解释（二）》第十八条第二款规定，则会混淆强制清算制度与破产清算制度，导致债务人相关人员和债权人利益的明显失衡。当债务人的法定代表人、财务管理人员和其他经营管理人员不履行企业破产法所规定的配合清算义务，或债务人的法定代表人（实际控制人）不配合清算义务，导致无法清算或者造成损失的，因该损失理论上属于债务人破产财产，应由管理人依法追回并归入债务人财产后再行分配给全体债权人；在管理人未主张赔偿的情况下，个别债权人不能个别追偿并仅用于清偿其自身债权，否则将违背债权公平受偿的破产制度价值理念，个别债权人正确的救济途径应是代表全体债权人提起诉讼，将所主张的赔偿归入债务人财产后再行分配。

编写人：重庆市第五中级人民法院　李春伟

九、公司增资纠纷

39

公司法定代表人擅自以公司名义为他人提供担保的法律效力认定及责任承担

——投资公司诉L控股集团等公司增资案

【案件基本信息】

1. 裁判书字号

广东省东莞市中级人民法院（2020）粤19民终9093号民事判决书

2. 案由：公司增资纠纷

3. 当事人

原告（上诉人）：投资公司

被告（被上诉人）：L控股集团、医药科技公司、马某龙

【基本案情】

2016年5月24日，投资公司与医药科技公司签订《投资公司关于医药科技公司之增资扩股协议》，约定投资公司出资1080万元认购医药科技公司26.67%的增资股权。协议签订后投资公司于2016年5月26日至2016年5月27日分四次支付完毕增资款项。投资公司付款后，医药科技公司以增资股东会决议未取得其中一名股东同意为由迟迟不予办理增资股权登记，并最终无法办

理增资股权变更。经协商投资公司与医药科技公司、L 控股集团于 2018 年 11 月 27 日签订《投资协议终止合同》，由医药科技公司全额无息分三期退还投资公司 1080 万元增资款，双方《增资扩股协议》解除，L 控股集团对医药科技公司的 1080 万元增资款退还承担连带担保责任，L 控股集团在《投资协议终止合同》上加盖了公章，签名人员为法定代表人马某龙，投资公司在签订合同时没有审查 L 控股集团的董事会决议或股东会决议，马某龙当时仅持有 L 控股集团 9%的股份。《投资协议终止合同》签订后医药科技公司在 2019 年 1 月 7 日至 2019 年 5 月 20 日陆续支付了 700 万元，尚欠 380 万元未返还。

【案件焦点】

1. 马某龙在《投资协议终止合同》中以 L 控股集团的名义为医药科技公司提供担保，该担保行为是否有效；2. L 控股集团是否应承担责任。

【法院裁判要旨】

广东省东莞市第一人民法院经审理认为：根据《中华人民共和国公司法》第十六条的规定，担保行为不是法定代表人所能单独决定的事项，必须以公司股东（大）会、董事会等公司机关的决议作为授权的基础和来源。根据上述事实，L 控股集团法定代表人马某龙在《投资协议终止合同》上的签名明显未经授权，这种擅自为他人提供担保的，构成越权代表。投资公司确认在签订《投资协议终止合同》时马某龙未出具任何 L 控股集团同意担保的决议，投资公司没有证据证明医药科技公司为 L 控股集团直接或间接控制的公司，马某龙作为 L 控股集团法定代表人的越权代表行为无效，《投资协议终止合同》中关于 L 控股集团提供担保，承担连带责任的约定无效，L 控股集团无须向投资公司承担连带保证责任。

广东省东莞市第一人民法院作出如下判决：

一、医药科技公司应于判决生效之日起五日内向投资公司返还增资款 380 万元及逾期付款利息（利息以人民币 380 万元为基数，自 2019 年 5 月 1 日起按照中国人民银行同期同类贷款利率计算至 2019 年 8 月 19 日；自 2019 年 8 月 20

日起，按照全国银行间同业拆借中心公布的贷款市场报价利率向投资公司支付逾期付款利息至实际清偿之日止）；

二、驳回投资公司的其他诉讼请求。

投资公司不服一审判决，提起上诉。广东省东莞市中级人民法院经审理认为：同意一审法院关于担保合同无效的认定。但二审法院认为，在主合同有效，L控股集团的担保行为无效的情况下，应考虑债权人投资公司及担保人L控股集团的过错情况来认定L控股集团的责任。投资公司因未尽到审查义务而存在过错，而马某龙在《投资协议终止合同》签订当时为L控股集团的法定代表人，其在该合同上签名并加盖L控股集团公章，可见L控股集团对法定代表人行为的内部规制和公章管理使用管控措施存在缺陷，L控股集团也存在过错。《最高人民法院关于适用〈中华人民共和国担保法〉若干问题的解释》第七条规定："主合同有效而担保合同无效，债权人无过错的，承担连带赔偿责任；债权人、担保人有过错的，担保人承担民事责任的部分，不应超过债务人不能清偿部分的二分之一。"一审法院认定L控股集团无须承担担保合同无效后的赔偿责任，处理有误，二审法院予以了纠正。结合双方的过错程度，二审法院认定L控股集团应承担医药科技公司不能清偿部分的二分之一的责任。

广东省东莞市中级人民法院依据《中华人民共和国民事诉讼法》第一百六十九条第一款、第一百七十条第一款第二项及第一百七十五条的规定，作出如下判决：

一、维持广东省东莞市第一人民法院民事判决第一项；

二、撤销广东省东莞市第一人民法院民事判决第二项；

三、L控股集团对广东省东莞市第一人民法院民事判决第一项东医药科技公司不能清偿部分的二分之一承担责任；

四、马某龙对广东省东莞市第一人民法院民事判决第一项确定的医药科技公司应承担的债务承担连带保证责任；

五、驳回投资公司的其他诉讼请求。

【法官后语】

公司是现代市场经济的重要主体，在实务中，公司为他人提供担保的情况并不鲜见。本案涉及的是公司法定代表人擅自以公司名义为他人提供担保的法律效力认定，以及在认定担保行为无效的情况下，担保人应如何承担责任的问题。

（一）公司法定代表人未经授权擅自为他人提供担保的，构成越权代表，担保合同的效力需根据相对人是否善意来确定

1.《中华人民共和国公司法》（以下简称《公司法》）第十六条规定的规范性质。《公司法》第十六条规定了公司向其他企业投资或者为他人提供担保，应当由有权决议机关依法定程序作出决议。担保行为不是法定代表人所能单独决定的事项，而必须以公司股东（大）会、董事会等公司机关的决议作为授权的基础和来源。法定代表人未经授权擅自为他人提供担保的，构成越权代表。但是，对于公司的法定代表人或者其他人员违反法定程序即未经股东（大）会或董事会决议而擅自实施的对外担保行为效力如何认定呢？

关于《公司法》第十六条的规范性质，存在不同理解。第一种观点是管理性规定说，在之前相当长的一段时间内，司法实践主流采用该观点，认为该条性质上属于管理性规定，即公司法定代表人未经决议程序擅自对外签订担保合同，也不影响合同效力，该条是对内效力，不能对外部债权人产生效力。该观点的问题是架空了《公司法》第十六条的规定，也容易损害中小股东的利益。第二种观点是效力性规定说，认为该条属于效力性规定，违反的后果是担保合同无效。该观点的问题是不加区分地认定担保合同无效，不利于对善意相对人的保护，损害了公司债权人的利益。第三种观点是代表权限制说，即认为《公司法》第十六条是限制了法定代表人的代表权限，即法定代表人尽管可以一般地代表公司对外从事法律行为，但对于担保行为，并非公司法定代表人能单独决定的事项，应根据债权人订立合同时是否善意来区分合同的效力。最高人民法院于 2019 年 11 月 8 日公布的《全国法院民商事审判工作会议纪要》（以下简称《九民纪要》）的通知第十七条采取了代表权限制说，按照《九民纪要》

的精神，应区分订立合同时债权法是否善意来认定合同是否有效。民法典施行后，《最高人民法院关于适用〈中华人民共和国民法典〉有关担保制度的解释》第七条基本沿袭了《九民纪要》的做法。《九民纪要》虽不是司法解释，但是对于司法实践具有参考和借鉴作用，且《最高人民法院关于适用〈中华人民共和国民法典〉有关担保制度的解释》也基本采纳了《九民纪要》的内容。本案是民法典施行前的法律事实引起的民事纠纷案件，故本案按照《九民纪要》精神对L控股集团法定代表人马某龙的越权行为进行审查，即区分订立合同时债权人是否善意来认定合同是否有效。

2. 善意的认定。公司为公司股东或者实际控制人以外的人提供非关联担保，只要债权人能够证明其在订立担保合同时对董事会决议或者股东（大）会决议进行了审查，同意决议的人数及签字人员符合公司章程的规定，就应当认定其构成善意，但公司能够证明债权人明知公司章程对决议机关有明确规定的除外。本案中，马某龙代表L控股集团签订协议为医药科技公司的1080万元增资款退还承担连带担保责任，属于L控股集团为股东或实际控制人以外的人提供担保，应由投资公司举证证明其在订立担保合同时对L控股集团的董事会决议或股东会决议进行了审查，但投资公司无法举证证明，故不足以认定投资公司构成善意。案涉《投资协议终止合同》中关于L控股集团提供担保，承担连带责任的约定无效。

（二）债权人签订担保合同时是非善意的，公司原则上应当承担担保无效的民事责任

《最高人民法院关于适用〈中华人民共和国担保法〉若干问题的解释》第七条规定，主合同有效而担保合同无效，债权人（没对决议进行形式审查）、公司（法定代表人越权）有过错的，公司承担民事责任的部分，不应超过债务人不能清偿部分的二分之一。《中华人民共和国民法典》施行后，也沿袭了这一观点，《最高人民法院关于适用〈中华人民共和国民法典〉有关担保制度的解释》第十七条规定主合同有效而第三人提供的担保合同无效，人民法院应当区分不同情形确定担保人的赔偿责任。本案一审法院认定担保合同无效，故L

控股集团无须向投资公司承担任何责任，与前述司法解释的规定不符。L 控股集团不需要承担连带保证责任，并不代表 L 控股集团无须承担担保无效的民事责任。本案应根据当时《最高人民法院关于适用〈中华人民共和国担保法〉若干问题的解释》第七条的规定，对 L 控股集团是否有过错进行审查。L 控股集团未对其法定代表人马某龙对外代表公司的行为进行有效管理，对其公章亦未能妥善管理和保管，导致马某龙在未获取董事会或股东会决议同意的情况下，对外以 L 控股集团名义及使用 L 控股集团公章进行担保，对此 L 控股集团自身存在过错，理应承担担保无效的责任，二审法院遂判令 L 控股集团应承担医药科技公司不能清偿部分的二分之一的责任。

编写人：广东省东莞市中级人民法院　陈美苑

十、公司解散、清算责任和破产纠纷

40

公司司法解散的裁判价值取向选择

——物业服务公司等诉百货公司公司解散案

【案件基本信息】

1. 裁判书字号

广西壮族自治区高级人民法院（2021）桂民终862号民事判决书

2. 案由：公司解散纠纷

3. 当事人

原告（上诉人）：物业服务公司、甲贸易公司、乙贸易公司

被告（被上诉人）：百货公司

第三人：进出口贸易公司、投资公司、梁某

【基本案情】

百货公司章程规定，股东会对公司经营方针、投资计划、利润分配、董事选举、章程修改、公司解散或清算等事项需股东会作出决议时，均需代表四分之三以上表决权的股东同意方能通过。但自2018年以来，百货公司股东会的参会股东人数均达不到公司章程的要求，无法召开股东会。自2010年10月以来，因百货公司董事间的分歧，亦无法形成董事会决议，之后没有再召开过董事会。股东不知道百货公司的经营情况、营利情况，也无法参与百货公司的经营管理；

大部分股东没有得到过分红款。因此股东们提起诉讼，要求解散百货公司。

【案件焦点】

百货公司是否已经达到公司法规定的公司解散条件。

【法院裁判要旨】

广西壮族自治区南宁市中级人民法院经审理认为：公司解散关涉公司股东、债权人及员工等多方利益主体，对公司解散应慎重处理，只有公司同时具备“经营管理发生严重困难”“继续存续会使股东利益受到重大损失”和“通过其他途径不能解决”等法定要件时，才能判决解散公司。现百货公司的经营期限尚未届满，而百货公司在营业执照登记的营业期限届满后至今仍能正常开展业务。公司的董事长、总经理等人虽有矛盾，但双方已通过诉讼解决了公司证照返还问题。而对于股东、高管损害公司利益的问题，百货公司亦向法院提起了诉讼，故不存在“通过其他途径不能解决”的情形。董事长未召集股东会，但至今尚未达到公司连续两年以上无法召开股东会或股东大会的情形。且百货公司根据乙贸易公司要求支付分红的函件，分别于 2016 年、2017 年、2018 年、2019 年向乙贸易公司支付了分红款。其他股东也未举证证实“继续存续会使股东利益受到重大损失”。物业服务公司、甲贸易公司、乙贸易公司未能举证证明百货公司具有公司法规定的解散的法定情形，对其要求解散百货公司的诉讼请求应予驳回。

广西壮族自治区南宁市中级人民法院依照《中华人民共和国公司法》第一百八十二条、《最高人民法院关于适用〈中华人民共和国公司法〉若干问题的规定（二）》第一条的规定，作出如下判决：

驳回物业服务公司、甲贸易公司、乙贸易公司的诉讼请求。

物业服务公司、甲贸易公司、乙贸易公司不服一审判决，提起上诉。广西壮族自治区高级人民法院经审理认为：百货公司已经达到了公司法规定的公司解散条件，具体理由如下：

百货公司经营管理发生严重困难，公司处于僵局状态，继续存续会使股东利益遭受重大损失。首先，百货公司股东分为三个派别，三个派别对公司经营事项无法达成一致，导致公司股东会长期无法对公司任何事项作出决策，公司经营管理困难。百货公司有六个股东，股东及持股比例为：投资公司持股33%，物业服务公司持股24%，进出口贸易公司持股25%，甲贸易公司持股4%，乙贸易公司持股4%，梁某持股10%。股东中进出口贸易公司、梁某立场相近，共持有百货公司35%的股份；物业服务公司、甲贸易公司、乙贸易公司立场相近，共持有百货公司32%的股份；投资公司持有百货公司33%的股份，由法定代表人钟某代表投资公司行使股东权利。三方各占三分之一的表决权。而百货公司章程规定，股东会对公司经营方针、投资计划、利润分配、董事选举、章程修改、公司解散或清算等事项需股东会作出决议时，均需代表四分之三以上表决权的股东同意方能通过。因此，在2017年10月20日，百货公司法定代表人刘某宁召开过临时股东会会议，但是由于投资公司拒绝参加，使得临时股东会形成的会议纪要上签字股东达不得章程规定的四分之三表决权，不能形成有效的股东会决议。2018年12月5日，刘某宁提出召集临时股东会，但因参会股东人数达不到公司章程的要求，亦无法召开股东会。此后，百货公司没有召开过股东会，股东会无法对公司进行经营管理决策。

其次，公司董事会亦无法作出决策，无法对公司经营管理。根据公司章程规定的董事会议事规则，董事会决议应经代表四分之三表决权的董事同意通过方为有效。百货公司董事分为两方，钟某、武某、张某为一方，刘某宁、梁某、蒋某亮为另一方。在2010年10月百货公司召开过董事会，但因达不到公司章程规定的四分之三表决权董事通过，无法形成董事会决议。之后百货公司没有再召开过董事会。百货公司董事会亦处于僵局状态，无法对公司进行经营管理决策。

最后，股东无法参与百货公司的经营管理，股东权益严重受损。百货公司内部发生公司证照印鉴之争，导致法定代表人与公章相分离。各股东当庭陈述，百货公司的经营场所出租给资产经营公司、甲商业管理公司以及资产经营公司、甲商业管理公司又将百货公司的经营场所与乙商业管理公司合作经营事实的发生，各股东当时并不知道；也不知道百货公司存在巨额债务的事实；更不知道百货公司与乙商业管理公司在 2017 年 1 月 1 日签订《合同书》，将百货公司的债务转让给乙商业管理公司的事实。各股东不知道百货公司的经营情况、营利情况，也无法参与百货公司的经营管理。除乙贸易公司要求百货公司分红，百货公司向其分配过部分年度红利外，百货公司没有向其他股东派发过分红款。投资公司清算组确认在对投资公司清算审计时没有发现百货公司的分红数据，接管投资公司后没有收到过分红款。本院开庭时，除投资公司清算组无法表态外，其余股东一致强烈要求，百货公司股东无法有效参与公司经营管理，内部运行机制长期失灵，已无法通过内部机制解决自身僵局，只有解散公司，尽快进入清算程序，才能最大限度地保护公司利益和股东们的合法权益。

因百货公司股东之间的长期冲突，股东们对公司的经营管理事项表决长期不能达到公司章程规定的四分之三表决权，导致公司股东会、董事会多年无法对公司重大事项作出决策，公司经营管理陷入僵局。而百货公司证照与公司法定代表人长期分离，也导致梦之岛公司的运营与公司法定代表人相分离，与公司股东相分离，股东们长期不知道公司的经营状况，不了解公司的债权债务，不知道公司是否盈利，也无法取得分红。百货公司的运行模式已严重损害公司的股东权益，已经达到了《中华人民共和国公司法》第一百八十二条、《最高人民法院关于适用〈中华人民共和国公司法〉若干问题的规定（二）》第一条所确定的公司“经营管理发生严重困难”的情形，如果继续存续会使股东利益遭受更大损失。

综上所述，原审判决认定“至今尚未达到公司连续两年以上无法召开股东会或股东大会的情形”没有事实依据，导致适用法律错误，依法应予纠正。

广西壮族自治区高级人民法院依照《中华人民共和国公司法》第一百八十二条、《最高人民法院关于适用〈中华人民共和国公司法〉若干问题的规定（二）》第一条、《中华人民共和国民事诉讼法》第一百七十条第一款第二项之规定，作出如下判决：

一、撤销南宁市中级人民法院民事判决；

二、解散百货公司。

【法官后语】

百货公司曾为所在省份百货业的龙头企业，但由于公司股东之间的长期矛盾导致公司经营管理陷入僵局。本案严格适用公司司法解散的法定条件，注重保护股东合理期待利益，妥善处理了公司意思自治、司法干预以及平衡社会主体利益三者的关系。

一、公司司法解散制度设计——对商事主体私法自治局限性的突破和救济

从传统公司法理念上看，公司系私主体，按照公司自治原则，公司治理主体依据公司章程，自主安排公司治理结构，配置公司权利、义务和责任，更多体现出私权利的意思表示和行为。从现行立法可以看出，我国对于公司司法解散制度采取的是审慎谦抑的适用态度，故一般而言，实务裁判不予轻易判决公司解散。

然而，当公司内部的私权力运行状态异常时，会出现诸多股东之间或管理层之间的冲突与对抗，且无法通过公司内部机制得以解决，使得公司的经营管理陷入瘫痪状态，需要通过法院的司法权力救济途径以破解公司僵局困境，公司司法解散制度应运而生。该制度突破了公司自治原则，让司法权对公司进行干预和介入，其建构合理性主要是基于以下几个方面的考量：

第一，股东期待利益落空。股东在投资设立公司或者购买公司股权时就对公司拥有一种期待权益，这种期待权是基于公司独立的人格及持续经营的特有经营特征，并能长期保持稳定地为股东的利益最大化进行经营，追求股东期待利益实现的。当公司的经营管理、股东之间的信任关系等发生重大变更，公司事务陷于僵局，导致股东的期待利益落空，此时则有必要赋予股东寻求司法途径解散公司的权利。基于期待利益落空理论，《中华人民共和国公司法》（以下简称《公司法》）明确规定了公司司法解散须满足“继续存续会使股东利益受到重大损失”这一要件，因此，法院在审理公司解散纠纷案件时，需要对股东合理期待利益予以考量及保护。

第二，公司大股东、高级管理人员的信义义务。公司采取“资本多数决”

议事规则，中小股东愿意将财产交由公司支配及控制，是基于对大股东的信任，信任大股东能够在风险可控的情况下经营公司，赚取相应的利润，从而实现获得投资回报的目的。而控股股东滥用其控制地位为自己牟取不当利益或者压迫少数股东的行为，违背了股东所负的信托义务并可能导致公司僵局。因此，为了促使股东在行使权益时遵守信义义务，《公司法》赋予了股东司法解散权，“持有公司全部股东表决权百分之十以上的股东，可以请求人民法院解散公司”。

第三，公司负有社会责任。从公共利益视角来看，公司作为负有一定社会责任的公共主体，当其陷入僵局时，会影响到职工利益、消费者利益、债权人利益及社会公共利益，此时司法权力需要及时介入公司内部事务，以破解公司僵局，将不利影响减至最小，保护利益相关者的合法权益。

第四，公司存在意思自治的局限性。公司意思自治是私法自治原则的重要体现，同市场自治局限性相似，公司意思自治所固有的缺陷会使公司经营管理出现失灵的困境。具体而言，基于股东之间复杂的多重关系，当公司的股权结构设置和公司章程条款设计不合理时，股东之间或管理层之间一旦发生冲突与对抗，导致股东会无法召开或者决议无法按照“资本多数决”表决原则作出，长此以往便演化成为公司僵局。基于公司意思自治的局限性，《公司法》采取宏观概述结合详细列举的形式，具体规定了公司司法解散制度的适用情形，为破解公司僵局提供了可行性司法救济路径。

二、本案裁判逻辑——二审改判公司解散的必要性

根据《公司法》第一百八十二条、《最高人民法院关于适用〈中华人民共和国公司法〉若干问题的规定（二）》第一条之规定，认定百货公司是否达到了法定的公司解散条件关键在于对公司经营管理是否发生严重困难、继续存续是否会使股东利益受到重大损失、是否通过其他途径已不能解决三个方面的认定与考量。综合本案事实和证据，百货公司已经达到了公司司法解散的法定条件，具体分析如下：

第一，百货公司的经营管理发生严重困难。判断“公司经营管理发生严重困难”，应对公司组织机构的运行状态进行综合分析。如果公司股东会机制长

期失灵，内部管理存在严重障碍，公司即陷入治理僵局状态，可以判断为“公司经营管理发生严重困难”。本案中，从百货公司的内部管理来看，由于公司章程规定对重大事项的表决应经四分之三有表决权的股东或董事通过，而百货公司股东分为三个派别，三方各占三分之一的表决权，董事亦分为两方，因此股东会决议、董事会决议长期达不到公司章程规定的四分之三表决权，不能形成有效的决议，甚至参会股东人数达不到公司章程要求，亦无法召开股东会。公司股东会机制失灵，内部管理存在严重障碍，公司陷入治理僵局状态。

第二，公司继续存续会使股东利益受到重大损失。百货公司内部发生公司证照印鉴之争，导致法定代表人与公章分离。之后，百货公司的经营场所分别出租给资产经营公司、甲商业管理公司。南宁市仲裁委员会作出的裁决书，确认了百货公司存在巨额债务。而对此情形，公司股东当时不知情，不了解百货公司的经营情况、营利情况，也无法参与百货公司的经营管理。百货公司现已无法满足股东的合理期待利益，继续存续会使股东利益受到重大损失。

第三，通过其他途径无法解决公司僵局。由于百货公司高管之间的长期冲突，公司证照与法定代表人长期分离，导致公司运营与法定代表人、股东相分离，股东无法有效参与公司经营管理，并且股东始终不能达成妥善解决争议之合意，已达到“通过其他途径不能解决”的构成要件。

三、公司司法解散的裁判价值取向选择——法律效果与社会效果的双重考量标准

公司司法解散之诉关系到公司的生死存亡，关涉到公司股东、债权人、员工、社会公众等多方利益主体，影响到市场经济秩序。公司利益、股东利益以及社会经济利益的相互交织，如何在股东利益与公司利益、公司人合性与资合性、公平与效率之中寻找平衡，是公司司法解散裁判关键所在。人民法院在审理公司解散纠纷案件时，要审慎考量法律效果，以公司自治为原则，严格把控裁判尺度，规范适用公司司法解散的法定条件，秉持司法公权力介入公司治理的谦抑慎重态度；与此同时，公司司法解散裁判更要关注社会效果，注重保护股东合理期待利益，积极维护社会公共利益，妥善处理好公司意思自治、司法

有限干预以及平衡社会主体利益之间的关系，服务经济高质量发展大局。

编写人：广西壮族自治区高级人民法院　张捷　杨凌燕

41

股东怠于履行清算义务的认定与处理

——谢某莲诉 M 公司等清算责任案

【案件基本信息】

1. 裁判书字号

浙江省宁波市中级人民法院（2020）浙 02 民终 5395 号民事判决书

2. 案由：清算责任纠纷

3. 当事人

原告（被上诉人）：谢某莲

被告（上诉人）：邬某珍、制衣厂

被告：江某能、M 公司、物业管理公司

【基本案情】

2015 年 6 月，宁波市江北区人民法院出具了（2015）甬北商初字第 56 号民事判决书，判令李某支付原告股本金 756 万元及相应的利息，并赔偿原告违约金、律师费及保全担保费损失，并判决由轴承公司和 M 公司承担共同清偿责任。由于被告未履行上述判决书的义务，该院出具（2015）甬北执民字第 1080 号执行裁定书，终结上述判决书的执行。

轴承公司于 1997 年 2 月 24 日成立，注册资本为 5000 万元，江某能、M 公司、物业管理公司、制衣厂系股东，占股权比例分别为 13%、18.9987%、30.6613%、37.34%，其中制衣厂系个人独资企业，邬某珍为经营者及投资人。

2017年6月21日，轴承公司吊销营业执照，吊销原因系成立后无正当理由超过六个月未开业或者开业后停业连续六个月以上。2015年4月20日，经高桥镇人民政府委托，对轴承公司的各种机器设备、轴承产品、半成品及其他物资进行价值评估，由原江东法院执行局对该公司的相关财产进行拍卖。案外人欧某勇于2019年5月提起申请轴承公司强制清算之诉，法院于2019年8月22日裁定受理，后法院以轴承公司未提交账册、重要文件等材料，致使清算程序无法进行为由，裁定终结轴承公司的强制清算程序。

【案件焦点】

如何衡量与把握对清算赔偿责任的判定。

【法院裁判要旨】

浙江省宁波市海曙区人民法院经审理认为：第一，有限责任公司的全体股东是清算义务人，清算义务是股东的法定义务。江某能、M公司、物业管理公司、制衣厂系轴承公司的股东，故均系轴承公司的清算义务人。清算义务人之间出资金额的大小仅作用于内部责任划分，对外不得对抗公司债权人。第二，公司财产、账册、重要文件等保管工作系属公司内部经营管理问题，作为债权人的谢某莲无从得知，且无论股东是否实际掌握前述清算依据，均无法免除其所负的法定清算义务，制衣厂虽辩称并不掌握公司的账册、非公司控股股东等，但并未提供充分证据证明，同时制衣厂在四个股东中占股权比例分别为37.34%，即便并非公司的董事会或者监事会成员，也无法归入小股东的范畴，从维护交易安全的角度考量，并无理由使公司外部债权人负担因股东之间互不配合导致无法清算而产生的不良后果，至于股东是否实际掌握清算依据抑或是否系控股股东，系属公司内部经营管理机制问题，均无法构成对任何股东所负清算义务的免除理由。第三，考虑到举证责任分配之公平性，并综合考量当事人的举证能力，债权人仅需举证证明无法清算之事实状态即可，应由制衣厂、江某能、M公司、物业管理公司举证证明怠于履行义务与无法清算的后果之间存在免责事由或合理理由，在轴承公司清算程序终结的情况下，制衣厂、江某能、M公司、物业管理公司并未能提供证据证明其存在合法的免责事由，其提供的验资报告等证据亦无法构成免于向债权人承担法律责任的合法理由，故制衣厂、江某能、M公司、物业管理公司怠于履行清算义务与轴承公司无法清算的后果之间存在因果关系。

浙江省宁波市海曙区人民法院根据《中华人民共和国公司法》第一百八十条、第一百八十三条，《最高人民法院关于适用〈中华人民共和国公司法〉若干问题的规定（二）》第十八条，《最高人民法院关于适用〈中华人民共和国民事诉讼法〉的解释》第九十条及《中华人民共和国民事诉讼法》第一百四十四条之规定，作出如下判决：

一、江某能、M公司、物业管理公司、制衣厂对宁波市江北区人民法院（2015）甬北商初字第56号民事判决书确定的应支付谢某莲的股本金756万元、律师费30万元、违约金50万元、保全担保费15000元、利息损失（以756万元为基数自2015年8月1日起至实际履行之日止按年化收益12%计算）承担连带清偿责任；

二、邬某珍对上述第一项条款中制衣厂的付款义务承担连带清偿责任；

三、驳回谢某莲的其他诉讼请求。

邬某珍、制衣厂不服一审判决，提起上诉。浙江省宁波市中级人民法院经审理认为：第一，根据公司法及《最高人民法院关于适用〈中华人民共和国公司法〉若干问题的规定（二）》第十八条第二款规定，债权人要求公司股东对公司债务承担连带清偿责任的条件包括：（1）适格的清算义务人；（2）存在怠于履行清算义务的不作为行为；（3）清算义务人的行为导致债权人的损失后果；（4）怠于履行清算义务的行为与债权人的损失之间具有法律上的因果关系。本案中，轴承公司于2017年6月21日被吊销营业执照之前，谢某莲与李某、M公司、轴承公司的案件已进入执行程序，轴承公司作为债务人被申请强制执行。在执行程序中，经法院查明轴承公司无财产可供执行。事实上，早在2015年4月，经高桥镇人民政府委托，对轴承公司的各种机器设备、轴承产品、半成品及其他物资进行价值评估，由原江东法院对该公司的相关财产进行拍卖。鉴于轴承公司在其作为被执行人的案件中，法院已穷尽执行措施，无财产可供执行的事实发生在公司被吊销营业执照之前，且间隔时间仅一年多，谢某莲也未提交证据证明在此期间轴承公司尚在正常生产经营并取得经营性收入。据此，现有证据尚不足以证明轴承公司主要财产、账册、重要文件等灭失导致公司无法清算与制衣厂是否怠于履行清算义务之间存在因果关系，退一步讲，即使制衣厂存在未尽清算义务的情形。第二，根据制衣厂提交的股权出资款转账凭证、时任轴承公司厂长周某平、证人马某亚的证人证言以及M公司法定代表人李某所作的谈话笔录，结合各方当事人陈述、轴承公司的工商登记及董事会决议、股东会决议、公司章程等相关材料，制衣厂未实际参与轴承公司经营管理的陈述具有高度盖然性。同时，谢某莲也未提交相反证据证明制衣厂曾参与轴承公司经营管理或系该公司实际控制人或者曾获得轴承公司分红款及相关利益。因此，制衣厂未曾参与公司的经营管理，无从掌握公司主要财产、账册以及重要资料，其行为不构成怠于履行清算义务，且其行为与轴承公司主要财产、账册、重要资料的灭失、无法清算的结果并不具备因果关系。其不应对轴承公司的债务承担连带责任。

浙江省宁波市中级人民法院依照《最高人民法院关于适用〈中华人民共和国公司法〉若干问题的规定（二）》第十八条第二款、《中华人民共和国民事诉讼法》第一百七十条第一款第二项、《最高人民法院关于适用〈中华人民共和国民事诉讼法〉的解释》第九十条之规定，作出如下判决：

一、撤销宁波市海曙区人民法院作出的民事判决；

二、原审被告江某能、M公司、物业管理公司对宁波市江北区人民法院民事判决书确定的应支付被上诉人谢某莲的股本金756万元、律师费30万元、违约金50万元、保全担保费15000元、利息损失（以756万元为基数自2015年8月1日起至实际履行之日止按年化收益12%计算）承担连带清偿责任；

三、驳回被上诉人谢某莲的其他诉讼请求。

【法官后语】

有限责任公司发生法定解散事由，股东未在法定期限内组织清算组进行清算，公司债权人以股东怠于清算导致公司主要财产、账册、重要文件等灭失，进而无法清算为由，要求股东对公司债务承担连带清偿责任的，如何衡量与把握对清算赔偿责任的判定。

（一）“怠于履行义务”的认定

1. 以能够履行清算义务为前提。

《最高人民法院关于适用〈中华人民共和国公司法〉若干问题的规定（二）》（以下简称《公司法解释（二）》）第十八条第二款规定：“有限责任公司的股东、股份有限公司的董事和控股股东因怠于履行义务，导致公司主要财产、账册、重要文件等灭失，无法进行清算，债权人主张其对公司债务承担连带清偿责任的，人民法院应依法予以支持。”那么，“怠于履行义务”应当如何认定?《全国法院民商事审判工作会议纪要》（以下简称《九民纪要》）第十四条指出，怠于履行义务是指有限责任公司的股东在法定清算事由出现后，在能够履行清算义务的情况下，故意拖延、拒绝履行清算义务，或者因过失导致无法进行清算的消极行为，小股东如举证证明其既不是公司董事会或者监事会成员，也没有选派人员担任该机关成员，且从未参与公司经营管理的，则不构成“怠于履行义务”。

如上述法条规定，笔者认为，认定股东怠于履行义务，首先要以具备清算能力与清算条件为前提，对于没有在公司任职、不参与公司经营管理的小股东而言，因其并不掌握公司财产与资料，也就无法启动清算程序，即使这些小股东没有在法定期限内成立清算组，也不能认定为“怠于履行义务”。因此在认定是否构成怠于履行义务时，应将股东在公司所处的地位一并考量。

本案即属于股东为小股东的情形，二审中，制衣厂主张其未曾参与公司的经营管理，无从掌握公司主要财产、账册以及重要资料并提供相应的证人证言，此时，应采取“举证责任倒置”，二审法院认为原告未提交相反证据证明制衣厂曾参与轴承公司经营管理或系该公司实际控制人或者曾获得轴承公司分红款及相关利益，因此制衣厂的行为不构成怠于履行清算义务。

2. 以“未在法定期限内成立清算组进行清算”为充分非必要条件。

一般来讲，只要符合能够履行清算义务这一前提条件，“怠于履行义务”的认定就较为简单。《中华人民共和国公司法》规定，当公司发生法定解散事由后，股东应在公司解散后15日内成立清算组自行清算，也即只要股东未在15日内成立清算组，也没有为履行清算义务采取积极措施，就可以认定为“怠于履行义务”。

(二)“因果关系”的判断

1. 适用因果关系推定原则。

笔者认为，在追究股东清算责任的场合，应当适用因果关系推定原则，当债权人已经初步证明股东怠于履行清算义务、公司处于无法清算状态时，推定二者之间具有因果关系，除非股东能够提供相反证据证明不具有因果关系。本案中，一审法院认为，鉴于目前公司股东均无法提供公司的主要财产、账册和重要文件，故对公司进行清算的条件已不具备，在被告等股东不能提供证据证明其未在法定期限内启动清算程序与公司的账册、财产的毁损或灭失之间不具有因果关系的情况下，故根据高度盖然性的民事诉讼证据规则，认定被告制衣厂等怠于清算行为与公司的资产毁损、灭失之间存在因果关系，进而判令制衣厂等对公司的债务承担连带清偿责任。而在二审中，关于因果关系的举证责任证明方式上，被告制衣厂作为非控股股东提出请求免责抗辩，并举证证明了公司财产、账册灭失非其原因所致，而是意外事件或控制股东所为等不可归咎其的因素才导致公司无法清算的，故判决被告制衣厂无须承担责任。

2. 常见的因果关系抗辩事由。

一般来说，在因果关系推定原则之下，股东需就不存在因果关系进行抗辩和举证，但实务中，比较常见的因果关系抗辩中的处理也略有不同。

一种情况是，公司在解散之前就已经经营不善，无力偿还债务，最典型的就是公司在解散之前就已经存在因无可供执行财产而终结本次执行的案件。公司在解散之前就存在执行不能的案件，是否就意味着股东怠于清算与无法清算之间不存在因果关系，股东无须承担清算责任？笔者认为，公司在解散之前就已经执行不能，则不能认为怠于清算与无法清算之间具有因果关系。而对于公司解散之前就已执行不能的情形如何处理，一般认为，债权人应承担充分的举证责任，不仅要考虑是否存在清算义务人不履行清算义务的行为、债权人不能实现债权的损害结果，还要考虑清算义务人是否存在主观过错等因素，综合判定。

另一种情况是，公司财产、账册灭失非因股东原因造成，而是由于意外事件或者其他不能归责于股东的因素所导致，这种情况即本案的情况，早在2015年4月，经高桥镇人民政府委托，对轴承公司的各种机器设备、轴承产品、半成品及其他物资进行价值评估，由原江东法院对该公司的相关财产进行拍卖。鉴于轴承公司在其作为被执行人的案件中，法院已穷尽执行措施，无财产可供执行的事实发生在公司被吊销营业执照之前，且间隔时间仅一年多，故轴承公司主要财产、账册、重要文件等灭失导致公司无法清算并非制衣厂是否怠于履行清算义务所致，不应对轴承公司的债务承担连带责任。

综上，公司股东怠于履行清算义务的赔偿责任，从本质上看是一种不作为的侵权责任，以责任性质和承担责任的法理基础作为分类标准，清算义务人承担的此类民事责任为清算赔偿责任。法院审理案件过程中，对于债权人请求公司股东承担清算赔偿责任的，要严格审查公司股东是否构成怠于履行清算义务，以及怠于履行清算义务与公司无法清算之间是否存在因果关系，债权人追究股东清算责任的，应当着重关注是否符合上述条件。同理，股东要想免于赔偿，也应从上述层面进行抗辩与应对。

编写人：浙江省宁波市海曙区人民法院　施益

42

清算义务人对已过执行时效债权未纳入清算的不承担赔偿责任

——某区公路事务中心诉张某、韩某清算责任案

【案件基本信息】

1. 裁判书字号

重庆市第三中级人民法院（2021）渝03民再13号民事判决书

2. 案由：清算责任纠纷

3. 当事人

原告（再审被申请人）：某区公路事务中心

被告（再审申请人）：张某、韩某

【基本案情】

2011年10月13日，重庆市涪陵区人民法院就某区公路桥梁管理处（2020年8月机构改革后不再保留，其职能职责等由某区公路事务中心继受）与路通标志公司等追偿权纠纷一案，作出（2011）涪法民初字第02451号民事判决：路通标志公司在判决生效后10日内支付某区公路桥梁管理处320528元。

路通标志公司系于1998年9月3日依法成立的有限责任公司，注册资金30万元，股东有张某、韩某，其中张某担任法定代表人。2018年4月1日，路通标志公司召开股东会，决议：公司全体股东于2017年6月29日作出决议解散公司，同日成立了清算组（清算组成员：张某、韩某），并于次日在《重庆晚报》刊登了解散公告。股东会决议所附《注销清算报告》载明：清算组成立之后，及时通知了公司债权人申报债权……公司债权、债务的清算情况：无债权

债务。2018年4月9日，重庆市工商行政管理局涪陵区分局经审查认为路通标志公司注销申请材料齐全，符合法定形式，予以注销登记。

【案件焦点】

1. 案涉债权是否为应书面通知的已知清算债权；2. 张某、韩某是否履行了法律规定的清算通知义务及是否应对案涉债权承担赔偿责任。

【法院裁判要旨】

重庆市涪陵区人民法院经审理认为：路通标志公司于2012年已知晓对某区公路桥梁管理处负有债务，对于该笔已知债务，路通标志公司未举证证明清算组已履行合理的书面通知债权人的义务，因未得到清算事宜的通知导致某区公路桥梁管理处未及时申报债权的后果，清算组成员张某、韩某应对因此造成的损失承担赔偿责任。

重庆市涪陵区人民法院依照《最高人民法院关于适用〈中华人民共和国公司法〉若干问题的规定（二）》第十一条，《中华人民共和国民事诉讼法》第六十四条第一款、第一百四十四条、第二百五十三条，《最高人民法院关于执行程序中计算延迟履行期间的债务利息适用法律若干问题的解释》第一条之规定，作出如下判决：

一、张某、韩某在本判决生效后10日内连带支付某区公路桥梁管理处赔偿款327678元，并支付以320528元为基数从2012年7月26日起至付清时止按日利率万分之一点七五计算的利息；

二、驳回某区公路桥梁管理处的其他诉讼请求。

张某、韩某不服一审判决，向重庆市第三中级人民法院申请再审。重庆市第三中级人民法院作出民事裁定，提审该案。重庆市第三中级人民法院经审理认为：某区公路事务中心于2011年以诉讼方式向路通标志公司主张权利，张某时任该公司法定代表人，且重庆市涪陵区人民法院于同年10月13日作出民事判决予以确认，并于2012年7月16日发生法律效力，生效判决确认的案涉债权应为已知债权。路通标志公司作为公司股东在该公司解散时担任清算组成员，其在清算时应以书面的形式予以通知作为已知债权人的原告。张某、韩某虽未全面依法履行法律规定的清算通知义务，但某区公路事务中心怠于行使权利，其未在法律规定的两年期限内向人民法院申请执行案涉债权，该债权原本就不应纳入清算，张某、韩某未履行书面通知义务与案涉债权人未及时申报债权而未获清偿，并无法律意义上的因果关系。换言之，某区公路事务中心在本案诉讼中所称的损失，并非由张某、韩某未履行书面通知义务而直接造成，而是其置法律规定于不顾，长期怠于行使权利所带来的后果。

重庆市第三中级人民法院依照《中华人民共和国民事诉讼法》第二百零七条第一款、第六十四条、第一百七十条第一款第二项规定，作出如下判决：

一、撤销重庆市涪陵区人民法院民事判决；

二、驳回某区公路事务中心的诉讼请求。

【法官后语】

本案涉及公司自行清算的问题，笔者认为，人民法院判决确认的债权为已知债权，债权人未在执行时效内申请执行的，不应纳入清算，即使清算义务人未书面通知该已知债权人即解散公司并予以注销，导致债权人未及时申报债权而未获清偿，清算义务人对债权人也不承担赔偿责任。如此有利于督促债权人及时行使权利，保障自身合法权益。

1. 执行时效届满的法律效果。

执行时效的性质与诉讼时效等同，即均采用消灭时效论，而不是除斥期间。申请执行时效期限届满后，债务人的债务由法律强制保护之债变为自然之债，但债权人的实体权利并未消灭，当事人经生效法律文书确认的债权并未灭失，而是效力减损。人民法院应当受理执行时效届满后的执行申请，且对消灭时效期间届满后的法律效果采抗辩权发生主义，即人民法院既不主动审查（适用）也不主动向当事人释明执行时效期间的问题。但如果债务人自动履行执行时效已过的债务，视为放弃其抗辩权，该履行应为有效。法律之所以要规定申请执行时效期间，目的就在于惩罚“沉睡的权利”，旨在督促当事人及时行使生效法律文书所确认的权利，防止债权人怠于主张权利而使债权长期处于不确定状态，维护法律生活秩序的稳定。

2. 清算债权的范围。

《中华人民共和国公司法》《中华人民共和国企业破产法》对强制清算或破产清算程序中已过诉讼时效的债权是否纳入清算债权有明确的规定。根据《最高人民法院关于审理企业破产案件若干问题的规定》第六十一条的规定，超过诉讼时效的债权不属于破产债权，但债权人申报的仍应当予以登记。需要注意的是，登记是对法人债权债务情况的一种客观记录，对已过诉讼时效变为自然之债的债权进行登记无效力认定意义，并不意味着自然之债受到了法律强制性保护，最终是否清偿自然之债仍由债权人会议所决定。

参照上述规定的精神，在自行清算中，已过执行时效的债权也不应当纳入清算债权范围。已过执行时效的债权，与已过诉讼时效的债权性质一致，均是依民事诉讼程序要求人民法院予以保护。如果将已过执行时效的债权纳入清算债权，未在执行时效内申请强制执行的债权人，则可以通过申请启动强制清算或破产清算程序，变相使已不受法律强制性保护的自然之债得到司法保护，打破诉讼时效制度，将不积极及时主张权利的不利法律后果转嫁给债务人。

3. 清算通知公告义务。

根据《中华人民共和国公司法》第一百八十四条、第一百八十五条的规定，公司清算组通知债权人申报债权的方式视债权人为“已知债权人”和“未知债权人”而有所区别：对于已知债权人，清算组应以书面形式进行个别通知；对于未知债权人，应在相应级别的媒体上以公告方式催告债权人申报债权。一般由公司股东组成的清算组在直接参加诉讼或由人民法院送达生效判决后，对于该生效判决所确认的债权应当明知，故生效判决所确认的债权显然应为已知债权，在公司清算时其应当以书面形式通知已知债权人。

4. 清算责任的认定。

《中华人民共和国公司法》第一百八十九条及《最高人民法院关于适用〈中华人民共和国公司法〉若干问题的规定（二）》第十一条规定了清算组的清算责任及通知公告义务。实践中，若清算组不履行或不适当履行通知公告义务，从而在债权人毫不知情的情况下私下清算并注销公司，实际变相剥夺了债权人的知情权，掠夺了债权人申报债权的机会，导致债权人的债权未获清偿，应当按照上述规定承担赔偿责任。

清算责任在性质上属于侵权责任，在构成要件上也应当具备一般侵权民事责任的构成要件，包括违法行为、主观过错、损害事实、因果关系等方面：(1) 清算组未依法履行通知和公告义务；(2) 因清算程序属于法定程序，清算组对于清算程序应当明知，而其不按法定程序履行通知、公告的行为即可视为存在故意或重大过失；(3) 债权人未及时申报债权而未获清偿；(4) 清算组未依法履行通知公告义务的行为与债权人未获清偿的后果之间具备直接的因果关系。如前所述，生效判决确认的债权已过执行时效不应纳入清算，即使作为已知债权，清算组应当履行而未履行或不适当履行通知公告义务，但因与债权人未及时申报债权而未获清偿并无法律上的因果关系，故清算义务人不承担清算责任。

编写人：重庆市第三中级人民法院　李健　刘荣安

43

预付卡退费中的股东清算责任认定

——王某帆、王某诉翁某哲、代某楠清算责任案

【案件基本信息】

1. 裁判书字号

北京市第三中级人民法院（2021）京03民终11843号民事判决书

2. 案由：清算责任纠纷

3. 当事人

原告（被上诉人）：王某帆、王某

被告（上诉人）：翁某哲、代某楠

【基本案情】

王某帆、王某现系夫妻关系，2018年3月4日，王某帆、王某分别与课程公司签订协议，协议载明，课程种类私教一对一，起始日期2018年3月4日，终止日期2018年12月31日，课时次数50节，单节课费336元，共计16800元。协议约定，所有课程须在终止日期前授课，逾期所剩课时将作废。2018年3月4日，王某帆代王某帆、王某向课程公司支付私教课程费33600元。王某帆、王某剩余私教课时43节尚未使用，翁某哲、代某楠即将课程公司注销。王某帆、王某起诉翁某哲、代某楠，要求赔偿剩余私教课程学费14448元，并支付逾期付款利息。

根据课程公司的工商信息，该公司成立于2017年11月29日，公司类型为有限责任公司（自然人投资或控股），股东为翁某哲、代某楠，注册资本10万元。2020年3月17日，翁某哲、代某楠形成股东会决议：同意公司成立清算组，并向北京市朝阳区市场监督管理局（以下简称朝阳市监局）备案。2020年4月13日，翁某哲、代某楠向朝阳市监局提交清算报告，载明公司已成立清算组，清算组对其资产进行了全面清算核查，已清算完毕。报告如下：（1）债权债务已清理完毕；（2）各项税款、职工工资已经结清；（3）已于2020年2月24日在北京晚报上发布注销公告。2020年4月，朝阳市监局作出注销核准通知书，载明课程公司因决议解散申请注销登记，经该局核定，准予注销。

【案件焦点】

1. 课程公司提供的格式合同文本中“所有课程需在终止日期前授课，逾期所有课时将作废”的效力；2. 课程公司股东翁某哲、代某楠清算未书面通知王某帆、王某，是否应当承担赔偿责任。

【法院裁判要旨】

北京市朝阳区人民法院经审理认为：王某帆、王某分别与课程公司签订的协议系双方当事人真实意思表示，内容不违反法律、行政法律的强制性规定，应属有效，当事人应当按照约定履行义务。《中华人民共和国合同法》第三十九条规定：“采用格式条款订立合同的，提供格式条款的一方应当遵循公平原则确定当事人之间的权利和义务，并采取合理的方式提请对方注意免除或者限制其责任的条款，按照对方的要求，对该条款予以说明。格式条款是当事人为了重复使用而预先拟定，并在订立合同时未与对方协商的条款。”第四十条规定：“格式条款具有本法第五十二条和第五十三条规定情形的，或者提供格式条款一方免除其责任、加重对方责任、排除对方主要权利的，该条款无效。”本案中，课程公司提供的格式合同文本中“所有课程需在终止日期前授课，逾期所有课时将作废”系格式条款，在签订协议时，课程公司并未采用足以引起原告注意的文字、符号、字体等特别标识，翁某哲、代某楠未举证证明已尽合理提示及说明义务。王某帆、王某预付了 100 节私教课学费，仅使用 57 节，剩余 43 节尚未使用，依照该条款，课程公司收取了剩余 43 节私教课学费，却未提供剩余 43 节私教课，排除了王某帆、王某的权利，免除了课程公司的责任，应属无效。故课程公司应当退还两原告剩余 43 节私教课学费，单节课费 336 元，合计 14448 元。

关于王某帆、王某是否承担赔偿责任，《最高人民法院关于适用〈中华人民共和国公司法〉若干问题的规定（二）》第十一条规定：“公司清算时，清算组应当按照公司法第一百八十五条的规定，将公司解散清算事宜书面通知全体已知债权人，并根据公司规模和营业地域范围在全国或者公司注册登记地省级有影响的报纸上进行公告。清算组未按照前款规定履行通知和公告义务，导致债权人未及时申报债权而未获清偿，债权人主张清算组成员对因此造成的损失承担赔偿责任的，人民法院应依法予以支持。”2020 年 3 月 17 日，翁某哲、代某楠形成股东会决议，成立清算组，此时王某帆、王某仍有 43 节私教课学费尚未使用，属于已知债权人。翁某哲、代某楠未书面通知王某帆、王某公司解散清算事宜，导致王某帆、王某未及时申报债权未获清偿，翁某哲、代某楠作为清算组成员应当对因此造成的损失承担赔偿责任。王某帆、王某的损失为剩余 43 节私教课学费，合计 14448 元，王某帆、王某主张逾期付款的利息于法无据，北京市朝阳区人民法院不予支持。

北京市朝阳区人民法院依照《中华人民共和国合同法》第三十九条、第四十条、第六十条，《中华人民共和国公司法》第一百八十五条，《最高人民法院关于适用〈中华人民共和国合同法〉若干问题的规定（二）》第六条，《最高人民法院关于适用〈中华人民共和国公司法〉若干问题的规定（二）》第十一条，《最高人民法院关于适用〈中华人民共和国民法典〉时间效力的若干规定》第一条第二款之规定，作出如下判决：

一、被告翁某哲、代某楠于本判决生效之日起十日内赔偿原告王某帆、王某剩余私教课程学费 14448 元；

二、驳回原告王某帆、王某的其他诉讼请求。

翁某哲、代某楠不服一审判决，提起上诉。

北京市第三中级人民法院作出如下判决：

驳回上诉，维持原判。

【法官后语】

在消费者办理预付卡未使用完毕的情况下，公司股东未通知消费者解散清算事宜，直接将公司注销的，消费者能否要求公司股东承担赔偿责任，需要从三个层面进行考量。

第一，消费者对公司是否有合法有效的债权。根据《中华人民共和国民法典》第四百九十六条规定：“格式条款是当事人为了重复使用而预先拟定，并在订立合同时未与对方协商的条款。采用格式条款订立合同的，提供格式条款的一方应当遵循公平原则确定当事人之间的权利和义务，并采取合理的方式提示对方注意免除或者减轻其责任等与对方有重大利害关系的条款，按照对方的要求，对该条款予以说明。提供格式条款的一方未履行提示或者说明义务，致使对方没有注意或者理解与其有重大利害关系的条款的，对方可以主张该条款不成为合同的内容。”第四百九十七条规定：“提供格式条款一方不合理地免除或者减轻其责任、加重对方责任、限制对方主要权利，提供格式条款一方排除对方主要权利的，该格式条款无效。”实践中常见的“本卡不得退卡”“本卡一经售出概不退款”“最终解释权归商家所有”等格式条款有排除了消费者的主要权利，减轻或者免除了条款制定者的责任之嫌，应属无效。消费者在未使用完毕预付费的情况下，可以向公司主张退费，对公司享有合法有效的债权。

第二，公司股东注销公司是否履行了法定程序。根据《中华人民共和国公司法》第一百八十三条规定，有限责任公司的清算组由股东组成。根据《最高人民法院关于适用〈中华人民共和国公司法〉若干问题的规定（二）》第十一条规定："公司清算时，清算组应当按照公司法第一百八十五条的规定，将公司解散清算事宜书面通知全体已知债权人，并根据公司规模和营业地域范围在全国或者公司注册登记地省级有影响的报纸上进行公告。清算组未按照前款规定履行通知和公告义务，导致债权人未及时申报债权而未获清偿，债权人主张清算组成员对因此造成的损失承担赔偿责任的，人民法院应依法予以支持。"在预付卡类纠纷中，公司股东如果要注销公司，应当书面通知所有未使用完毕预付卡的消费者解散清算事宜，由消费者向公司股东申报债权，公司股东清理全部债权债务后，才可将公司注销。《北京市单用途预付卡管理条例》规定，如果经营者出现停业、注销或者变更经营场所，应当及时通过电话、短信或者微信等方式告知消费者，并在经营场所、网页的显著位置发布公告。

第三，公司股东对已知债权人承担责任的范围。实践中，有的公司股东对自身应承担的法律责任认识存在误区，误以为股东承担有限责任，只要向公司履行完毕出资义务，无须承担其他责任。事实上，根据《中华人民共和国公司法》的相关规定，公司是企业法人，有独立的法人财产，享有法人财产权。公司以其全部财产对公司债务承担责任。有限责任公司的股东以其认缴的出资额为限对公司承担责任。如果公司股东按照法定程序通知已知债权人公司解散清算事宜，债权人申报债权后，在公司股东足额履行出资义务的情况下，应当清理公司财产，以公司财产向已知债权人清偿，即便公司财产无法足额向已知债权人清偿，公司股东亦无须另行承担赔偿责任。然而，如果公司股东未书面通知全体已知债权人，导致其未及时申报债权而未获清偿，公司股东应当对因此造成的损失承担赔偿责任，并不以其缴纳的出资额为限。

编写人：北京市朝阳区人民法院　宋佳

44

程序存在瑕疵的减资不能免除股东抽逃出资责任

——电气公司诉王某良等追收抽逃出资案

【案件基本信息】

1. 裁判书字号

江苏省无锡市中级人民法院（2021）苏02民终4432号民事判决书

2. 案由：追收抽逃出资纠纷

3. 当事人

原告（被上诉人）：电气公司

被告（上诉人）：电力科技公司、工业用布公司、王某良

被告：王某

【基本案情】

电气公司成立于2008年7月2日，注册资本为288万元，由王某出资273.6万元，持股95%，王某良出资14.4万元，持股5%，上述注册资本王某、王某良于2008年7月1日缴存于电气公司开设的账户内。2009年8月6日，股东注册资本由288万元变更为1180万元，增资部分由王某出资847.4万元，王某良出资44.6万元，上述新增注册资本王某、王某良于2009年8月18日缴存于电气公司开设的账户内。2009年8月19日，电气公司将1042万元转至工业用布公司，同日，工业用布公司又将该笔款项以银行汇票的形式汇给了王某。2015年3月30日，电气公司注册资本从1180万元减至200万元，其中王某出资190万元，王某良出资10万元。2016年1月4日，王某、王某良分别将92万元股权、10万元股权转让给电力科技公司。王某良、王某系父子关系。

2020年8月7日，江阴市人民法院作出（2020）苏0281清申2号民事裁定书，裁定受理电力科技公司对电气公司的强制清算申请。2020年8月10日，江阴市人民法院作出（2020）苏0281强清2号决定书，指定电气公司清算组。

2020年9月15日，电气公司清算组诉至江阴市人民法院，要求王某、王某良分别返还抽逃出资8474000元、446000元及抽逃出资期间的相应利息。

2020年11月22日，江阴市人民法院作出（2020）苏0281破申66号民事裁定书，裁定受理电气公司清算组对电气公司的破产清算申请。2020年11月27日，江阴市人民法院作出（2020）苏0281破44号决定书，指定电气公司管理人。

【案件焦点】

1. 电气公司的减资程序是否存在瑕疵；2. 电气公司的减资能否免除股东相应的抽逃出资责任。

【法院裁判要旨】

江苏省江阴市人民法院经审理认为：电气公司的减资不能免除王某、王某良抽逃出资的责任。首先，根据公司资本维持原则的要求，公司在存续过程中，应维持与其资本额相当的实有资产，为使得公司的资本与公司资产基本相当，切实维护交易安全和保护债权人的利益，公司成立后，股东不得随意抽回出资。其次，股东将投资款注入公司后，其出资即转化为公司的资产，随着股东投入公司的资金用于公司经营行为，股东持有的公司股权对应的价值将会发生变化，在股权价值减值的情形下，用减资股权价值对应该股权原始价值，显属不合理，而本案中并无证据证明减资时股权价值等于或大于原始价值。最后，公司减资时应依法履行法定程序，确保公司债权人有机会在公司财产减少之前作出相应的权衡和行动，对此《中华人民共和国公司法》第一百七十七条第二款规定公司应当自作出减少注册资本决议之日起十日内通知债权人，并于三十日内在报纸上公告。本案中，现有证据仅能证明电气公司在减资前在《江阴日报》上刊登了减资公告，并无证据证明已通过必要方式向已知债权人履行了通知义务，程序瑕疵的减资与股东违法抽逃出资的实质以及对债权人利益受损的影响，在本质上并无不同。综上，电气公司要求王某、王某良返还抽逃出资款 8474000 元、446000 元并承担抽逃出资期间利息的诉讼请求，应予支持。

江苏省江阴市人民法院依照《中华人民共和国侵权责任法》第八条，《最高人民法院关于适用〈中华人民共和国公司法〉若干问题的规定（三）》第十二条、第十八条，《最高人民法院关于适用〈中华人民共和国民法典〉时间效力的若干规定》第一条第二款之规定，作出如下判决：

一、王某于判决发生法律效力之日起十日内返还电气公司抽逃出资款 8474000 元及相应利息（自 2009 年 8 月 20 日起至 2019 年 8 月 19 日止按年利率 3.85%计算；自 2019 年 8 月 20 日起至实际给付之日止按年利率 3.85%计算，若全国银行间同业拆借中心公布的贷款市场报价利率低于年利率 3.85%，则按全国银行间同业拆借中心公布的贷款市场报价利率计算）；

二、王某良于判决发生法律效力之日起十日内返还电气公司抽逃出资款 446000 元及相应利息（自 2009 年 8 月 20 日起至 2019 年 8 月 19 日止按年利率 3.85%计算；自 2019 年 8 月 20 日起至实际给付之日止按年利率 3.85%计算，若全国银行间同业拆借中心公布的贷款市场报价利率低于年利率 3.85%，则按全国银行间同业拆借中心公布的贷款市场报价利率计算）；

王某良不服一审判决，提起上诉。江苏省无锡市中级人民法院经审理认为：本案有两个争议焦点，一是电气公司的减资程序是否存在瑕疵，该减资对公司债权人是否有效；二是王某、王某良构成抽逃出资后再减资，是否能免除王某、王某良抽逃出资的责任。

关于争议焦点一，该院认为，电气公司的减资程序存在瑕疵，该减资对公司债权人无效。其一，根据公司资本不变原则，公司的资本不得随意减少，减资须依严格的法定程序进行。根据《中华人民共和国公司法》第一百七十七条之规定，公司需要减少注册资本时，第一，必须编制资产负债表及财产清单；第二，应当通知债权人。公司法设置的该种减资程序是唯一的，故甄别本案电气公司的减资程序是否存在瑕疵，即要看其减资时是否严格践行了减资的强制性程序。

其二，公司法规定了公司减资时应当履行通知债权人并公告的程序，主要原因是作为外部人员的债权人很难了解公司内部的真正资信与实力，其对公司责任能力大小判断的基础，通常取决于经工商部门登记、对外公示的公司注册资本。基于债权人依据未减资时的公司注册资本对公司偿还能力作出信任的评价，公司减资时也应充分保护其权益，对债权人进行信息披露，使公司债权人能够在公司减资前及时要求公司清偿债务或提供担保，保证债权人的权益不因公司注册资本减少、偿债能力降低而受损，故公司减资就应当通知该债权人。本案中电气公司应在减资时应当直接通知债权人。王某、王某良虽称电气公司于2015年12月17日形成了会议纪要，公司的减资通知了债权人及新、老股东。电气公司于2015年1月21日即形成股东会决议确定公司减资，2015年1月24日电气公司刊登减资公告，2015年3月30日完成了减资工商变更登记。在减资手续已办理完毕的情况下，电气公司再召开所谓的债权人会议，显然不能认定履行了法定的减资程序。

其三，减资程序中的直接通知与报纸公告为减资的双重程序，缺一不可，即直接通知债权人与在报纸刊登公告需一并进行，而非选择适用。相对于直接通知而言，公告是一种补充的告知方式，只有在无法直接通知债权人的情况下，公司才可仅采用公告进行通知。如果债权人可以被直接通知，则公司不能以已经公告作为抗辩的理由。债权人自接到通知书之日起三十日内，未接到通知书的自公告之日起四十五日内，有权要求公司清偿债务或者提供相应的担保。本案中，电气公司未履行直接通知债权人的义务，使得公司债权人无法行使要求公司清偿债务或提供相应担保的权利，电气公司的减资程序存在瑕疵，对公司债权人不发生法律效力。

关于争议焦点二，该院认为，王某、王某良构成抽逃出资后再减资，减资程序存在瑕疵，其仍应在抽逃出资范围内对公司债务承担连带清偿责任。

其一，注册资本一经股东缴纳即为公司财产，股东负有维持公司注册资本充实的责任。公司减资导致资本从公司流向股东，对股东而言，无异于一种变现方式。若在未通知债权人的情况下进行减资，则会导致债权人无法及时对公司的履约能力重新作出判断，因而未及时要求公司清偿债务或提供担保，给债权人带来潜在的负面影响。减资虽为公司行为，但当减资未依照法定程序进行时，公司的履约能力及偿付能力将会降低，债权人的合法权益将会受到损害，只有减资的股东才是该行为的受益人。因此公司减资程序存在瑕疵对公司及债权人合法权益造成的影响，与股东抽逃出资的情形在实质上并无不同，应类推适用股东抽逃出资的相关规定。

其二，2009年8月6日，电气公司注册资本由288万元变更为1180万元，增资部分由王某出资847.4万元，王某良出资44.6万元王某、王某良在分别缴纳增资款项847.4万元、44.6万元后，次日即有1042万元从电气公司缴款账户转至工业用布公司账户，此后又转至王某处，王某对为何收取该笔款项及该笔款项的用途未能作出合理解释。王某良、王某为父子关系，且王某陈述王某良是知情的，故王某良、王某构成抽逃出资。2015年3月30日电气公司注册资本又从1180万元减至200万元。如前所述，电气公司减资程序存在瑕疵，对公司债权人不发生法律效力。此外，股东抽逃出资是一种侵权行为，在电气公司增资时，王某、王某良抽逃增资，实际并未出资，至电气公司减资时王某、王某良并未补足过出资，其侵权行为的法律后果，始终未消除。故电气公司未按法定程序减资，不能免除王某、王某良抽逃出资应承担的法律责任。

江苏省无锡市中级人民法院经依据《中华人民共和国民事诉讼法》第一百七十条第一款第一项的规定，作出如下判决：

驳回上诉，维持原判。

【法官后语】

本案中存在两个关键点：一是电气公司减资程序的瑕疵问题；二是公司减资能否免除股东抽逃出资责任的问题。

1. 电气公司减资程序的瑕疵问题。

注册资本作为公司资产的重要组成部分，既是公司从事生产经营活动的经济基础，亦是公司对外承担民事责任的担保。注册资本的不当减少将直接影响公司对外偿债能力，危及债权人的利益。《中华人民共和国公司法》第一百七十七条规定，公司需要减少注册资本时，必须编制资产负债表及财产清单。公司应当自作出减少注册资本决议之日起10日内通知债权人，并于30日内在报纸上公告。债权人自接到通知书之日起30日内，未接到通知书的自公告之日起45日内，有权要求公司清偿债务或者提供相应的担保。根据该条规定，减资程序中的报纸公告是一种补充告知方式，只有在无法直接通知债权人的情况下，公司才可仅采用公告进行通知，如果债权人可以被直接通知，则公司不能以已经公告作为抗辩的理由。本案中，电气公司在作出减少注册资本的决议后，未在法定期限内履行直接通知已知债权人的义务，导致债权人丧失要求公司清偿债务或者提供担保的权利。2015年12月17日，在电气公司已完成减资工商变更登记后，再召开所谓的债权人会议，显然不能认定履行了法定的减资程序。因电气公司的减资程序存在瑕疵，故对公司债权人不发生法律效力。

2. 公司减资能否免除股东抽逃出资责任的问题。

王某、王某良辩称电气公司注册资本从288万元增资至1180万元，增资过程中即使王某、王某良没有实际增资，但电气公司注册资本从1180万元减至200万元，王某、王某良也没有取得减资款，王某、王某良当然应免除因没有出资或抽逃出资产生的向电气公司返还出资的义务。

公司减资对债权人影响甚巨，减资股东抽回出资，将导致公司净资产减少，等同于股东优先于债权人收回所投入的资本。而减资股东即便未抽回出资，但其对公司的投资性质已由股权转为债权，等同于股东可以与债权人同一顺位获得清偿，变相减少了公司对债权人的责任财产。此时，也应当通知已知债权人并给予相应保护。本案中，在电气公司增资时，王某、王某良抽逃增资，至电气公司减资时并未补足出资，即使王某、王某良在减资时未支取电气公司的其他款项，但王某、王某良抽逃的增资等同于在减资时抽回了出资，导致电气公司净资产减少。同时，因电气公司的减资程序存在瑕疵，对债权人实现债权造成了实际侵害，而王某、王某良作为减资股东，其违法减资行为亦产生了和股东抽逃出资一致的法律后果，故程序存在瑕疵的减资不能免除股东抽逃出资的责任。

编写人：江苏省江阴市人民法院　郑清　郁明明

45

重整中担保权恢复行使的审查标准及程序

——信托公司申请破产重整案

【案件基本信息】

1. 裁判书字号

上海市第三中级人民法院（2021）沪 03 破 129 号之四民事裁定书

2. 案由：申请破产重整

3. 当事人

申请人：信托公司

【基本案情】

房地产经纪公司于 2003 年 11 月成立，主要从事房地产经纪等业务。因严重缺乏清偿能力及具备一定重整价值，该公司向上海市第三中级人民法院申请破产重整，法院于 2021 年 4 月 16 日裁定受理，并依法指定甲律师事务所、乙律师事务所担任房地产经纪公司联合管理人（以下简称管理人）。

重整中，申请人信托公司提出要求恢复行使担保物权的申请。信托公司申请恢复行使担保物权的主要理由为：该公司是债务人房地产经纪公司名下持有的 ST××股票 1050 万股的担保债权人，在经判决生效后向上海金融法院申请强制执行过程中，该院通过“大宗股票司法协助执行平台”处置股票，信托公司以 3.3 元/股、总价 3465 万元价格竞买成功并支付尾款，具备担保物权人和竞买人的双重身份。房地产经纪公司随即进入重整程序，上海金融法院中止后续股票过户及执行款分配工作，裁定书尚未送达给信托公司。因股票存在价值明显减少可能，足以危害信托公司作为担保权人的权利，故向法院申请准许恢复行使担保权，按照3.3元/股的价格将股票过户至该公司名下，并向其发还3465万元的成交款。管理人同意该请求，但房地产经纪公司提出异议，认为信托公司与其所涉执行程序应当中止，该股票为房地产经纪公司重整成功的核心资产，担保物权应受制于重整程序而暂停行使。

【案件焦点】

信托公司作为担保权人，要求恢复行使担保权的申请是否可予以准许。

【法院裁判要旨】

上海市第三中级人民法院经听证后认为，判断担保权暂停行使的范围时，需综合考虑如下因素：若担保财产非企业进行重整所必需，则该财产上的担保权不暂停行使；担保物有损坏或者价值明显减少的可能，足以危害担保权人权利的，担保权人可以向法院请求恢复行使担保权。结合房地产经纪公司第一次、第二次债权人会议情况，以及管理人对房地产经纪公司财产接管、调查的结果，房地产经纪公司主要资产为对非上市公司对外股权投资、持有的部分某上市公司股票及大额应收账款等，涉案某上市公司股票不构成房地产经纪公司重整价值的主要因素。该结论可从房地产经纪公司重整投资人招募情况间接佐证，截至重整招募期结束，尚无投资人基于房地产经纪公司持有的某上市公司股票或其他资产开展报名及尽调工作，债务人亦未提供证据证明担保物为重整所必需，故涉案股票并非房地产经纪公司重整所必需。另因相关执行裁定书尚未送达信托公司，涉案股票亦未办理过户手续，故所有权变动尚未完成，1050万股股票属于重整程序中的债务人财产。涉案股票自当年7月14日后呈现整体走低趋势，收盘价未超过3元/股，考虑到面临退市等不确定风险，故认定担保物存在价值明显减少可能，足以危害信托公司作为担保权人的权利。

上海市第三中级人民法院作出如下裁定：

一、准许信托公司对房地产经纪公司名下持有的1050万股ST××股票恢复行使担保权；

二、管理人应对担保物拍卖所得价款在扣除必要费用后优先清偿信托公司的债权；

三、1050 万股 ST××股票归信托公司所有，股票所有权自裁定送达买受人信托公司时转移；

四、信托公司可持裁定书至登记机构办理相关股票过户登记手续。

该裁定已发生法律效力并执行完毕。

【法官后语】

本案是重整中担保权恢复行使案件，所涉问题在于：第一，重整中担保权暂停行使的范围是什么，重整对于正在申请执行中的担保权人的权益产生何种影响；第二，担保债权恢复行使的审查标准为何，如何认定非企业重整所必需；第三，担保债权恢复行使的审查及实现程序。

一、重整程序中担保权暂停行使的原理及规则

《中华人民共和国企业破产法》（以下简称《企业破产法》）第七十五条第一款①明确了担保权暂停行使原则，其意在“给企业重整创造良好的外部条件，避免因担保财产被执行而影响企业的挽救与生产经营，要实现债务人财产的价值最大化，而不是单纯为了阻止担保权人行使权利”②。但上述条文并未明确担保权暂停行使的范围应以企业重整必需为限，为保障担保权人的正当权益，最高人民法院发布的《全国法院民商事审判工作会议纪要》（以下简称《九民

---

① 《中华人民共和国企业破产法》第七十五条规定：在重整期间，对债务人的特定财产享有的担保权暂停行使。但是，担保物有损坏或者价值明显减少的可能，足以危害担保权人权利的，担保权人可以向人民法院请求恢复行使担保权。在重整期间，债务人或者管理人为继续营业而借款的，可以为该借款设定担保。

② 参见王欣新：《论破产程序中担保债权的行使与保障》，载《中国政法大学学报》2017 年第 3 期。

纪要》）第一百一十二条[①]对《企业破产法》第七十五条第一款进行了补充完善，规定了担保权恢复行使的条件、程序及救济途径，赋予了担保权人、管理人更为灵活的处置空间，在各方对担保权恢复行使的条件存在争议时，也对法院平衡处理各方利益诉求、准确判断企业商业价值、高效恢复担保权人的权利提出了更高要求。

二、执行中止与担保权暂停行使的关系

执行程序中，担保权人享有两项相关联的权利，其一，对担保物的变现权；其二，在担保物变现后，对变价款享有优先受偿权。这两项权利通常是担保权人主动主张、同时行使，但在某些情况下也可能分别行使。[②] 实务中，重整受理时，往往适逢执行程序进行到某个阶段，通过对担保权权能的分析，有助于厘清执行程序与重整程序衔接过程中对于担保权暂停行使的一些误区：

第一，如已在执行程序中完成担保物变价处置程序，能否基于重整中担保债权暂停行使规则，不及时向担保权人分配变现款项，待债权人会议表决后再行分配？此种情形下行使的权利由变价权转化为对变现款项的优先受偿权，此时重整程序受理，本身不存在对于担保权暂停行使的限制问题，而应重点考虑担保权人优先受偿问题，不得直接或变相挪用、扣留变现款项，或以债权人会

---

① 《全国法院民商事审判工作会议纪要》第一百一十二条规定："重整程序中，要依法平衡保护担保物权人的合法权益和企业重整价值。重整申请受理后，管理人或者自行管理的债务人应当及时确定设定有担保物权的债务人财产是否为重整所必需。如果认为担保物不是重整所必需，管理人或者自行管理的债务人应当及时对担保物进行拍卖或者变卖，拍卖或者变卖担保物所得价款在支付拍卖、变卖费用后优先清偿担保物权人的债权。在担保物权暂停行使期间，担保物权人根据《企业破产法》第 75 条的规定向人民法院请求恢复行使担保物权的，人民法院应当自收到恢复行使担保物权申请之日起三十日内作出裁定。经审查，担保物权人的申请不符合第 75 条的规定，或者虽然符合该条规定但管理人或者自行管理的债务人有证据证明担保物是重整所必需，并且提供与减少价值相应担保或者补偿的，人民法院应当裁定不予批准恢复行使担保物权。担保物权人不服该裁定的，可以自收到裁定书之日起十日内，向作出裁定的人民法院申请复议。人民法院裁定批准行使担保物权的，管理人或者自行管理的债务人应当自收到裁定书之日起十五日内启动对担保物的拍卖或者变卖，拍卖或者变卖担保物所得价款在支付拍卖、变卖费用后优先清偿担保物权人的债权。"

② 参见王欣新：《论重整中担保权的暂停行使》，载《人民法院报》2015 年 7 月 1 日。

议为理由不及时向担保权人进行分配。此时，执行中止不等同于担保权暂停行使，但如存在诉讼或者仲裁未决的法定情形，管理人可以将担保物变现款项进行提存。①

第二，如未在执行程序中完成担保物所有权转移，重整程序中，是否需要重新启动担保物拍卖变价程序？基于执行、破产两种程序在财产查控、财产处置等方面的功能具有重合性，如在单个案件执行中已经采取措施且与《企业破产法》的规定不相冲突的，破产程序可吸收案件受理以前的执行程序，已经完成的执行行为继续有效。本案中，在担保权人已经提出要求恢复权利行使的情形下，无须另行拍卖变价。在其他一些案件中，可视执行程序进行的阶段及案件实际情况确定执行行为的效力。在担保物权属认定方面，根据《最高人民法院关于适用〈中华人民共和国民事诉讼法〉的解释》第四百九十三条的规定，1050万股股票的所有权并未变动，仍属于重整程序中的债务人财产，进入重整程序后，执行法院中止执行程序，担保物权事实上处于暂停行使状态，此时需对担保物是否属于重整所必需进行判断，如不属于，应及时确保担保权人恢复行使担保权，避免因重整受理后的程序影响到担保权人及时受偿。

三、担保权恢复行使的审查方法

根据《企业破产法》第七十五条第一款的规定，担保权人申请恢复行使担保权应当满足“担保物有损坏或者价值明显减少的可能，足以危害担保权人权利的”的条件。结合《九民纪要》第一百一十二条可见，重整程序中，担保权人提出恢复行使担保权的申请时，法院可能既需要审查其申请是否符合《企业破产法》第七十五条第一款“但书”条款的规定，亦应审查管理人或自行管理的债务人等异议人提出的“非重整所必需”理由及依据，并以担保物“非重整所必需”作为决定性要件。

如何确定“非重整所必需”属于实务难点。本案从以下角度进行分析：

1. 企业类型及财产结构角度。如果担保物对企业重整的增益明显高于财产

---

① 参见乔博娟：《论破产重整中担保权暂停与恢复行使的适用规则》，载《法律适用》2020年第20期。

单独处置的结果，可认定为重整所必需。本案债务人为非生产经营型企业，性质上属于集团公司中的持股平台公司，主要重整价值在于所投资的标的公司股权，该标的公司名下持有的未开发地块，具有一定重整价值。涉案股票属于可流通的有价证券，既非与主营业务紧密相关的必要资产，亦不能产生与其他财产组合处置后获得更高市场竞价的效果，故并非体现债务人重整价值的主要因素。

2. 从重整类型及投资人招募情况的角度。实践中，不对企业资产进行拆分处置的存续型重整一般较为重视财产整体市场价值，但在对担保物进行拆分处置的出售式重整中，管理人、投资人对于担保物留存具有一定的选择权，对于是否为重整所“必需”的标准需结合市场需求而定。本案拟采用存续型重整模式，投资人招募情况可反映出担保物的市场价值和其在企业重整资源中的地位，但截至招募期结束，并无投资人基于涉案股票开展报名及尽调工作，由此可佐证处分该股票对本案重整不产生实质上影响。

3. 从举证责任角度。根据《九民纪要》第一百一十二条的规定，如管理人或自行管理的债务人有证据证明担保物是重整所必需，并且提供与减少价值相应担保或补偿的，在充分保护担保权人利益的前提下，法院应当裁定不批准担保权人恢复行使权利的申请。本案中，提出异议的债务人并非管理人或法院准许的自行管理的债务人，在管理人向其发出询证函，要求其期限内提供相应担保或补偿的情况下，债务人未予以提供，亦未提供证据证明担保物为重整所必需，故法院认定涉案股票并非为房地产经纪公司重整所必需。

另外，申请人信托公司提出恢复其担保权的主要理由之一，在于进入重整程序后担保物价值明显减少，法院审查时涉及对《企业破产法》第七十五条第一款“但书”条文的理解。本案中，在执行程序中买入涉案股票的交易价格在进入重整程序后呈现整体走低趋势，低于执行程序中的买入价，所涉上市公司面临退市等不确定风险，故担保物存在价值明显减少可能，足以危害信托公司作为担保权人的权利。更为关键的是，本案中担保权人同时具有竞买人身份，如重整中重新启动对拍卖程序，担保权人还可能丧失先前竞买人资格，且增加其受偿的程序性风险，间接损害担保权人的权益。据此，法院认定其主张符合

《企业破产法》第七十五条第一款“但书”条文的规定，可予以支持。

四、担保权恢复行使的审查程序及实现方式

《九民纪要》第一百一十二条第二款规定了担保权恢复行使的审查期限，担保权人不服法院裁定的复议权等问题，但未对法院审查程序及担保权实现的方式进行详细规定，分析如下：

1. 关于担保权人债权核查及确认程序。实践中，即便担保权人向法院提出恢复申请，但一般要以申报、核查及裁定确认债权的程序为前提，否则难以确定担保权人资格及优先清偿的债权范围，由此，法院一般应于第一次债权人会议债权核查程序结束后出具裁定。另一种实践处理方式为，可由法院先行就担保权恢复行使进行审查批准，并由管理人加快启动担保物拍卖或者变卖程序，待其债权裁定确认后再行分配，该种方式适用于无争议的担保债权人。

2. 听证。确定担保物是否为重整所必需直接影响到担保物的变现价值，并非由管理人或债务人自行判断。法院需充分听取申请人、主要债权人、债务人、管理人及利害关系人等主体的意见，必要时可征求重整投资人、相关领域专家等各方意见。笔者认为，立法采纳担保权人可不受破产清算程序限制随时行使权利的观点，意在纠正普通债权人利用债权人会议决议阻却、破坏担保权人优先受偿的现象，与《九民纪要》第一百一十二条的立法宗旨相吻合，“管理人或者自行管理的债务人应当自收到裁定书之日起十五日内启动对担保物拍卖或者变卖”的规定，也意味着如果担保权人明确提出就该特定财产变价处置行使优先受偿权的，即便该担保物属于重大资产，不必在债权人会议中就此设置专门的表决环节，否则仍旧使得担保物处分受限于债权人会议的决议结果，但应就该担保物处分情况向债权人会议充分披露或听取各方意见。

3. 担保权恢复行使的具体方式。《九民纪要》第一百一十二条确定的恢复行使方式，是指由管理人或者自行管理的债务人在规定期限内启动担保物的处置程序。对于已经完成拍卖程序，且其效力延续情况下，无须另行启动处置程序，本案采用在裁定书中明确对变价款扣除必要费用后优先清偿担保债权的方式。另外，基于本案担保权人即为竞买人的特殊性，法院同时裁定确认股票属于竞买人所有，由此一并保护了担保权人的优先受偿权和作为买受人的权利，实现对担保权人的利益保障，同时有序推进了重整程序，为重整制度下的担保权恢复行使提供了有益经验。

编写人：上海市第三中级人民法院　刘琳　姚敏

46

实质合并重整认定标准

——电子科技公司申请甲置业公司等破产重整案

【案件基本信息】

1. 裁判书字号

广东省佛山市中级人民法院（2020）粤06破36至40号民事裁定书

2. 案由：申请破产重整

3. 当事人

申请人：电子科技公司

被申请人：甲置业公司、乙置业公司、丙置业公司、丁置业公司、丙物业管理公司

【基本案情】

甲置业公司、乙置业公司、丙置业公司、丁置业公司、丙物业管理公司（以下统称五公司）股东分别为五家公司，由同一实际控制人控制，经营范围以普通住宅、写字楼、商业设施、酒店等开发建设及经营和物业管理为主，共同开发登记在各自名下的共2888.8亩土地，五公司共用同一经营场所。自2018年开始，五公司资金链断裂导致经营全面陷入困境，爆发大量债务违约事件，产生大量诉讼、仲裁案件并进入执行，五公司全部资产均被查封，开发项

目全部停工，对外负债达220亿元。债权人电子科技公司于2020年8月6日向法院申请对五公司进行破产重整。广东省佛山市中级人民法院于2020年9月7日分别裁定受理电子科技公司对五公司的重整申请。2020年11月11日，电子科技公司以五公司存在法人人格高度混同，财产难以区分为由，向法院提出对五公司进行实质合并重整的申请。

【案件焦点】

五公司是否符合实质合并重整的条件。

【法院裁判要旨】

广东省佛山市中级人民法院经审理认为：根据《中华人民共和国企业破产法》第七条第二款的规定："债务人不能清偿到期债务，债权人可以向人民法院提出对债务人进行重整或者破产清算的申请。"电子科技公司作为五公司的债权人，有权申请五公司进行实质合并重整。参照《全国法院破产审判工作会议纪要》第三十二条、第三十三条的规定，结合本案查明之事实，法院认为，对五公司可适用实质合并重整的方式进行审理，具体理由如下：

一是五公司存在法人人格高度混同的情形。其一，在法人意志独立性方面。五公司组织机构设置及职责划分混同。五公司在发展的过程中并未对各自的组织机构作出明确区分，对内均称"某项目"，并设置同一机构，同一队伍对五公司进行统一管理。五公司同时受控于同一实际控制人，重大决策事项均由人员构成相同的董事会作出。五公司在财务管理、资产与成本、人力资源管理、行政事务、市场营销等方面均用同一套规章制度进行统一管理。五公司法定代表人，高级管理人员存在交叉兼职的情形。五公司实际上仅有一个组织架构和经营管理团队，五公司所聘用之员工，其工作职责及内容服务于五公司。其二，在法人财产独立性方面。五公司的营业地址相同，经营场所未予明确区分，五公司共用相同的办公及经营场所。五公司之间存在财务混同的情形。在五公司经营存续期间，五公司之间频繁发生内部资金往来，代收代付款项总额达百亿元，且资金划转手续简单，未签署借款合同，未履行独立性主体之间资金往来的审批手续，资金在五公司内“按需调配”，资金使用严重混同。针对丙置业公司的对外借款，其他四家公司均提供抵押担保或信用担保。五公司的资金账户混同使用，五公司设同一财务部，任用相同财务人员，五公司根据各公司的银行账户余额，统筹安排支付相应款项及其他经营性资金、归还对外借款、发放工资等。其三，在组织机构独立性方面。在同一“人事部”领导下，五公司人事管理的统一，贯穿于员工的招聘、使用、考评、五险一金及个税管理，直至离职的整个过程。在制定招聘计划、确定员工的签约单位时，考虑的不是签约单位的实际需要，而是五公司的总体需求。对员工的日常使用，只根据其业务专长，归入相应部门，并在相关部门内处理五公司中与其职能相关的事务。人事关系统一管理，而费用却未合理分担，最终造成财务混同。综合以上情形，五公司之间在人员、机构、办公、资产以及日常运营管理、费用承担等方面持续缺乏独立性，相互间存在巨额资金往来与资金占用，且存在相互巨额担保抵押事项。五公司事实上已缺乏独立的法人意志、法人财产及组织机构，丧失了独立人格和独立承担责任的基础，构成了法人人格高度混同。

二是区分各关联企业成员的财产成本过高。虽然五公司的主要财产为土地使用权，且登记在各自名下，但根据查明的事实，五公司之间存在频繁巨大巨额的资金往来，资金划转手续简单。五公司设同一财务部，任用相同财务人员，重大融资事项均由同一董事长审批。同时五公司往来款在各自财务账目中其他应收款及应付款中占比较高，五公司之间大部分资金往来仅在其他应收款、其他应付款科目中进行长期挂账，不作处理。因此，仅以账面记载作为五公司资金划分的依据，不能完全反映资金归属的真实情况。且五公司之间存在人力、经营成本混同，各类成本费用的承担主体、受益人及受益程度不一，区分五公司的资产负债、成本收益及真实资金使用情况需要对五公司的历史业务数据进行全面的梳理分析，而五公司持续混同时间跨度大，往来款项繁多，相互之间的资金占用利息难以确定，强行区分，所需时间过长、成本过高。

三是分别重整将严重损害债权人公平清偿的利益。五公司的主要资产为土地使用权，均为丙置业公司的债务设定了抵押担保，仅有少部分的财产未设定抵押担保，虽然大部分的经营性债务集中在丙置业公司，但五公司之间存在大量的关联交易，如2012年9月18日，物业管理公司与房地产公司签订“一次性支付融资咨询协议”，约定由房地产公司为某项目提供7.5亿元融资服务，物业管理公司为此承担咨询顾问费2500万元，并列入开发成本。但事实上，实际融资人为丙置业公司，物业管理公司并无融资行为却为此承担了2500万元的咨询顾问费，这对物业管理公司的债权人极不公平。又如丙置业公司在承担巨额利息情况下，被其他四家公司无偿占用资金7.56亿元，这于丙置业公司的债权人而言，亦显失公平。此类情况，在五公司存续期间比比皆是。因此，五公司在经营业务上协同推进、内部管理上整体运营，若简单区分五公司财产，分别制定重整计划，将导致五公司债权受偿率存在较大的差异，损害债权人的公平清偿利益。

四是实质合并重整，有利于提高重整的可能性。本案中五公司之间存在无偿使用资金、相互负担债务的情形，若分别单独重整时，需对各自的资产、负债以及内部的资金往来进行独立的调查核实和审计。重整期限最长不得超过九个月。在重整期限内未能提交重整计划草案的，人民法院将宣告债务人破产。因此，受经济成本和时间成本的影响，分别重整的效率会大大降低。而实质合并重整，可避免上述不利因素，有利于从整体上安排财产调查、债权申报、审计、评估，最大限度地缩短重整周期，降低重整成本，并且五公司内部关联交易产生的巨额债权债务关系在实质合并重整后归于消灭，将减少负债总额，提高整体受偿率。同时五公司在经营范围上存在关联关系、在经营业务上存在整体互补关系、在后续开发上存在协调并进关系，实质合并重整有利于从整体上推动五公司资产重组，生产经营恢复，发挥资产整体运营价值，也有利于制定切实可行的重整计划草案，增加重整的可能性，且目前重整意向投资人亦支持实质合并重整。

综上，五公司之间在组织人事、经营业务和财产归属上混为一体，资产不分、人事交叉、业务混同，甚至注册地、营业地相同，使得外界对于孰为独立的法人主体根本无从区分，造成公司的人格混同。五公司人格混同严重侵害债权人合法权益，违背了法人制度设立的宗旨，违反了诚实信用和公平原则，电子科技公司申请五公司进行合并重整，符合法律规定。

广东省佛山市中级人民法院依照《中华人民共和国企业破产法》第二条第二款、第七条第二款、第七十条第一款、第七十一条，《中华人民共和国民事诉讼法》第一百五十四条第一款第十一项的规定，作出如下裁定：

对甲置业公司、乙置业公司、丙置业公司、丁置业公司、丙物业管理公司进行实质合并重整。

【法官后语】

人民法院在审理关联企业重整案件时，当关联企业成员之间存在法人人格高度混同、区分各关联企业成员财产成本过高、严重损害债权人公平清偿利益时，可例外适用关联企业实质合并破产方式进行审理，以弥补不当关联关系对各企业的债权人的利益损害，实现破产法的公平和效率价值。

一、关于实质合并重整申请主体的问题

根据《中华人民共和国企业破产法》（以下简称《企业破产法》）第七条的规定："债务人有本法第二条规定的情形，可以向人民法院提出重整、和解或者破产清算申请。债务人不能清偿到期债务，债权人可以向人民法院提出对债务人进行重整或者破产清算的申请。企业法人已解散但未清算或者未清算完毕，资产不足以清偿债务的，依法负有清算责任的人应当向人民法院申请破产清算。"故《企业破产法》上有权申请债务人破产的主体为债权人、债务人及清算义务人。然而上述规定系针对单个债务人破产而言，即对单个债务人企业破产程序的启动采取当事人申请主义，以当事人具有启动破产程序的意愿为前提。但关联企业实质合并破产作为破产程序中例外审慎适用的一项规则，其审查要件不同于单独破产申请，实质合并破产的目的在于修复债务人与其关联企业法人人格混同造成的各关联企业债务清偿的不公平。实践中，个别关联企业不当利用关联关系，造成关联企业成员之间法人人格高度混同，公司资产在各关联企业之间进行不当转移，各关联企业之间资源分配不均，优势资产集中于个别企业，而债务则集中于其他企业，甚至还会出现个别关联企业仅有资产而无负债的情况。此时，若严格按照《企业破产法》关于单个债务人破产申请资格的规定，将出现无人（愿意）申请的尴尬局面。而根据《企业破产法》的规定，管理人享有接管债务人财产、印章和账簿、文书等资料，调查并制作债务人财产状况报告等职责。管理人接管破产企业后，在依法履行职务过程中，凭借其独立的法律地位和较强的专业知识，通过对债务人企业及其关联公司财务状况的调查，更容易发现关联债务人的混同因素、控制与从属程度以及资产和利益的范围及其转移过程。因此，赋予管理人申请实质合并破产的权利有利于维护全体债权人和关联企业本身的利益。且根据《最高人民法院关于适用〈中华人民共和国企业破产法〉若干问题的规定（二）》第二十三条的规定，“债权人通过债权人会议或者债权人委员会，要求管理人依法向次债务人、债务人的出资人等追收债务人财产……管理人不予追收，个别债权人代表全体债权人提起相关诉讼，主张次债务人或者债务人的出资人等向债务人清偿或者返还债务人财产，或者依法申请合并破产的，人民法院应予受理”。按照文义解释，在管理人予以追收的情形下，管理人亦有权申请合并破产。最高人民法院163号指导案例［江苏省纺织工业（集团）进出口有限公司及其五家子公司实质合并破产重整案］、164号指导案例（江苏苏醇酒业有限公司及关联公司实质合并破产重整案）、165号指导案例（重庆金江印染有限公司、重庆川江针纺有限公司破产管理人申请实质合并破产清算案）中均赋予了管理人实质合并破产的申请权。因此，笔者认为在关联企业实质合并破产情形下，各关联企业的共同债权人、各关联企业本身以及已进入破产程序的个别关联企业的管理人均有权提出实质合并破产申请。

二、关于本案法律适用问题

根据《中华人民共和国民法典》及《中华人民共和国公司法》的相关规定，公司作为企业法人，应当有自己的名称、组织机构、住所，有独立的法人财产，享有法人财产权。以上是公司法人能够独立承担民事责任的基础。当两个以上的公司法人出现人员、经营、财产混同的情形，即违背了法律关于公司法人条件的规定。此时，任意一个法人均不具备相应独立的民事行为能力，关联公司法人的行为能力处于相互依存的状态；同时，关联公司法人的意思表示亦存在瑕疵，即一个公司的意思表示可能就是另一公司的意思表示，交易相对人难以辨别，从而损害不特定债权人的利益，交易所形成之债也应由关联法人共同承担。公司法人人格混同有别于公司人格否认。公司法人人格混同是指公司与其他法人人格混为一体，导致相对人对其享有的民事权利和承担的民事义务产生混淆，或认为系同一主体而不能加以区分，即“此公司即彼公司”。而法人人格否认，是指公司股东滥用公司法人地位和股东有限责任，逃避债务，严重损害公司债权人利益时，该股东即丧失依法享有的仅以其对公司的出资为限对公司承担有限责任的权利，而应对公司的全部债务承担连带责任。参照《全国法院破产审判工作会议纪要》第三十六条的规定，公司人格混同导致相互关联的公司的独立性被否定，若干个独立的公司被作为一个公司对待，由其对公司所有债务共同承担清偿责任。采用实质合并方式进行重整的，各关联企业成员之间的债权债务归于消灭，各成员的财产作为合并后统一的债务人财产，重整计划草案中应当制定统一的债权分类、债权调整和债权受偿方案，而各个关联公司的股东则并不对公司债务承担责任。本案中，未有证据证明五公司股东滥用公司法人人格及股东有限责任逃避债务、损害债权人利益的行为，因此，本案不适用公司法关于人格否认的规定。但本案中，五公司之间已构成法人人格混同，丧失人格的独立性，为平等保护各公司债权人利益，依法应进行实质合并重整。

三、关于实质合并重整的审查标准问题

《企业破产法》有关破产重整的规定，仅针对单个企业而言，并未考虑多个企业实质合并重整的问题。《全国法院破产审判工作会议纪要》规定，当关联企业成员之间存在法人人格高度混同、区分各关联企业成员财产的成本过高、严重损害债权人公平清偿利益时，可例外适用关联企业实质合并破产方式进行审理。人民法院在审查实质合并申请过程中，可以综合考虑关联企业之间资产的混同程度及其持续时间、各企业之间的利益关系、债权人整体清偿利益、增加企业重整的可能性等因素，决定是否适用实质合并重整。

1. 关联企业法人人格高度混同。

法人人格独立的基础是具备独立意志和独立财产。因此，判断法人人格混同的标准在于：第一，严重丧失法人意志独立性，即意思表示能力；第二，严重丧失法人财产独立性，即民事责任能力。前者体现的是核心企业对关联企业在主观层面的过度控制，使其无独立的经营管理决策权利；而后者则是关联企业无独立意思在资产与负债方面的客观表现。关联企业形式上独立，但实质只有一个资产基础，只构成一个偿债主体。本案五公司在决策、人事、营业、资产负债等方面持续高度混同，不再具备独立意志和独立财产。

2. 区分各关联企业成员财产的成本过高。

《企业破产法》不仅要解决如何公平、有序地清偿，也考虑及时、高效地将债务人财产清偿全体债权人，包括通过重整程序清偿债权人。当清理资产与债务混同的费用过高，严重减损债权人尤其是无担保的普通债权人清偿利益之时，继续寻求以企业法人人格独立作为破产程序进行的基础就丧失了意义，同时，过度迟延所造成的时间损失以及清偿的折现损失如利息损失等，亦与“实现债务人资产价值最大化”的破产立法与司法目标相冲突，此时，已无必要执着于各债务人的财产与债务的区分问题。

3. 有益于提高债权人的整体清偿率。

债权人收益标准的判断有两种：其一是实质合并有利于所有债权人，即不会造成任何债权人损失；其二是实质合并产生的利益大于其造成的损害，也就是对部分债权人而言，实质合并会带来损失，但其损失不会超过其他债权人或整体债权人获得的收益。实践中，第一种情况的理想状态往往不会出现，在实质合并重整情形下，部分债权人的清偿率可能降低，但这种差异的根源在于各关联企业之间的不当关联关系，亦即正是基于核心企业过度控制以及统一调配和安排的结果，所以某些债权人在单个破产程序下可能获得高于其他关联企业的清偿率。而实质合并破产正是对该种不当滥用关联关系的矫正，是清理债务公平公正宗旨之所在。此外，实质合并衡量的是全体债权人的整体利益，而非个别债权人的个体利益。适用实质合并破产的前提并非要确保每一位债权人的清偿利益均高于分别破产时，而是指不明显损害或有益于大多数债权人利益。如从损失合理性、公平性等方面权衡整体债权人利益后，实质合并破产仍作为与法律后果、成本收益相匹配的程序，则应依法适用该程序。

4. 有利于增加企业重整成功的可能性。

这指的是实质合并的结果有利于促使企业重整成功。适用实质合并产生的结果是，各债务人的财产和债务归集，全体债权人在同一程序中按照法定顺序受偿，有利于确保全体债权人公平受偿。同时，各关联公司之间的债权债务归于消灭，将节约大量时间、人力、财务成本。实质合并可以提高企业重整的司法效率，使资源有效整合，给企业重整或营业整体出售带来价值提升与操作便利，不仅可以降低成本，实现破产案件的经济效率，也可以更有力地保障企业挽救获得成功。当然，仅因重整所需就否认各企业独立的法人人格，显然不妥，但重整通常可以最大限度地提高债权人的清偿利益，所以其本身也蕴含了提高整体清偿率之意。

编写人：广东省佛山市中级人民法院　黄健超

47

企业集团实质合并破产清算的司法裁量标准

——甲互联网科技公司管理人申请与乙互联网科技公司关联企业实质合并破产清算案

【案件基本信息】

1. 裁判书字号

广东省高级人民法院（2021）粤破终135号民事裁定书

2. 案由：申请关联企业实质合并破产清算

3. 当事人

申请人（上诉人）：甲互联网科技公司管理人

被申请人（被上诉人）：乙互联网科技公司

【基本案情】

乙互联网科技公司是面向驾培学员的互联网平台公司，通过线上、地面推销等方式招徕学员，学员向其线上网店支付学费，乙互联网科技公司将学员安排至其合作驾校开展驾培业务。2016年9月，乙互联网科技公司收购了实业公司60%的股权，进驻深圳市场。由于广告投放预留乙互联网科技公司收款账户，为了不违反广告法相关规定，乙互联网科技公司成立了百分百控股的甲互联网科技公司，但未实际经营。

2018年9月，乙互联网科技公司与实业公司发生纠纷并中止合作。为保留深圳市场，乙互联网科技公司重启甲互联网科技公司。2018年9月至2019年2月，深圳学员仅能通过线上报名，深圳地区学员学费算乙互联网科技公司收入，租赁场地、合作教练工资、租车费、油费等培训费用均由乙互联网科技公司负担。2019年3月甲互联网科技公司组建地面推荐团队后，线下招收学员学费属于甲互联网科技公司收入（线上学员仍属于乙互联网科技公司学员）。如果地面推荐团队招聘学员将学费交纳至乙互联网科技公司线上网店，这部分的学费会先进乙互联网科技公司的账户，再由两边财务按照“其他应收款–内部往来”科目挂账，乙互联网科技公司扣除营销与培训成本后划回给甲互联网科技公司。由于缺乏驾培资质，培训模式涉及外部合作教练和自有教练两个环节。学员们先通过外部合作驾校注册学籍，由外部合作教练完成基础培训（该部分教练工资成本全部由乙互联网科技公司承担）；再由自有教练完成其余培训（线下学员该部分费用由甲互联网科技公司自行承担）。

2021年7月2日，乙互联网科技公司审计机构向乙互联网科技公司、甲互联网科技公司财务人员钟某、肖某娜分别发出《乙互联网科技公司财务差异征询函》和《甲互联网科技公司财务差异征询函》。两人均书面回函。2021年7月9日，审计机构向乙互联网科技公司管理人进行了回函：根据乙互联网科技公司管理人提供的甲互联网科技公司账册（电子账）与乙互联网科技公司账册比对，双方在2019年3月以前账务记载一致，2019年3月后账务记载出现差异。在承办法官组织下，我司就双方账务差异的情况进行书面征询，根据双方财务人员的回函，如果两位财务人员回函内容属实，则甲互联网科技公司与乙互联网科技公司账载的债权债务情况一致。2. 截至2019年11月5日，根据双方财务人员的回函确认及调整过的账载债权债务，两公司未见财务混乱，债权债务能够区分。

2019年6月底之前，甲互联网科技公司法定代表人为李某峰，其重大资产投资和年度经营计划需要与乙互联网科技公司实际控制人陈某林协商决定，其他具体的经营决策事务（例如合作驾校选取、培训班型及定价权、招聘教练等）由甲互联网科技公司自行决定。

听证中，乙互联网科技公司肖某娜表示自己为甲互联网科技公司独立招聘，于2018年11月开始上岗。甲互联网科技公司从成立伊始即独立做账，并将电子账副本报送给乙互联网科技公司进行报备，乙互联网科技公司不能随意支配甲互联网科技公司的银行账户余额。

甲互联网科技公司的员工（行政、销售人员）工资、自行招聘的教练工资支付到2019年6月底（部分工资由李某峰个人出资垫付），合作教练工资支付到2019年4月底。乙互联网科技公司职工主张工资多数集中于2019年1月至6月。甲互联网科技公司管理人提交的《甲互联网科技公司学员债权申报登记表》显示，其251名学员债权人中，既向深圳申报债权，又向广州申报债权且经初步审查确认的学员债权人共153人，包括以下三种类型：(1) 因生效判决需乙互联网科技公司承担连带责任为7人；(2) 因乙互联网科技公司入账学费89人；(3) 乙互联网科技公司承诺还款的有57人，上述学员共申报债权总额为284397.70元，经审查确认债权总额为283820.00元。

【案件焦点】

1. 关联企业是否达到实质合并破产清算要件；2. 案涉两公司应否实质合并破产清算。

【法院裁判要旨】

广东省广州市中级人民法院经审查认为：企业集团实质合并破产应综合考虑关联企业法人人格混同程度、是否有利于债权人整体利益保护等因素予以审慎适用。

企业集团为以控制权或举足轻重的所有权而相互联结的两个或多个企业。参照这一定义，乙互联网科技公司与甲互联网科技公司构成企业集团，乙互联网科技公司对甲互联网科技公司具备控制权。经审查，两公司未达到实质合并破产清算标准。

第一，两公司不存在财产高度混同，区分资产与负债成本过高的情形。独立财产是公司独立人格的基础。当关联企业的财产无法区分，就丧失了独立承担责任基础。甲互联网科技公司自有财产是线下招生收入，并不完全依赖母公司拨付与统一调配，对其财产有自主支配权。

两公司财产与负债并未高度混同，不存在区分不清或成本过高的情形。破产法层面考虑集团企业实质合并的决定性因素是：在企业集团内部交易复杂、资产混同、财务混同的前提下，适用破产法外其他法律进行精细的撤销权行使并在此基础上应用审计技术区分不同公司资产将极大的消耗集团企业现存资产和造成时间拖延，从而不利于对全体债权人的保护时，应当适用实质合并破产，但本案不符合这样的标准。首先，甲互联网科技公司与乙互联网科技公司均有独立的财务部门，独立记账，独立核算，双方之间的往来有统一适用、明确具体的会计核算口径和核算科目。其次，根据审计机构的意见，两公司之间的往来款都有着清晰明确的合同依据或会计核算规则，虽然后期因公司经营状况恶化、管理混乱、人员流失等导致部分往来未及时入账、两公司账目存在部分差异，但经人民法院委托专业会计机构审计，两公司账目差异可通过会计调整予以处理，双方之间的应收和应付账款可以明确区分，不存在财产混同极为严重以致无法区分或区分成本过高的情况。

关于深圳管理人以部分学员同时向广州和深圳申报债权的事实主张两公司存在财产混同的问题，经审查，在 251 名同时申报学员中，经乙互联网科技公司管理人审查确认的债权人有 153 人：因生效判决确认乙互联网科技公司承担连带责任、乙互联网科技公司账户收款以及乙互联网科技公司承诺还款。由此可见，乙互联网科技公司管理人确认上述学员债权具备合法依据，也是企业集团后期濒临破产时为维护甲互联网科技公司学员权益和社会稳定而采取的应对措施，并非基于两公司人格或财产混同而一律确认甲互联网科技公司学员的债权申报。况且在乙互联网科技公司管理人确认上述债权申报后，乙互联网科技公司管理人也可与甲互联网科技公司通过破产清算程序中互相之间的债权债务申报与确认来理顺该部分学员债权问题。故上述事实并不能证明乙互联网科技公司与甲互联网科技公司存在严重的财产混同。

第二，甲互联网科技公司有独立的公司法人意志，乙互联网科技公司不存在滥用控制力、对甲互联网科技公司的资产与负债进行超出正常商业目的、非市场化的调配，导致甲互联网科技公司资产与负债严重不对等、单独破产将会严重损害甲互联网科技公司债权人利益的情形。本案中，甲互联网科技公司在经营决策、人事任免、财务尤其是资产等表征公司法人人格独立要素方面并未与母公司高度混同。考虑到企业集团运营的特殊性，控制企业在法律规则与商业规则允许的范围内对下属企业进行的监督管理不宜认定为过度控制。从业务经营上看，甲互联网科技公司负责深圳地区的业务经营，与乙互联网科技公司业务范围并不相同，且甲互联网科技公司和乙互联网科技公司自行租赁了办公场地，两者生产经营场所明确可分。从人事安排上看，甲互联网科技公司组建了自己的行政团队、运营团队且自行承担工资成本，两公司人事安排相互独立。从交易行为上看，甲互联网科技公司的具体经营事务，如合作驾校选取、租赁车辆数量、招聘学员事宜均由其自行决定；乙互联网科技公司参与甲互联网科技公司重大决策并要求甲互联网科技公司报备企业经营事项系其行使股东权利的行为，并不足以证明甲互联网科技公司丧失了法人独立意志。

除关联企业法人人格高度混同条件外，采用实质合并破产是否有利于债权人整体利益保护亦是重要的考虑因素。如各关联企业存在产业链条协同关系，通过实质合并破产整体处置可以提升债权人整体受偿率。本案中，乙互联网科技公司与甲互联网科技公司经营业务相似，尚无证据证明两公司在破产程序中合并处置会提升债权人整体受偿率。相反，因两公司职工工资支付情况不同等因素，若进行实质合并破产，乙互联网科技公司的职工债权和普通债权的清偿率甚至可能进一步降低。至于甲互联网科技公司所主张的两公司资产负债情况不同损害甲互联网科技公司债权人公平清偿利益的问题以及乙互联网科技公司未履行出资义务的问题。故，目前尚无充分证据证明乙互联网科技公司滥用股东地位损害甲互联网科技公司债权人利益，在两公司资产负债可以明确区分的情况下，甲互联网科技公司管理人可循其他法律途径维护其债权人合法权益。

广东省广州市中级人民法院依照《中华人民共和国企业破产法》第十二条之规定，作出如下裁定：

不予受理甲互联网科技公司管理人对甲互联网科技公司、乙互联网科技公司提出的实质合并破产清算申请。

甲互联网科技公司管理人不服一审判决，提起上诉。广东省高级人民法院同意一审法院裁判意见。甲互联网科技公司管理人的上诉请求缺乏充分事实依据，依法应予驳回；一审法院认定事实清楚，适用法律正确，应予以维持。

广东省高级人民法院依照《中华人民共和国民事诉讼法》第一百七十七条第一款第一项、第一百八十二条的规定，作出如下裁定：

驳回上诉，维持原裁定。

【法官后语】

企业集团实质合并是解决在破产语境下，企业集团经济上统一协调运作与子公司人格独立、责任自负之间的矛盾，其本质在于规范企业集团内部治理结构和矫正不当利益输送，保障集团全体债权人公平受偿之目的。

出于成本与效率等因素考虑，在现代企业经济制度中，企业集团化运作越来越成为趋势。由于存在统一集中控制，尽管子公司表面均具有独立人格，但集团内部交易往往并非基于单独公司的理性经济考量，而是服从集团的整体利益。当核心控制企业突破股东有限责任，滥用控制权并在关联企业之间进行违背市场经济交易规律的资源配置时，将导致不同子公司债务负担程度并非公开市场交易的结果。这种被集团化的公司人格导致了与利益受损公司进行交易的债权人于不公平地位。

2018年最高人民法院在《全国法院破产审判工作会议纪要》（以下简称《破产纪要》）中对实质合并要件明确规定为“法人人格高度混同、区分各关联企业成员财产的成本过高、严重损害债权人公平清偿利益”。如果以人格混同作为最主要的认定标准，会使得适用标准过于宽松，在没有其他制衡因素的约束下容易导致实质合并的滥用。此外，仅人格混同的单一标准，会影响实质合并规则的独立性，进而危及实质合并作为破产法上制度功能的充分发挥。笔者认为，企业集团实质合并破产裁量标准为审慎适用原则和多项标准综合衡量判断。

一、审慎适用原则

审慎适用分为两个层面，在司法政策层面上，应秉持审慎适用原则。实质合并虽然旨在维护全体债权人利益，但吸收合并结果使得交易中单个公司资产信用大打折扣，交易相对方不得不留意公司与其他关联企业关系并对整个集团信用进行尽调，造成对公司独立人格的信任危机，对商事交易安全和便捷等原则提出了巨大挑战。它突破了公司法人格独立和破产法一企一案原则，无论是从尊重公司独立性、保护单个企业外部债权人利益出发，还是从法律的稳定性和可预测性出发，都应当慎用。

在操作层面上，注重与公司法人格否认要件的区别适用。实质合并虽脱胎于公司法人格否认理论，但作为一项解决企业集团化运用与单个公司之间矛盾的制度，有其独立的破产法意义与价值。实践中需要注意裁量标准应当有别于公司法上人格否认标准。实质合并源于企业集团内部控制关系，但有控制关系，并不表明一定存在高度混同。企业集团控制权的滥用，在公司法与破产法的“度”上也有区别。控制权滥用达到《中华人民共和国公司法》第二十条规定的条件时，即触发“揭开公司面纱”。进一步滥用控制权，可能触发公司法、破产法层面的其他矫正制度，如撤销权、衡平居次、无效行为、摊付令等救济方式。只有核心控制企业滥用控制权，导致受损企业与集团其他企业或核心控制企业之间资产与负债无法分离或采用实质合并以外的方式去厘清，成本过高时，才可适用实质合并。

二、多项标准综合衡量

1. 资产分离困难标准

实质合并制度正是在对“法人人格否认”理论的否定与吸纳基础上发展起来。一方面，它吸取了公司法中人格混同的实质同一性标准及后果。另一方面，“法人人格否认”仅在一次独立事件，解决一个单独债的问题上适用，保护某一位债权人，其目的是维护关联公司独立人格。实质合并是破产程序中彻底否定各关联企业的独立人格，将其资产与负债作为单一主体进行统一处理，即多个关联公司多次面纱均被揭开并统一概括性清偿。除保障利益受损公司外部债权人获得公平清偿外，更加注重破产程序的实用性，考虑厘清关联企业成员间错综复杂的财产关系可能导致难以承受的破产程序运行成本及高效推进破产程序的目的等进而决定是否适用实质合并。

其司法裁判路径如下：(1) 判断核心控制企业滥用控制权导致人格高度混同的程度，如独立意志、独立财产的丧失。(2) 考量资债区分成本。适用破产法外其他法律进行精细的撤销权行使并在此基础上应用审计技术区分不同公司资产将极大的消耗集团企业现存资产资金和造成时间拖延，从而不利于对全体债权人的保护。这里的费用成本是从债权人利益角度考虑的成本，所以，不能以方便法院或管理人工作、减少其工作成本为由进行实质合并。第一，清理资产与债务混同的费用足以吞噬债权人尤其是无担保的普通债权人可能受偿的大部分甚至全部财产。第二，区分资产和债务的破产费用以及大量的时间与资源成本，会使所有债权人受到严重的综合性损失。如果为了区分债务人财产，实际的综合成本支出，高到使原来分配比较高比例的债权人清偿数额降到原来最低企业的债权人清偿比例时，就是成本过高。第三，还应当考虑到过度迟延而造成的时间损失以及清偿的折现等。

2. 债权人利益损害衡量标准

破产程序以实现债权人利益的公平分配为目标，只有在预期利益大于可能造成的损害的前提下，实质合并才有适用的必要。关于利益衡量，有两种衡量标准：一是“有利于所有债权人”，在实质合并之后，每个债权人预期所得利益都不会减少，并且至少有一个债权人预期利益有所增加，如实质合并是否有利于提升企业重整价值、产生“溢出效益”。二是收获利益的同时，往往伴随着部分企业债权人利益损失，此种情形下法院就必须权衡实质合并能否有效减少因分别破产而产生的成本费用，节省下来的财产用于增加债务人的资产，进而提高债权人的债权实现额。一方面，可能因合并而利益受损债权人有可能无法阻止利益增加债权人申请实质合并；另一方面，因实质合并债权实现额增加的受益债权人能够补偿因实质合并债权实现额受到减少的债权人。

3. 不予实质合并裁判标准：债权人期待标准

笔者认为，债权人期待标准主观性较强且难以举证，因此可以作为异议债权人反对实质合并的抗辩理由，由法院进行重点审查，而非实质合并适用的判断标准。

公司独立人格与集团化作业所带来的债权人保护问题在破产时将集中凸显，母子公司之间的债权债务关系在单一实体的管理与控制下，会呈现出不同于单独实体的债权债务状态，破产法作为市场经济基本法必须直面和回应这一问题。实体合并制度在破产法框架内对公司集团运营实践与债权人保护之间进行了平衡与协调，以期实现整体的实质公平。

本案虽然判决驳回甲互联网科技公司管理人的合并请求，却通过对该制度历史沿革、法理基础分析，提出“资产分离困难”“债权人利益平衡”标准及反向不予实质合并时“债权人期待”标准，为类案裁判提供有益参考。

编写人：广东省广州市中级人民法院　朱敏　席林林

48

商超菜场破产营业保护及处置路径解析

——蔬菜生鲜食品公司等申请破产清算案

【案件基本信息】

1. 裁判书字号

上海市第三中级人民法院（2020）沪03破359号（之一—之八）民事裁定书、上海市第三中级人民法院（2021）沪03破1-13号民事裁定书、上海市第三中级人民法院（2021）沪03破66号民事裁定书

2. 案由：申请破产清算

3. 当事人

申请人：蔬菜生鲜食品公司等

【基本案情】

蔬菜生鲜食品公司于2013年12月20日设立，注册资本4.2亿元，是具有国资背景的混合所有制企业。蔬菜生鲜食品公司及其十四家子公司租赁各区传统菜场、商业中心等核心地段门店，改造后开设多家商超菜场，经营面积合计近十万平方米，以经营蔬菜水果、肉蛋禽等生鲜农产品、食品为主，曾是菜市场升级改造的排头兵。自2018年起，因门店规模拓展过快、经营管理不善，蔬菜生鲜食品公司及其子公司出现现金流短缺状况，经尝试多轮战略调整未果后，陷入严重债务危机，引发200余件诉讼、执行及仲裁案件。2020年12月4日，经债务人申请，上海市第三中级人民法院依法裁定受理蔬菜生鲜食品公司破产清算一案，依法指定律师事务所担任管理人。

管理人接管后发现，蔬菜生鲜食品公司及其子公司名下尚处于营业状态的

门店中，九家为市区两级保供商超菜场，担负维持重要民生必需品保供稳价的社会职责。基于保民生、保供应，法院指导管理人制定了以保供商超菜场继续营业为核心的方案，将店面持续经营产生的采购费、水电费、物流费等认定为共益债务；在严控营业成本的前提下，建立由管理人监督下的经营内控审核制度，部分门店持续营业直至出售或变价。

经查，蔬菜生鲜食品公司作为核心控制企业，通过人事、财务、采购、运维等垂直管理十四家子公司，与各家公司之间存在法人人格高度混同情况，符合《全国法院破产审判工作会议纪要》第三十二条规定的关联企业实质合并破产要件。为维护全体债权人公平受偿利益，法院听证后裁定将蔬菜生鲜食品公司及其十四家子公司纳入统一的实质合并破产程序。合并后，债权人共计2000余户，整体债务规模达5.7亿余元，账面资产评估值为2.12亿元，主要财产为4300余万元的门店等固定资产，以及2600余万元的存货及无形资产等。

资产处置中，法院指导管理人结合门店位置、设备装修成新率、新承租人意向、出租方意见等因素，制定门店分类处置方案，将部分高价值门店租赁经营权整体出售。对于库存商品处置，管理人通过公开拍卖、线下促销、打包出售等多元化变价方式，累计挂拍链接1076个，实现变价1500余万元，其中"蔬菜生鲜食品公司"等9项商标溢价率高达2662.04%。2021年12月，债权人会议审议并通过了《债务人财产管理方案》《破产财产变价方案》《破产财产分配方案》。破产财产分配后，本案1300名职工债权及社保、税收债权获得全额清偿，普通债权清偿率约为4%。同时，采取分类制定职工工资发放及安置计划、设同行业"专场招聘会"，以及门店租赁权整体出售结合岗位推荐等措施，全部职工得到妥善安置，且实现500余名职工再就业的"无缝衔接"。同年12月30日，法院裁定终结破产程序。

【案件焦点】

1. 如何将破产营业保护和租赁经营权变价有机结合，实现资产效益最大化；2. 如何解决分散在全市各个区的商超门店统一集中清理问题，实现债权人利益最大化；3. 如何解决门店清理中职工再就业问题，化解债务风险，优化地区营商环境。

【法院裁判要旨】

上海市第三中级人民法院经审查后认为：关于破产清算案件受理。企业法人不能清偿到期债务，并且资产不足以清偿全部债务的，可以提出破产清算申请。现申请人的资产负债表及对外诉讼等情况表明，蔬菜生鲜食品公司不能清偿到期债务且资产不足以清偿全部债务，符合破产清算条件，该院予以受理。

上海市第三中级人民法院依照《中华人民共和国企业破产法》第二条第一款、第七条第一款、第十条第二款，《最高人民法院关于适用〈中华人民共和国企业破产法〉若干问题的规定（一）》第三条之规定裁定如下：

受理蔬菜生鲜食品公司的破产清算申请。

关于实质合并破产清算。蔬菜生鲜食品公司与十四家被申请人之间存在法人人格高度混同、区分各关联企业成员财产的成本过高情况，如进行实质合并将有利于全体债权人利益，符合关联企业实质合并破产清算的条件。蔬菜生鲜食品公司管理人实质合并申请有事实和法律依据，该院予以准许。企业成员中，核心控制企业蔬菜生鲜食品公司，以及除贸易公司之外的十三家关联企业已由该院裁定受理破产清算程序，将纳入实质合并清算程序，贸易公司受制于蔬菜生鲜食品公司，严重丧失独立法人人格，基于实质合并亦将其一并纳入破产清算程序。

上海市第三中级人民法院依照《中华人民共和国公司法》第二十条第一款、第二十一条第一款，《中华人民共和国企业破产法》第二条第一款、第三条之规定，裁定如下：

对蔬菜生鲜食品公司等十五家公司进行实质合并破产清算。

关于财产分配。《破产财产分配方案》已经第二次债权人会议表决通过，请求法院裁定认可。该院认为，蔬菜生鲜食品公司等十五家公司管理人提出的申请符合法律规定，予以认可。

上海市第三中级人民法院依照《中华人民共和国企业破产法》第一百一十五条、第一百一十六条之规定，裁定如下：

对第二次债权人会议通过的《蔬菜生鲜食品公司等十五家公司破产财产分配方案》，予以认可。

关于宣告破产。蔬菜生鲜食品公司及其十四家子公司不能清偿到期债务，且资产不足以清偿全部债务，管理人申请宣告蔬菜生鲜食品公司及其十四家子公司破产符合法律规定。

上海市第三中级人民法院根据《中华人民共和国企业破产法》第一百零七条规定，裁定如下：

宣告蔬菜生鲜食品公司等十五家公司破产。

关于破产案件终结。根据管理人提交的《蔬菜生鲜食品公司等十五家公司实质合并破产清算案关于破产财产分配执行情况的报告》，蔬菜生鲜食品公司等十五家公司破产财产分配方案已经执行完毕，后续管理人将根据《中华人民共和国企业破产法》及《破产财产分配方案》的相关规定，将剩余破产财产向债权人追加分配。管理人提请该院裁定终结破产程序的请求符合法律规定，该院予以准许。

上海市第三中级人民法院依照《中华人民共和国企业破产法》第一百二十条第二款、第三款之规定，裁定如下：

终结蔬菜生鲜食品公司等十五家公司破产程序。

【法官后语】

本案债务人名下部分门店在破产程序中承担保供稳价的社会职能，需确保“破产不停业”。债务人所需处置的核心资产是各关联企业通过租赁取得的门店经营权，变现处置难度大。如何将破产营业保护和租赁经营权变价有机结合，实现资产效益最大化，是实践中需解决的重点问题。本案例围绕商超菜场破产营业保护及处置路径为论述核心，结合实质合并破产、职工债权人保护和维稳风险应对策略等角度，展现破产程序在实现大型生鲜集团企业市场化退出中的功能作用。

一、商超菜场破产程序中的营业保护路径及效果

1. 破产语境下的营业保护

根据商法基础理论，“营业”既指营业活动，也指营业结构，两相互动，

使得“保留一个运营的公司比解散一个公司要好，一个公司的经营资产作为一个整体的价值通常要比拆分后高”。[①] 其核心机制在于，自破产受理到破产宣告或重整终止的时间内，维持有经营价值企业的核心资源处于持续运转状态，使其有形资产（如土地、厂房、车辆、办公设备）及无形资产（如商誉、客户、地理位置、雇员技能）等继续聚合凝结产生经济效益，避免因停止运转或拆分出售而丧失价值。因而清算过程中的营业整体转让和以营业为拯救对象的转让型重整日益受到破产理论和实务界的重视。[②] 如何创设营业保护方案，产生类似于重整中保护效果，是本案需要解决的首要问题。

本案破产企业为“高消耗”“低毛利率”型生鲜商超集团，其特点在于：一是营业保护重要性、紧迫性呈现不均衡现象。在尚处于营业状态的二十四家门店中，九家为市区两级保供商超菜场，具有担负维持重要民生基本必需品保供稳价的社会职责，其余地段、客流较好的门店，尚能勉强维持营运，剩余则处于客流稀少、货品短缺、随时关停状态，基本丧失营运价值及保护可能性；二是门店运营分布于不同区的各个子公司名下，需系统规划执行保护方案。破产前，各门店均由债务人统一管理经营，破产后，通过实质合并程序，能最大程度统一执行营业方案，更好实施营业保护。

基于上述特征，法院指导管理人制定了以保供商超菜场为营业保护核心的经营方案，充分展现出破产营业保护的功能和价值。

2. 商超菜场破产程序中的营业保护路径及效果

（1）提前接管，纳入实质合并。在法院指导下，由管理人提前接管子公司公章证照、财务账册，各门店经营管理权及资产等，迅速开展审计评估，由受理法院直接解封查封账户并归集资金。经查，各子公司在组织架构、人事安排、商品采购、财务管理等方面高度受控于蔬菜生鲜食品公司，已构成人格混同。

---

① 罗伯特·W. 汉密尔顿：《公司法概要》，李存捧译，中国社会科学出版社1999年版，第214页。

② 马哲：《“营业”的破产法意义——兼论对我国〈企业破产法〉的完善建议》，载《中国政法大学学报》2021年第4期。

经管理人申请，该院依法裁定将各子公司整体并入母公司破产程序，确保了经营方案及财产变价及时统一。

（2）许可营业，维持经营。管理人依据《中华人民共和国企业破产法》第二十六条的规定，决定部分有经营价值的门店继续营业。将店面持续经营产生的采购费、水电费、物流费、员工工资等认定为共益债务。对于破产受理前六个月内涉及债务人日常经营所需费用不予撤销。严控营业成本前提下，安排债务人专人对接供应商采购，在合同审核、职工工资发放及相关费用支出审核方面，建立完善内控制度，每日统计整体销售收入及品类并据实调整。

（3）多方联动，积极协调。本案出租方多为各区街道及下属国资企业，法院、管理人多次和市区两级商务委员会、街道办沟通协调，维持了承租链上下游稳定，争取所涉多个主体支持配合破产程序。

通过继续营业，本案实现如下效果：一是继续营业确保设备持续运转不产生停滞损耗，保持客流持续，维系其核心价值；二是保留临期商品、冻品、生鲜等亟须变价商品的销售途径，降低其数量及种类进而降低闭店后的转运成本；三是确保了保供商超菜场不断供、不涨价，保障了周边居民基本生活需求及供应链稳定，积极担负破产企业社会职责。继续营业期间累计实现销售收入1000余万元，降低了后续库存商品变价的难度和预期成本，有力贯彻落实保民生、保供应政策。

二、商超菜场破产程序中门店及库存商品处置路径解析

1. 租赁经营权整体出售的必要性

营业资产必须具备的构成要素包括有形要素和无形要素两部分。其中，无形要素除通常所理解的商标商誉外，还包括顾客群体、销售渠道、地理位置、租赁权益甚至债权债务。营业转让的对象，是该组织从事营业活动的各项要素的集合，由于整体转让，受让方获得经营原有营业要素基础从而继续该营业活动。

本案中，债务人对其经营的商超门店均为租赁所得，不享有产权，如单纯采取门店内资产搬离后的固定资产变价，则债务人在店面选址、人力资源、供

应链、顾客群体等各要素整合形成的租赁经营权将丧失价值，严重影响债权人权益。合议庭经研判，创新借鉴出售式重整的实践经验，通过部分高价值门店租赁经营权整体出售，阻断了原经营主体的债务和经营风险，使资产、营业价值在新承租人承载下继续发展，促进资源有效配置。同时指导管理人结合门店位置、设备装修成新率、新承租人意向、出租方意见等因素，制定门店分类处置方案，提升门店处置效益，维护债权人利益。

2. 门店分类处置路径解析

（1）对于尚在经营且有意向买受人的门店，将包括店面选址、装修、设备、顾客资源等在内的租赁经营权在评估价基础上打包整体出售，相较于单纯固定资产变价，售价提高6至10倍不等。以债务人的保供超市为例，管理人在与徐汇区商务委员会、出租方对接后，以评估价为基础，实现新承租人对门店整体承接，最短时间内补足商品营业，设置临时菜场直至恢复正常供给，员工整体平移至新承租人处就业，一并解决门店内次承租人的保证金、押金退还及其他经营问题，有效确保经营平稳过渡并实现价值最大化。

（2）对于装修改造费用较高、次承租人较多的数个菜场，采用如下方式：一是由出租方与债务人签署租赁合同解除协议，确保菜场内的次承租人根据原转租合同继续占有使用场地；二是债务人按现状向出租方交付，不承担清空场地、清理租户等义务，待转租合同到期后，由出租方与次承租人协商续租或搬离事宜；三是约定出租方自行收购工程类、次承租人等债权，确保菜场稳定有序运营。

（3）对于无法整体出售且无意向买受人的门店，在现场拆除搬离后进行固定资产变价出售；对于无法变价、被拆除、破产前基本无价值的门店放弃处置；对于部分强占商品、不予返还固定资产的出租方提起诉讼追偿。

3. 库存商品多元化处置路径解析

本案所涉债务人库存商品累计数十万件，具有类别多、数量大、单品价值低、成新率低等特点，且部分生鲜、食用品临近保质期。经债权人会议表决通过后，管理人采取门店继续营业、公开拍卖、线下促销、打包出售等方式多元化变价方案，累计挂拍链接1076个，实现变价近1500万元，其中“蔬菜生鲜食品公司”等9项商标溢价率高达2662.04%，最大限度挽回债务人损失，提高变价价值。

三、商超菜场集团实质合并破产程序的适用

公司集团在经营中的经济牵连关系使得破产法无法放任数个并存的破产程序独立进行。一方面，公司集团内部的混同在严重情况下，可能导致部分破产程序没有可供清偿的破产财产的情况。另一方面，由于公司集团内部存在经济上的协同关系，可能存在因融资、税收安排等考虑，将部分公司集团成员的盈利转移到其他公司集团的情况，会产生部分公司集团成员不能清偿到期债务、陷入破产境地，而另外一些公司集团成员经济状况优良，这并非市场交易的结果，而是公司集团内部的协调安排所致。[①] 本案中，在蔬菜生鲜食品公司及十四家子公司的集团构架中，蔬菜生鲜食品公司处于核心控制地位，各子公司功能上为便于各区门店经营管理所设立，由蔬菜生鲜食品公司自上而下垂直负责经营管理、人员调配、货物采购等事务，各子公司未形成完整独立的组织架构、经营及财务体系，存在法人人格高度混同情形。该种混同，属于公司集团内部经济运作统一协调配合所致，是从集团整体利益出发进行的交易设计，此时，如果继续强调不同公司之间分别破产，易造成公司集团成员之间债权人的不公平对待。

本案中，因母子公司之间存在大量资金往来以及调拨占用情况，导致蔬菜生鲜食品公司与各子公司资产负债关系无法有效区分，更重要的是，尚有价值的门店都集中于各子公司名下，而债权人则集中于母公司层面，呈现出资产端和负债端两端分离的情况。适用实质合并破产清算，将资产、负债集中视为单一破产实体的组成部分，有利于恢复企业集团作为统一经济体的真实经济内涵，更有利于实现全体债权人公平清偿利益。据此，法院依据《中华人民共和国公司法》第二十条、第二十一条，《中华人民共和国企业破产法》第二条及《全

---

① 贺丹：《企业集团破产——问题、规则与选择》，中国法制出版社2019年版，第22~23页。

国法院破产审判工作会议纪要》的相关规定，采用一家企业先行受理，其余企业受理后合并破产的模式，将十四家子公司纳入蔬菜生鲜食品公司破产清算程序。适用统一破产程序之后，分散于十四家子企业名下的门店等破产财产作为一个责任财产集合体，用于清偿全部债权债务，确保母子公司财产及时有效处置，维护了全体债权人公平受偿权益。

四、商超菜场破产程序中的职工权益保护及风险应对

破产审判承担着对企业职工债权人的保护职能。本案涉及1300名职工债权人，户籍分布各地且多为外地来沪务工低收入群体。合议庭指导管理人采用如下方式妥善保护职工权益：一是分类制定职工工资发放及安置计划。针对普通员工，争取采用协商一致可于节假日前发放经济补偿金的解除方式；针对劳务派遣员工，在与其派遣公司沟通后，及时安排新工作岗位；针对小时工、临时工、退休返聘员工等劳务工，结合破产程序需求部分保留岗位；对于有离职意愿的员工，及时为其办理解约手续。最终，绝大部分职工认可协商一致解除方案，在“破产不停薪”的同时，节省大量经济补偿金，为普通债权人争取到部分利益。二是将门店变价、岗位推荐与职工再就业相结合。管理人在将门店整体转让给新承租人的同时，积极推荐其整体吸纳职工就业。在债务人处设置“专场招聘会”，千方百计落实职工再就业。本案通过门店租赁权整体打包出售和岗位推荐，顺利实现500余名职工再就业的“无缝衔接”，有效维护了职工权益。

为充分发挥破产审判在积极防范化解社会风险中的特殊职能，本案采用如下风险应对措施：一是充分利用互联网媒介，在线债权申报、召开会议。通过微信公众号、专线电话、编制常见问题手册搭建与债权人线上、线下沟通渠道。二是建立政府部门、国务院国有资产监督管理委员会、上级国企及管理人联合值班制度。充分听取债权人诉求，将信息披露、沟通与心理疏导相结合，随时答疑解惑，程序公开透明。三是多方联动，避免出现极端维权事件。

编写人：上海市第三中级人民法院　刘琳

49

民营医疗机构破产清算的特别规则

——肿瘤医院管理人申请破产清算案

【案件基本信息】

1. 裁判书字号

广东省广州市中级人民法院（2020）粤01破122-8号民事裁定书

2. 案由：申请破产清算

3. 当事人

申请人：肿瘤医院管理人

【基本案情】

肿瘤医院是有限责任公司，法定代表人是宋某顺，注册资本人民币5600万元，成立日期为2009年12月15日。广州市卫生局于2011年9月8日向肿瘤医院发放《医疗机构执业许可证》，肿瘤医院作为营利性医疗机构经核准登记，准予执业。诊疗科目包括肿瘤科等。2018年8月起，肿瘤医院停止营业。2020年4月，申请人蒋某以肿瘤医院严重资不抵债为由，向广州市中级人民法院申请肿瘤医院进行破产清算。广州市中级人民法院于2020年4月27日裁定受理并指定律师事务所担任肿瘤医院管理人。经审计，截至2020年4月27日，肿瘤医院的账面资产总额为11015616.52元，负债总额为31879352.81元。经肿瘤医院管理人调查清理，肿瘤医院用于清偿债务的资产仅为固定资产变现款334373元、货币资金12955.28元以及部分医疗设备。广州市中级人民法院于2021年4月27日依法裁定宣告肿瘤医院破产。管理人制定破产财产分配方案提请本院裁定认可并按照分配方案执行分配，2021年12月29日，本院裁定终结肿瘤医院破产程序。

【案件焦点】

民营医疗机构破产清算的特别规则。

【法院裁判要旨】

广东省广州市中级人民法院经审理认为：肿瘤医院的组织形式是有限责任公司，经依法登记成立，取得营业执照，是营利法人，在出现破产法规定的破产清算事由时，依法应进行破产清算。民营医疗机构破产清算程序中，病历资料的保管和处置应适用《医疗机构病历管理规定（2013年版）》等特别规定；药品、麻醉药品、医疗耗材等应适用《中华人民共和国药品管理法》《医疗废物管理条例》等特别规定处置；医疗器械可作为破产财产处置变价。本案中，管理人已经依法对肿瘤医院进行破产清算工作，并对肿瘤医院的财产等情况进行调查。管理人审核债权及制定破产财产分配方案并已提请本院裁定认可，现管理人已按照分配方案执行分配，管理人提请本院裁定终结肿瘤医院破产程序，符合《中华人民共和国企业破产法》第一百二十条第二款、第三款的规定，本院予以准许。

广东省广州市中级人民法院依照《中华人民共和国企业破产法》第一百二十条第二款、第三款之规定，裁定如下：

终结肿瘤医院破产程序。

【法官后语】

在民营医疗机构破产清算程序中，应根据接管财产的不同性质进行分类处置，尤其需要特别关注病历资料的保管和处置及麻醉药品医疗废物等的处置方面。

一是病历资料的保管和处置。患者的病历档案资料包含个人基本信息情况、历史治疗过程、医疗保险信息等资料，如保管不当、处理不慎将会导致医疗保险赔付调查困难、引发患者个人信息泄露或其他合法个人信息权益受到侵害等问题。肿瘤医院被裁定受理破产清算后，人民法院指导管理人第一时间委托专门保管公司将病历等档案资料进行托管保管，确保患者的病历档案资料在破产清算过程中不被泄露。同时，根据《医疗机构病历管理规定（2013年版）》第三十条规定，医疗机构撤销后，所保管的病历可以由省级卫生计生行政部门、中医药管理部门或其指定的机构按照规定妥善保管。因此，在民营医疗机构破产清算终结后，人民法院应监督管理人根据上述规定将病历档案资料移交相关部门保管。

二是医疗器械和医疗设备的处置规则。《中华人民共和国企业破产法》第一百一十二条规定，变价出售破产财产应当通过拍卖进行。但是，债权人会议另有决议的除外。肿瘤医院的医疗器械和有关设备属依法可以处置的破产财产，应进行拍卖，并以价值最大化为原则，最大限度提升破产财产变价率。

三是一般药品和医疗耗材应及时、集中、无害化处置，不得随意变价处置。首先，本案中肿瘤医院未取得药品经营许可证，不得销售药品。其次，肿瘤医院自2018年8月停业以来，库存药品和医疗耗材均处于长时间无人管理状态，储存场地均不能排除药品污染风险，不具备变价条件。根据药品的一般保质期限和管理人的清点来看，肿瘤医院的绝大部分库存药品依法应定为劣药，不得变价处置。最后，根据《医疗废物管理条例》的相关规定，医疗废物应实行集中无害化处置。本院指导管理人聘请卫生专员将96000（支/瓶/贴等）普通药品，45000（包/支/卷等）医用耗材进行销毁，并按照《广州市医疗废物管理若干规定》第四条的规定，对20余袋普通药品医疗废物和60余袋医用耗材进行处置，确保不对环境造成污染。

四是麻醉药品、第一类精神药品应登记造册并申请销毁。本案进入破产清算程序后，原经营场所仍存放大量麻醉药品和第一类精神药品。麻醉药品和第一类精神药品的生产、使用等活动，均应严格遵守《麻醉药品和精神药品管理条例》的规定，不得零售，对过期、损坏的麻醉药品和精神药品应当登记造册，并向所在地县级药品监督管理部门申请销毁，药品监督管理部门应当到场监督销毁。为保证麻醉药品和精神药品合法、安全使用，防止上述药品流入非法渠道进而造成社会危害，本院指导管理人依据规定登记造册，并在执法人员的现场监督下清点销毁麻醉药品、第一类精神药品2894（支/瓶/片），及时处理全部医疗废物，未造成环境污染和其他不利影响，确保不对社会公众造成危害。

编写人：广东省广州市中级人民法院　张静怡

ISBN 978-7-5216-3282-8

图书在版编目（CIP）数据

中国法院2023年度案例. 公司纠纷 / 国家法官学院，最高人民法院司法案例研究院编 .—北京：中国法制出版社，2023. 5

ISBN 978-7-5216-3282-8

Ⅰ.①中… Ⅱ.①国… ②最… Ⅲ.①公司-经济纠纷-案例-汇编-中国 Ⅳ.①D920. 5

中国国家版本馆CIP数据核字（2023）第026368号

策划编辑：李小草　韩璐玮（hanluwei666@163. com）
责任编辑：韩璐玮　　封面设计：李宁

中国法院2023年度案例. 公司纠纷

ZHONGGUO FAYUAN 2023 NIANDU ANLI. GONGSI JIUFEN

编者/国家法官学院，最高人民法院司法案例研究院
经销/新华书店
印刷/三河市紫恒印装有限公司
开本/730毫米×1030毫米　16开　　印张/18. 75　字数/230千
版次/2023年5月第1版　　2023年5月第1次印刷

中国法制出版社出版
书号 ISBN 978-7-5216-3282-8　　定价：79. 00元

北京市西城区西便门西里甲16号西便门办公区
邮政编码：100053　　传真：010-63141600
网址：http：//www. zgfzs. com　　**编辑部电话：010-63141790**
市场营销部电话：010-63141612　　**印务部电话：010-63141606**

（如有印装质量问题，请与本社印务部联系。）